TIMOTHÉE PARRIQUE

# WACHSTUM BREMSEN ODER UNTERGEHEN

## Wie wir mit Degrowth die Welt retten

Aus dem Französischen
von Andrea Hemminger

S. FISCHER

Das Original ist 2022 unter dem Titel »Ralentir et périr. L'économie de la décroissance« bei Éditions Le Seuil, Paris, erschienen.

Wir danken dem Centre National du Livre
für die Förderung der Übersetzung.

MIX
Papier | Fördert gute Waldnutzung
FSC® C014496

Erschienen bei S. FISCHER


Satz: Dörlemann Satz, Lemförde
Druck und Bindung: GGP Media GmbH, Pößneck
ISBN 978-3-10-397606-9

# INHALT

## 3 Markt contra Gesellschaft



## 4 Falsche Versprechen



## 5 Kleine Geschichte des Degrowth



## 6 Ein Weg des Übergangs

## Einleitung

# DIE ÖKONOMIE, EINE FRAGE VON LEBEN UND TOD

Bei dieser Art von Büchern wäre es üblich gewesen, zunächst festzustellen, dass unsere Lage extrem ernst ist. Ich hätte die gewohnte Bestandsaufnahme der ökologischen Kataklysmen und ihrer sozialen Folgen vorgenommen, einige schockierende Zahlen herausgegriffen und mit der einen oder anderen Geschichte garniert, um Aufmerksamkeit zu erregen. Doch warum Zeit verlieren? Jeder weiß, dass es ein Problem gibt, das in der Geschichte der Menschheit ohnegleichen ist. Der Umweltkollaps,[1] mit dem wir nunmehr konfrontiert sind, fordert jeden Tag seinen Tribut an Katastrophen, und nur wenige würden es jetzt wagen, die abgrundtiefe Verantwortung unserer Spezies zu bestreiten.

Willkommen im Anthropozän. So nennen die Wissenschaftler die mit dem Beginn der industriellen Revolution zusammenfallende Zeit, »in der die menschlichen Aktivitäten starke Auswirkungen auf die Ökosysteme der Erde haben und diese auf allen Ebenen verändern«.* Es wäre also die Menschheit als Ganzes *(anthropos)*, die skandalöse Sapiens-Familie, der die Verantwortung für die Apokalypse zukommen würde:

---

* Gemäß der Definition des *Larousse*.

eine allgemeine Schuld, für die sich jeder Einzelne gleichermaßen zu schämen hätte und die nur kollektiv gesühnt werden könnte.

Wirklich die ganze Menschheit? 2021 besaßen die reichsten 10 % der Haushalte der Welt 76 % des Gesamtvermögens und vereinnahmten mehr als die Hälfte aller Einkünfte, womit sie über 38-mal mehr Vermögen und sechsmal mehr Einkommen verfügten als die ärmste Hälfte der Menschheit.* Schlimmer noch: Die reichsten 1 % (lediglich 51 Millionen Menschen) haben 38 % des gesamten seit 1995 geschaffenen Wohlstands empfangen, während die ärmste Hälfte der Menschheit nur 2 % erhalten hat. Die gleiche Situation herrscht in einem Land wie Frankreich, wo das reichste Dezil fast die Hälfte des nationalen Vermögens besitzt und ein Drittel des gesamten Einkommens vereinnahmt.†

Wer von einem Recht auf Vermögen spricht, spricht auch von einem Recht auf Verschmutzung. Die reichsten 10 % der Weltbevölkerung sind für die Hälfte der gesamten Treibhausgasemissionen verantwortlich.[2] Zwischen Reichtum und

---

* Laut dem »World Inequality Report« (2022, S. 26–27) gehören zu den reichsten 10 % der Welt 517 Millionen Menschen mit einem durchschnittlichen Monatseinkommen von 7300 € und einem durchschnittlichen Vermögen von 550 900 €. Sie besitzen 76 % des weltweiten Vermögens und vereinnahmen 52 % aller Einkommen. Die ärmste Hälfte der Menschheit umfasst 2,5 Milliarden Menschen; sie verdienen im Durchschnitt 230 € im Monat und besitzen im Durchschnitt 2900 € an Vermögen. Diese ärmste Hälfte besitzt nur 2 % des weltweiten Vermögens und erhält nur 8 % des Gesamteinkommens.

† Laut dem »Rapport sur les riches en France« (2022, S. 12–13) besitzen die reichsten 10 % der Franzosen – diejenigen mit einem Mindesteinkommen von 3673 € pro Monat (4,5 Millionen Personen) und einem Mindestvermögen von 607 700 € (2,9 Millionen Personen) – 46 % des nationalen Vermögens und beziehen 28 % des gesamten Einkommens vor Steuern.

Emissionen besteht eine nahezu perfekte Symmetrie. Diese »Verschmutzungselite«[3] verschmutzt viermal mehr als die ärmste Hälfte der Menschheit.*

Diese »globale Apartheid«[4] stellt eine doppelte Ungerechtigkeit dar: Die Reichen verschmutzen die Umwelt, und die Armen leiden darunter. Der somalische Fischer, der mitansehen muss, wie seine Fische immer weniger werden und wie der Meeresspiegel steigt, hat wahrscheinlich noch nie ein Flugzeug genommen; er war weder an der Erwärmung, die er erbt, noch an der Überfischung beteiligt. Trotzdem wird er den vollen Preis dafür bezahlen, und zwar als einer der Ersten. Es sind die verwundbarsten Bevölkerungsgruppen, angefangen bei jenen in den ärmsten Ländern, die verschmutztes Wasser trinken, giftige Dämpfe einatmen, in der Nähe von Mülldeponien leben, unter Überschwemmungen und Hitzewellen leiden etc. Der Begriff des Anthropozän täuscht über tiefe Ungleichheiten hinweg: Selbst wenn wir alle derselben Spezies angehören, sind wir weder gleich in Bezug auf die Verantwortung noch in Bezug auf die Gefahren, denen wir angesichts der Umweltkatastrophen von heute und morgen ausgesetzt sind.

Um es klar zu sagen: Der ökologische Kollaps ist keine Krise, sondern eine Misshandlung.[5] Der Klimawandel ist eine »langsame«[6] und diffuse Gewalt, eine Abnutzung, die sich allmählich und außerhalb der Sichtweite vollzieht und heute vor allem die am stärksten verarmten Bevölkerungsgruppen

---

* Laut einem Bericht von Oxfam (»Confronting carbon inequality«, 21. Sept. 2020) hat eine halbe Milliarde Menschen bereits 56 % des mit Blick auf die Begrenzung der Erderwärmung auf 1,5 °C angesetzten Kohlenstoffbudgets verbraucht, während die ärmsten 2,5 Milliarden Menschen nur 4 % davon verbraucht haben.

trifft, nach und nach aber die soziale Leiter emporklimmen wird. Diese Situation hat nichts mit einer vermeintlichen menschlichen Natur zu tun, sondern ist vielmehr das Symptom einer spezifischen sozialen Organisation, die eng mit einer bestimmten politischen Weltanschauung verbunden ist. Das ist zumindest die Argumentation, die ich mit diesem Buch vertreten werde: Die Hauptursache für die ökologische Entgleisung ist nicht die Menschheit, sondern der Kapitalismus, die Vorherrschaft des Ökonomischen über alles andere und das hemmungslose Streben nach Wachstum.

Vergessen wir also das *Anthropozän* und ziehen die Begriffe *Kapitalozän*, *Ökonozän* und *BIPozän* vor.[7] Reden wir nicht um die Sache herum: Die Wirtschaft ist zu einer Massenvernichtungswaffe geworden. Der Ökonom Serge Latouche greift in seinen Schriften die Terminologie von Hannah Arendt auf und spricht von der »ökonomischen Banalität des Bösen«:[8] einem System, das das Massaker am Lebenden orchestriert und gleichzeitig die Schuld derjenigen verwässert, die dafür verantwortlich sind. Jeder macht sich emsig an seine Arbeit und rechtfertigt sein Handeln, indem er sich sagt, wenn er beschließen würde, dies nicht zu tun, würden es andere an seiner Stelle tun.

Wie viele Bankangestellte sind damit beschäftigt, toxische Finanzprodukte zu erfinden, und wie viele Ingenieure bemühen sich, Superyachten zu entwerfen? Wie viele Führungskräfte entlassen aus »ökonomischen« Gründen? Wie viele Werbefachleute werben für schädliche und sinnlose Produkte? Wie viele Schlachthofarbeiter misshandeln und töten Tiere maschinell? Wie viele Lobbyisten lügen, um die Interessen der fossilen Energien zu schützen? Ich muss doch meine Rechnungen bezahlen, werden diejenigen antworten, denen man vorwirft, die Welt zu zerstören. Wenn ich es nicht tue, wird es jemand anderes an meiner Stelle tun.

Diese Gewalt ist ein zutage tretendes Phänomen, eine Art spontane Unordnung, die niemand direkt vorausgeplant hat und die unsere unspektakulärsten sozialen Verhaltensweisen bis zur Absurdität aufrechterhalten. Wir müssen einen Kredit zurückzahlen, eine Rechnung begleichen, die Aktionäre zufriedenstellen, Umsatz machen; wir sind Geiseln eines Systems, das teilweise Verhaltensweisen vorgibt, die ansonsten als unmoralisch gelten würden.

Würden wir unseren Freunden Geld zu Wucherzinsen leihen? Würden wir Werbung machen, um unsere Angehörigen zu nötigen, Produkte zu kaufen, die sie nicht brauchen? Würden wir uns dafür entscheiden, einen Freund zu entlassen, weil jemand am anderen Ende der Welt billiger arbeiten kann? Nein, freilich nicht. Wenn die Kobaltmine in meinem Garten läge und meine Kinder darin arbeiten würden, würde ich es mir zweimal überlegen, ob ich schon wieder ein neues Mobiltelefon brauche.

Dennoch haben wir keine Wahl. Die Ökonomie drängt sich uns mittels bestimmter Regeln auf, die wir vereinbarungsgemäß respektieren müssen: einen Preis, einen Arbeitsvertrag, einen Immobilienkredit, Buchhaltungsrichtlinien. Das Problem ist nicht die Existenz der Ökonomie an sich (jede Gesellschaft hat ihre produktiven Aktivitäten schon immer auf die eine oder andere Weise organisiert), sondern die Regeln, die wir ihr heute geben, sowie das zentrale Ziel, das sie antreibt: *Wachstum*. Egal, ob es sich um das Einkommen von Individuen, den Gewinn der Unternehmen oder das BIP eines Landes handelt, scheint in der Ökonomie *mehr* immer gleichbedeutend mit *besser* zu sein.

Was ist Wachstum? Das Wort ist allgegenwärtig, wird aber nie wirklich erklärt und noch weniger dekonstruiert. Als magisches Argument in Wahlkampagnen, als unverwüstliche Antwort auf die Verzweiflung der Haushalte hat es die Vorstellungswelt unserer Zeitgenossen so sehr durchdrungen, dass keiner von ihnen sich noch verbietet, seine Meinung zu diesem Thema zu äußern. Doch wenige wissen nicht nur, was das Wachstum ist und wie es gemessen wird, sondern auch, welche komplexen Verbindungen es zu Natur, Beschäftigung, Innovation, Armut und Ungleichheiten, Staatsverschuldung, sozialem Zusammenhalt und Wohlstand hat. In den 1930er Jahren aus einem buchhalterischen Begriff (dem Bruttonationalprodukt) geboren, ist es zu einem Mythos mit tausend Konnotationen geworden. Fortschritt, Prosperität, Entwicklung, Schutz, Innovation, Macht, Glück – das Wachstum ist nicht mehr nur ein Indikator, sondern ein symbolisches Gefäß, das mit kollektiven und individuellen Projektionen angefüllt ist.

Grünes Wachstum, kreislaufförmiges Wachstum, inklusives Wachstum, blaues Wachstum; fünfzig Nuancen von Wachstum, aber noch immer Wachstum. Der Einfluss dieser Wachstumsmatrix auf unsere kollektive Vorstellungswelt ist so groß, dass wir uns, anstatt uns über die Folgen unseres Wirtschaftsmodells für den Planeten Gedanken zu machen, um die Auswirkungen der Klimaerwärmung auf das BIP sorgen. Das ist eine verkehrte Welt. Wir können uns unseren Planeten leicht in allen möglichen Dystopien im Stil von *Black Mirror* vorstellen, sich aber eine Wirtschaft vorzustellen, in der weniger produziert wird als heute, kommt der Häresie gleich.

Früher hatte das Wachstum eine klare Funktion: die Ankurbelung der amerikanischen Wirtschaft nach der Großen Depression, die Herstellung der für den Krieg wichtigen Ausrüstung, die Überwindung des Hungers, die Beseitigung von Armut, die Gewährleistung von Vollbeschäftigung oder den Wiederaufbau Europas. Seine Messung erlaubte, den Fortschritt auf diese verschiedenen Ziele hin einzuschätzen. Im Laufe der Jahrzehnte wurde der Indikator zum Ziel: Wachstum um des Wachstums willen, ohne jeglichen zugrunde liegenden Zweck. Doch produzieren um des Produzierens willen ist ein Ziel ohne Substanz. Wir, die Bewohner der Länder, auf die der Rest der Welt neidisch blickt, opfern weiterhin unsere Zeit und unsere Ressourcen, um mehr zu produzieren und damit auch zu konsumieren, obwohl wir nichts mehr zu gewinnen – und viel zu verlieren – haben, wenn wir auf ein Wachstum unseres BIP bestehen. Man könnte dies mit einem jungen Erwachsenen vergleichen, der gerade sein Wachstum abgeschlossen hat und darauf beharrt, an Größe zunehmen zu wollen, ohne zu begreifen, dass das Wachstum ab einem bestimmten Alter nicht mehr in Zentimetern gemessen wird.

Während ich diese Zeilen schreibe, wird jeder zusätzliche Zentimeter unter Schmerzen erwirkt. Die Erde ist überhitzt, die Gesellschaften befinden sich im Burnout, und das BIP wird zu einer Art »Weltuntergangs-Countdown«.[9] Ein furchterregender, weil exponentieller Countdown: Je größer die Wirtschaft ist, desto schneller wächst sie. Bei einer Wachstumsrate von 2 % pro Jahr verdoppelt sich die Größe der Wirtschaft alle fünfunddreißig Jahre. Wir sitzen in einem Bus, der mit voller Geschwindigkeit und immer schneller auf eine Klippe zurast, und bejubeln jeden weiteren Kilometer pro Stunde als Fortschritt. Das ist grotesk. Das Wachstum zu maximieren bedeutet, auf das Gaspedal zu treten, mit der letztendlichen Gewissheit, in einem sozialen und ökologischen Kollaps unterzugehen.

Man kann von *Landung*, *Verschlankung*, *Degrowth*, *Deeskalation*, *Absenkung*, *Harmonisierung*, *Genügsamkeit* sprechen oder irgendeine andere Analogie vorschlagen. Die Herausforderung, die vor uns liegt, ist die des Weniger, des Leichteren, des Langsameren, des Kleineren. Es ist die Herausforderung der Genügsamkeit, der Frugalität, der Mäßigung und der Suffizienz. Aber es geht um eine Landung, nicht um einen Absturz; um eine Diät, nicht um eine Amputation; um eine Verlangsamung, nicht um einen Stillstand. Wir wissen, dass wir runterfahren müssen, und müssen uns nun überlegen, wie wir diesen Übergang intelligent planen können, damit er demokratisch, im Bemühen um soziale Gerechtigkeit und Wohlstand erfolgt.

Dazu müssen wir uns von der »Wachstumsmystik«[10] freimachen, das heißt das Wirtschaftswachstum als Phänomen entnaturalisieren. Wir müssen ganz dringend einen kritischen Blick auf Praktiken werfen, die wir als natürlich und universell normalisiert haben.[11] Muss jedes Unternehmen Gewinn machen? Müssen wir die Märkte entscheiden lassen, was produziert werden soll? Muss eine Regierung die Steigerung des BIP anstreben? Das Argument, das ich hier vertreten werde, lautet, Wachstum ist kein Schicksal, sondern eine Wahl.

Die Implikationen dieser These sind weitreichender, als es scheint: Wenn das Wachstum nicht von der menschlichen Natur bedingt ist, sondern vielmehr von bestimmten sozial konstruierten Institutionen, ist es möglich, sich eine Ökonomie vorzustellen, die funktionieren kann, ohne zwangsläufig mehr zu produzieren und zu konsumieren. Das ist die Herausforderung dieses Buches: sich *Degrowth* als Übergang zu einer *Postwachstumsökonomie* vorzustellen.

Hier findet sich die Doppeldefinition wieder, die uns durch das ganze Buch leiten wird: »Degrowth« als eine *demokratisch geplante Reduzierung der Produktion und des Konsums zur Verringerung des ökologischen Fußabdrucks im Geiste sozialer Gerechtigkeit und in der Sorge um Wohlstand.* Degrowth – bis wohin? Antwort: hin zum »Postwachstum«, einer *statischen Wirtschaft in Einklang mit der Natur, in der Entscheidungen gemeinsam getroffen werden und der Reichtum gerecht verteilt wird, um ohne Wachstum prosperieren zu können.*

Wir stehen vor einer dreifachen Herausforderung: Wir müssen verstehen, warum das Modell der Wachstumsökonomie eine Sackgasse ist (die Verwerfung), wir müssen die Konturen einer Postwachstumsökonomie entwerfen (das Projekt), und wir müssen Degrowth als Übergang zu diesem Ziel begreifen (der Weg).[12] Im Laufe dieser Kapitel vertritt das vorliegende Werk eine simple, aber radikale Idee: Das Wachstum ist zu einem existenziellen Problem geworden. Unser Überleben hängt nunmehr davon ab, ob wir in der Lage sind, das Wirtschaftsmodell zu ändern oder nicht.

# 1

# DAS GEHEIME LEBEN DES BIP

## Zwischen Phänomen und Ideologie

Die Ökonomen preisen es, die Politiker vergöttern es: Das Wirtschaftswachstum ist unser Mantra, das »ständige Bestreben« unserer Wirtschaftspolitik, wie die Website des französischen Wirtschaftsministeriums offen verkündet.[1] Als wahres Barometer unserer modernen Gesellschaften bestimmt das Bruttoinlandsprodukt (BIP) über Regen und schönes Wetter. Es ist die Zahl, die man kennen muss, die Staatschefs immer wieder betonen, um ihre Stellung unter den großen Nationen zu rechtfertigen, und die die meisten Medien sieben Tage die Woche kommentieren. Überall und gemeinsam soll man das berühmte Wachstum preisen und erhoffen, sei man nun arm, reich, Mieter, Eigentümer, Angestellter oder Beamter.

Aber was ist Wachstum? Ein Anstieg des BIP, werden einige antworten. Aber was ist das? Wachstum als Anstieg des BIP zu definieren ist so, als würde man Wärme als Anstieg der Temperatur beschreiben; das ist eine Beschreibung ohne Erklärung. Wie die Dunkle Materie der Physiker hat auch das Wachstum seine eigenen Geheimnisse, die in den Lehrbüchern der Ökonomie nicht aufgedeckt werden. Sie zu enthüllen ist jedoch notwendig, um zu verstehen, welche Rolle es bei der Krise hat, die wir heute durchmachen. Denn wenn das Wachstum zum Hauptmotor des sozial und ökologisch Unerträglichen geworden ist, ist das Verstehen und Entmystifizieren des Wachstums der einzige Weg, der aus ihm herausführt.

## Die anthropologische Ökonomie

Um von *Wirtschafts*wachstum sprechen zu können, muss man definieren – oder besser gesagt neu definieren –, was die Wirtschaft ist und wozu sie dient. Die »Sphäre des Warenaustauschs« erfasst nur einen winzigen Teil unseres Lebens. Stellen wir uns die Ökonomie eher als einen Eisberg vor; was in Geschäften, Fabriken oder öffentlichen Verwaltungen geschieht – das, was wir quantifizieren können, die Wirtschaft gemessen am BIP –, ist nur der sichtbare Teil eines sehr viel größeren Gefüges.

Unsere Art und Weise, die Wirtschaft zu erfassen und zu untersuchen, ist das Ergebnis einer Reihe von Ausschlussentscheidungen. Die volkswirtschaftliche Gesamtrechnung besteht aus einer Bestandsaufnahme bestimmter Aktivitäten; in diese werden die sogenannten »wirtschaftlichen« Produktionen (hauptsächlich marktbasierte Aktivitäten) einbezogen und alle anderen ausgeschlossen (zum Beispiel Ökosystemleistungen, gegenseitige Hilfe, Freiwilligenarbeit). Diese Unterteilung ist jedoch nur eine methodologische Konvention. Nur weil einige Statistiker entscheiden, dass es zu schwierig ist, Bestäubung und Gegenseitigkeit in die volkswirtschaftlichen Gesamtrechnungen einzubeziehen, heißt das nicht, dass sie keinen Wert haben. *Was zählt, kann nicht immer ge-*

*zählt werden, und was gezählt wird, zählt nicht unbedingt* – ein Satz, den alle Ökonomen auswendig lernen sollten.

Nehmen wir also zunächst einmal den Eisberg aus dem Wasser und erweitern die Definition der Ökonomie auf die *soziale Organisation der Bedürfnisbefriedigung*. Der Begriff stammt übrigens vom griechischen *oikonomia*, der Verwaltung des Hauses (*oikos* = Haus, *nomos* = verwalten). Jagd, Fischerei, Ernte, Industrie, Handwerk, Kryptowährungen, Flohmärkte und öffentliche Krankenhäuser – jede menschliche Gemeinschaft verfügt über eine Ökonomie, sobald sie sich mit Hilfe von Regeln und Verfahren kollektiv organisiert, um Bedürfnisse zu befriedigen. Dies ist ein grundlegender Ausgangspunkt: Die Ökonomie ist in erster Linie eine Form der gegenseitigen Hilfe, es geht darum, gemeinsam etwas zu tun, was wir alleine nicht hätten vollbringen können.

Diese Ökonomie, die ich als »anthropologisch« bezeichnen würde, wird nicht in Euro gemessen, sondern in Kilogramm des verwendeten Materials, in Joule mobilisierter Energie und in Arbeitsstunden. Noch bevor wir von Geld sprechen, das nur eine Zwischenform des Werts ist, ist die Ökonomie eine Geschichte der *Zeit*, des *Aufwands* (also der Energie) und der *Materie*. Hier haben wir die drei Hauptquellen des Werts, die primären Ströme, ohne die keine Ökonomie (welches Organisationssystem sie auch haben mag) existieren könnte.

Unterteilen wir nun alle ökonomischen Aktivitäten in fünf große Familien: *Extraktion*, *Produktion*, *Allokation*, *Konsumption* und *Elimination*.* Unter *Extraktion* verstehe ich

---

* Dieses Vokabular bleibt vielleicht allzu leicht in einer spezifischen Beziehung zur Natur stecken. Die *Extraktion* beinhaltet eine Form von Plünderung und die Elimination eine Ausscheidung in eine Umwelt außerhalb

die Mobilisierung einer natürlichen Ressource – ich fälle im Wald einen Baum. Die *Produktion* wandelt diese Ressource in ein Produkt um – ich verwende das Holz, um einen Stuhl herzustellen. Die *Allokation* (von lateinisch *allocare*, platzieren) überträgt dieses Gut, entweder durch Schenkung (ich gebe den Stuhl einem Freund), Reziprozität (ich leihe ihn einem Nachbarn), Verteilung (ich gebe ihn einer kollektiven Instanz, die ihn dann jemandem zuteilt) oder Verkauf (ich tausche ihn auf einem Markt gegen Geld). Die *Konsumption* ist der Akt der Nutzung, der individuell sein kann (die Person, die in den Besitz des Stuhls gelangt, setzt sich darauf) oder kollektiv (auf einer öffentlichen Bank sitzen) – das ist das Stadium der Bedürfnisbefriedigung. Sobald der Stuhl seine Nützlichkeit verliert, wird er als Abfall bezeichnet und entsorgt (die *Elimination*).

Diese fünf Grundaktivitäten bilden den Bereich der anthropologischen Ökonomie. Ihre Daseinsberechtigung kreist um ein konkretes Ziel: die Befriedigung von *Bedürfnissen* im weitesten Sinne des Wortes, das heißt alles, was eine Gemeinschaft sich wünschen könnte, unabhängig davon, ob es sich um essenzielle oder oberflächliche Bedürfnisse handelt. Das ist ein zweiter wichtiger Punkt, den man oft vergisst: Die Ökonomie ist ein Mittel und kein Zweck. Der letztendliche Zweck einer Ökonomie, wenn es denn einen gibt, sollte normalerweise darin bestehen, die »Befähigungen zur Entwicklung«[2] zu steigern, die Lebensqualität, das Dasein zu verbessern. Von

---

von uns selbst. Einige vormoderne Gemeinschaften werden von einer weniger gewaltsamen Kosmologie angetrieben, die westlichen Ökonomen heute zu denken geben sollte: Wie wäre es, wenn wir »Extraktion« eher als eine »Anleihe« bei Mutter Natur betrachten, für die wir eines Tages bezahlen müssen?

der Ökonomie wird erwartet, dass sie mit endlichen Ressourcen *besser* umgeht, aber dieses Ziel der *ökonomischen Effizienz* (der sparsame Umgang mit begrenzten Ressourcen) ist nur ein Mittel, um das Ziel der *ökonomischen Suffizienz* zu erreichen (das heißt genug von all den Dingen zu haben, die man braucht oder sich wünscht).

Unsere Definition wird präziser: Die Ökonomie wäre demnach die *kollektive Organisation der Zufriedenheit* oder zumindest der materiellen Bedingungen dafür. Eine Ökonomie, die die Bedürfnisse ihrer Teilnehmer – oder zumindest der großen Mehrheit ihrer Teilnehmer – nicht befriedigt, ist nutzlos (und wir werden sehen, dass dies auf große Teile des zeitgenössischen Kapitalismus zutrifft), denn was nützt es, sich kollektiv zu organisieren, um zu extrahieren, zu produzieren, zuzuteilen, zu konsumieren und zu eliminieren, wenn dies kein besseres Leben erlaubt? Dies ist ein radikaler Ausgangspunkt, denn er wird uns in einigen Kapiteln zu dem Eingeständnis führen, dass das Streben nach einem unbegrenzten Wirtschaftswachstum ein absurdes Ziel ist, das einem Sisyphos gleicht, der sein Leben damit verschwendet, den schweren Felsblock des BIP fortzubewegen.

In seiner »Matrix der Grundbedürfnisse« verzeichnet der Ökonom Manfred Max-Neef neun Arten von Bedürfnissen: Subsistenz, Schutz, Zuneigung, Verständnis, Teilhabe, Freizeit, Schöpfung, Identität und Freiheit.[3] Diese Bedürfnisse werden von uns, so Max-Neef, mittels vier existenziellen Strategien befriedigt: Sein, Haben, Tun und Interagieren. Zum Beispiel verlangt das Subsistenzbedürfnis, gesund zu *sein*, eine akzeptable Unterkunft zu *haben*, sich ausruhen zu können (es *tun*) und voll am gesellschaftlichen Leben teilnehmen zu können *(interagieren)*. Man kann arbeiten, um das zu produzieren, was die eigene Familie oder andere benötigen, oder um seine Rechnungen zu bezahlen (Subsistenzbedürfnis), um zu sozialisieren (Bedürfnis der Teilhabe, Zuneigung), um zu lernen (Bedürfnis des Verstehens), um als nützliches Mitglied der Gemeinschaft angesehen zu werden (Bedürfnis der Identität), um unternehmerisch tätig zu sein (Bedürfnis der Kreation) etc.

Nach dem »Befähigungsansatz« des Ökonomen Amartya Sen ist Armut kein Mangel an Geld, sondern die Unfähigkeit, ein Bedürfnis zu befriedigen.[4] Wohlstand ergibt sich aus dem, was die Menschen mit den ihnen zur Verfügung stehenden Mitteln tun können. Armut ist also vielgestaltig: Obdachlos zu sein ist *Subsistenz*armut, keinen Zugang zu Arbeit zu haben ist *Teilhabe*armut, keine Fähigkeiten zu haben ist *kreative* Armut, keine Freizeit zu haben ist Armut an *Müßiggang* etc. Und das gilt auch für den Reichtum. Man kann reich an *Zuneigung* sein, wenn man seinen Lieben nahe ist, reich an *Teilhabe* in einem anregenden sozialen Umfeld, reich an sprachlicher, religiöser oder gewohnheitsmäßiger *Identität*, reich an *Schutz* dank einer umfassenden sozialen Sicherheit etc.

Die Lebensqualität hängt davon ab, ob die Mittel, über die man verfügt, mit den Bedürfnissen in Einklang stehen, die man hat. Geld ist zum Beispiel nur ein Mittel unter vielen, und es ist vor allem das, was man damit kaufen kann, was die Fähigkeit bestimmt, Bedürfnisse zu befriedigen. Das ist ein wesentlicher Punkt: Was am Ende zählt, ist nicht die »Kaufkraft«, sondern die »Lebenskraft«.[5] Lange Zeit haben die meisten Ökonomen die Vorstellung vertreten, dass die menschlichen Bedürfnisse unbegrenzt sind, und damit die Phantasie vom ewigen Wachstum gerechtfertigt. Doch nehmen Sie sich einen Moment Zeit und fragen Sie sich: Welches Ihrer Bedürfnisse ist wirklich unbegrenzt? Die Bedürfnisse, die nach materieller Befriedigung verlangen, sind schnell gesättigt. Genug Nahrung für eine ausgewogene und abwechslungsreiche Ernährung, genug Platz und Komfort für eine annehmbare Wohnung, genug Kleidung, um sich anzuziehen, genug Bürgersteige, um sich zu Fuß fortzubewegen usw. Die meisten nicht-materiellen Bedürfnisse folgen der gleichen Logik der Suffizienz: genug Freunde zu haben, um sich sozial erfüllt zu fühlen, genug Freiheit, um Projekte anzugehen, genug Freizeit, um das tun zu können, wozu man Lust hat, einen ausreichenden Zugang zu Bildung und Kultur usw. Wir können also unsere anthropologische Definition der Wirtschaft verfeinern, indem wir sie als die *soziale Organisation der Sättigung der Bedürfnisse* präsentieren.

Die Befriedigung der meisten unserer Bedürfnisse hat eine kollektive Dimension, auch wenn wir uns dessen nicht bewusst sind. Selbst die einsamsten Aktivitäten, wie die Lektüre dieses Buches, hängen von einer Fülle von kollektiven Aktivitäten ab. Daher, und das ist der springende Punkt, kann die Befriedigung unserer Bedürfnisse unter verschiedenen gesellschaftlichen Konfigurationen erfolgen. Man kann sich von dem ernähren, was man im eigenen Garten anbaut, oder von dem, was man beim Gemüsehändler um die Ecke kauft. Man kann sich in einem öffentlichen Krankenhaus behandeln lassen oder in einer Privatklinik. Bedürfnisse wie *Schutz* und *Teilhabe* können durch sozioökonomische Einrichtungen wie die Sozialversicherung und den sozialen Dienst befriedigt werden. Andere Bedürfnisse ergeben sich aus der Interaktion mehrerer Elemente: *Freizeit*, sei es in Form von Träumen, Spielen oder Feiern; *Zuneigung*, die sich aus unseren Beziehungen zu Menschen und Nicht-Menschen ergibt; und

*Identität*, die manchmal mit dem Respekt unserer Person, mit unserer Arbeit und mit den Bräuchen unserer Gemeinschaft verbunden ist.

Die Ökonomie tritt hier als ein Versorgungssystem auf, das durch Extraktion, Produktion, Allokation, Konsumption und Elimination die Befriedigung von Bedürfnissen ermöglicht. Dieser Kreislauf findet in drei verschiedenen Zeithorizonten statt. Es gibt den gegenwärtigen Wohlstand, die Resilienz dieses Wohlstands gegenüber Schocks und die langfristige Nachhaltigkeit dieses Versorgungssystems.[6] Eine Ökonomie, die heute die Bedürfnisse auf Kosten der zukünftigen Bedürfnisse befriedigt, ist eine Ökonomie, die zum Kollaps verurteilt ist (sie ist *untragbar*); dasselbe gilt für eine Ökonomie, die bei der kleinsten Krise zusammenbricht *(fragil)*, oder noch schlimmer für den Fall einer Ökonomie, die es nicht einmal schafft, die gegenwärtigen Bedürfnisse ihrer Teilnehmer zu befriedigen *(nutzlos)*.

Die so definierte Ökonomie ist universell in dem Sinne, dass sie die Vielfalt aller Systeme enthält, die jemals existiert haben. Der produzierte Stuhl kann aus Holz, Kunststoff oder Eisen gemacht sein; er kann zu Hause, in einer privaten, gewinnorientierten Gesellschaft, in einer Genossenschaft oder in einem staatlichen Unternehmen gebaut werden; er kann verschenkt, verliehen, getauscht oder verteilt werden (die vier Modi der Allokation: Gabe, Gegenseitigkeit, Tausch und Verteilung); er kann individuell, kollektiv, auf jede erdenkliche Weise und aus jedem erdenklichen Grund konsumiert werden; dann repariert, recycelt, weggeworfen oder zerstört werden.

Die verschiedenen Formen des Kapitalismus, vom liberalen Modell des Marktes über den asiatischen Kapitalismus bis zum sozialdemokratischen Modell, die verschiedenen Formen des Kommunismus, von der Bürokratie der Sowjets bis zur kubanischen Dezentralisierung, sowie die Feudal- und Stammesökonomien und alle Jäger und Sammler vor ihnen: all diese Gemeinschaften haben in dem Versuch, ihre Bedürfnisse zu befriedigen, auf die eine oder andere Weise extrahiert, produziert, zugeteilt, konsumiert und weggeworfen.

## Die Geschichte des BIP

Die anthropologische Ökonomie ist jedoch nicht die Ökonomie, von der man in den Medien hört. Wie kommt es also, dass sich fast der gesamte ökonomische Eisberg unter Wasser befindet? Vor etwa einem Jahrhundert brachte die Revolution der volkswirtschaftlichen Gesamtrechnung das hervor, was heute zur Matrix des Wirtschaftslebens geworden ist: das BIP.

Seine Erfindung geht auf die Große Depression der 1930er Jahre in den USA zurück.[7] Mit ganzen Industrien, die abstarben, einer Flut von Konkursen, dem Zusammenbruch der Börse und einer Erwerbstätigenquote im freien Fall hatte die Ökonomie einen Herzstillstand. Die amerikanische Regierung versuchte verzweifelt, die Wirtschaft wieder anzukurbeln, konnte aber die Wirksamkeit ihrer Maßnahmen nicht wirklich einschätzen. 1932 beauftragte sie Simon Kuznets, einen russisch-amerikanischen Ökonomen, der Anfang der 1920er Jahre aus der Sowjetunion gekommen war, mit der Ausarbeitung einer volkswirtschaftlichen Gesamtrechnung, einer Art Bestandsaufnahme der wirtschaftlichen Aktivitäten. Kuznets hatte dann eine brillante Idee: die gesamte Produktion einer Volkswirtschaft in einer einzigen Zahl zusammenzufassen, dem Bruttonationalprodukt (BNP), dem Vorläufer des Bruttoinlandsprodukts. Kuznets erfand mit anderen Worten eine Art Blutdruckmesser, um den Puls der Ökonomie in ihrer Gesamtheit zu erfassen. Das war nützlich, weil sich damit die Wirksamkeit staatlicher Interventionen einschätzen lässt. Wenn es steigt, ist es gut, man hat es geschafft, die Wirtschaft wiederzubeleben. Wenn es sich nicht bewegt, keine Wirkung zeigt, muss die Reanimation fortgesetzt und etwas anderes versucht werden. Wenn es weiter sinkt, ist es noch schlimmer.

Nach dem Ende der Krise von 1929 verwendete die Regierung weiterhin dieses Messinstrument, das sich als entscheidend erweisen sollte, um den spektakulären Anstieg der Rüstungsproduktion während des Zweiten Weltkriegs zu organisieren. 1953 veröffentlichten die Vereinten Nationen die ersten internationalen Standards zur Berechnung des Nationaleinkommens nach der Kuznets-Methodik und machten das BNP damit zu einem weltweiten Indikator – mit Ausnahme der Sowjetunion, die bis 1988 die Verwendung des »Nettomaterialprodukts« und des »Bruttosozialprodukts«* vorzog, bevor sie den Rahmen der Vereinten Nationen akzeptierte. In den 1990er Jahren wurde das Bruttonationalprodukt (BNP) zum Bruttoinlandsprodukt (BIP), wobei die wirtschaftlichen Aktivitäten nicht mehr auf der Grundlage ihrer Nationalität (alle französischen Produktionseinheiten, auch die im Ausland, sind Teil des französischen BNP), sondern

* Das in den 1920er Jahren entwickelte »Bruttosozialprodukt« maß den Gesamtwert der Produktion physischer Produkte (Dienstleistungen und staatliche Aktivitäten waren nicht eingeschlossen) und erlaubte, durch Abzug der Vorleistungen das »Nettomaterialprodukt« zu berechnen.

auf der Grundlage ihres Standorts gemessen werden (nur die in Frankreich ansässigen, seien sie französisch oder nicht, sind Teil des französischen BIP).

Diese statistischen Konventionen sind bis heute im Wesentlichen dieselben geblieben, trotz der fünf Revisionen von 1960, 1964, 1968, 1993 und 2008. Das offizielle Dokument, das erklärt, wie das BIP zu berechnen ist, definiert es als »Summe der Bruttowertschöpfung aller gebietsansässigen institutionellen Einheiten, die Produktionstätigkeiten ausüben«.[8] Die Wertschöpfung ist definiert als »der durch die Produktion geschaffene Wert«, oder genauer gesagt »der Beitrag von Arbeit und Kapital zum Produktionsprozess«. Das BIP-Wachstum ist somit der Anstieg der Summe der von einer Wirtschaft produzierten Wertschöpfung von einem Zeitraum zu einem anderen.

Es ist unmöglich, diese Wertschöpfung zu beziffern, ohne den Bereich der »wirtschaftlichen Produktion« abzugrenzen. Die Entscheidung, ob bestimmte Aktivitäten in den Bereich der Messung einbezogen oder ausgeschlossen werden, beeinflusst maßgeblich unsere heutige Sicht der Ökonomie. Das System der volkswirtschaftlichen Gesamtrechnung definiert die Tätigkeiten, die in den Bereich der Wirtschaft einbezogen werden, folgendermaßen: »eine unter der Kontrolle und Verantwortung einer institutionellen Einheit ausgeübte Tätigkeit, die Inputs (Arbeit, Kapital, Waren und Dienstleistungen) einsetzt, um Outputs (Waren oder Dienstleistungen) zu produzieren«. Dies umfasst marktfähige und monetarisierte Tätigkeiten, ergänzt um einige nicht marktfähige Tätigkeiten, deren monetäre Werte leicht beziffert werden können.

Das BIP ist also das Ergebnis einer gigantischen Addition, so als würde ein riesiger Taschenrechner die Summe der gesamten Wertschöpfung der als wirtschaftlich geltenden Produktionen zusammenzählen. Diese Addition kann auf drei verschiedene Arten erfolgen.[9] Man kann entweder die Summe der *Wertschöpfungen* (Verkaufspreis abzüglich der Vorleistungen, das heißt der für die Produktion eines Guts oder einer Dienstleistung erforderlichen Einkäufe), die Summe der *endgültigen Ausgaben* (Kaufpreis eines für den Verbrauch bestimmten Produkts) oder die Summe aller *Einkommen* (Arbeitnehmerentgelt und Betriebsüberschüsse) bilden. Da diese drei Aggregate per Konvention buchhalterische Gleichheiten sind (die Konsumption und die Ausgaben des einen sind zwangsläufig die Produktion und das Einkommen des anderen), führen die verschiedenen Berechnungsmethoden zur selben Zahl: dem BIP.

Man spricht vom *Brutto*inlandsprodukt und nicht vom *Netto*inlandsprodukt (NIP), da es die »Kapitalminderung« nicht berücksichtigt, anders gesagt den Wertverlust bestimmter Produktionsfaktoren wie die Abnutzung von Straßen, Stromnetzen und Gebäuden. Wenn man nur die Maschinen und Infrastruktur zum *Kapital* zählt, ist der Unterschied zwischen BIP und NIP vernachlässigbar. Wird der Kapitalbegriff jedoch auf die Natur *(Wertminderung des natürlichen Kapitals)* und sogar auf die Gesundheit und das Wohl der Arbeitnehmer *(Wertminderung der Arbeit)* ausgedehnt, kann das Wachstum des BIP durch die von ihm verursachte Schädigung der Ökosysteme und Menschen zunichte gemacht werden – worauf wir zurückkommen werden.

Kuznets' Idee mag zwar genial sein, aber es wäre falsch zu glauben, dass die Stärke des BIP aus seiner konzeptionellen Einfachheit und der Leichtigkeit seiner Berechnung resultiert. Die meisten Ökonomen wissen nicht, wie diese Zahl berechnet wird, nur eine Handvoll spezialisierter Statistiker beherrscht diese Aufgabe. Sie zu interpretieren erweist sich als nicht weniger riskant, da ihre Ausführung mit vielen Annahmen verbunden ist. Sich über einen Anstieg des BIP zu freuen, ohne zu wissen, wie die Zahl berechnet wird, ist so, als würde man sich darüber freuen, dass sich der Kühlschrank füllt, ohne zu wissen womit.

## Die Grenzen des BIP

Als Simon Kuznets, der Schöpfer des Bruttonationalprodukts, die unreflektierte Begeisterung beobachtete, mit der die Regierungen es für die staatliche Politik nutzten, schlug er Alarm. Bereits 1934 erklärte er vor dem US-Kongress, dass »der Wohlstand einer Nation schwerlich aus einer Messung des Nationaleinkommens abgeleitet werden kann. Wenn das Nationaleinkommen steigt, warum geht es dem Land dann schlecht? Man muss die Unterscheidungen zwischen der Quantität und der Qualität des Wachstums, zwischen den Kosten und dem Nutzen sowie zwischen der Kurz- und Langfristigkeit bedenken. Das Ziel, das Wachstum zu steigern, sollte die Beschaffenheit und den Zweck dieses Wachstums spezifizieren«.

Der Indikator hat in der Tat mehrere Grenzen.* Das BIP ist nur eine selektive und approximative Bezifferung der Pro-

---

* Diese Kritik an den Indikatoren ist nicht neu. In Frankreich wurde sie Ende der 1990er Jahre mit den Arbeiten von Dominique Méda, Jean Gadrey, Florence Jany-Catrice, Isabelle Cassiers, Patrick Viveret und einem Dutzend anderer Denker entwickelt, die sich um das FAIR, das Forum pour d'Autres Indicateurs de Richesse (Forum für andere Wohlstandsindikatoren) versammelt haben (siehe: D. Méda, »Promouvoir de nouveaux

duktion, und dies nur gemäß einer bestimmten Wertvorstellung. Es misst nicht die anthropologische Ökonomie, sondern eine vereinfachte und quantifizierbare Darstellung derselben. Natürlich hatten die Statistiker der volkswirtschaftlichen Gesamtrechnung damals keine Wahl, sie mussten den Umfang der Ökonomie reduzieren, um sie anhand der verfügbaren Daten messen zu können. Versetzen wir uns in ihre Lage: Es ist schwierig, physische Mengen zu addieren, die in Körben mit Lauch, in Tonnen von hydroalkoholischem Gel und in Massagestunden gemessen werden. Um die Produktion als Ganzes zu beziffern, addiert das BIP diese Güter und Dienstleistungen anhand des Geldwerts, den sie auf dem Markt haben.

Diese Methode ist nicht perfekt. Zunächst einmal wird die Produktion ohne Geldäquivalent hier nicht oder nur teilweise erfasst. Das BIP misst die *Tauschwerte*, aber nicht die *Gebrauchswerte*. Kuznets' Entscheidung, Produkte über ihren Preis zu bewerten, zwingt uns dazu, alle Dinge auszuschließen, die keinen Preis haben. Wenn ich dieses Buch als *Open Access* im Internet veröffentliche und eine Rekordzahl von Internetnutzern es liest, wird es nicht im BIP erfasst, da niemand bezahlt wurde, um es zu schreiben. Wenn das Buch jedoch vermarktet wird und ebenso viele Rekordverkäufe verzeichnet, wird es in den Augen der volkswirtschaftlichen Gesamtrechnung zu einem Wirtschaftsgut. In beiden Fällen sind das Buch und seine Leserzahl identisch. In den Augen des BIP ist jedoch alles wertlos, was nicht zu einer monetären Transaktion führt. Sich um seine Kinder zu kümmern, für seine Angehörigen zu kochen, ein Treffen des Stadtteilkomitees zu

---

indicateurs de richesse: histoire d'une cause inaboutie«, Fondation Maison des sciences de l'homme, 2020).

organisieren – all diese Aktivitäten, die für die Gesellschaft doch wertschöpfend sind, werden im BIP nicht gezählt.

Die gesamte ehrenamtliche Tätigkeit, ohne die unsere Gesellschaft paralysiert wäre, wird aus dem BIP ausgeklammert. Stellen wir uns vor, wie unsere Gesellschaft ohne die 20 Millionen Freiwilligen aussehen würde, die das Vereinsleben in Frankreich in Gang halten.[10] Die Welt des Sports würde ohne all jene, die Amateursportvereine leiten, von einem Tag auf den anderen verschwinden. Les Restos du Cœur, Secours populaire, Action contre la faim, Armée du salut, Croix-Rouge, WWF, Petits Frères des pauvres, Agir pour l'environnement: all diese Organisationen, die nicht wirtschaftlicher sein könnten (weil sie Bedürfnisse befriedigen), werden unterschätzt, um nicht zu sagen ignoriert, weil ein Großteil derer, die dort arbeiten, dies auf freiwilliger Basis tut. Der Verkauf von nutzlosen Produkten trägt BIP-Punkte ein, während die Pflege eines kranken Kindes oder die Aufnahme von ausgesetzten Tieren keine einbringt.

Der Wert der Produktion des öffentlichen Bereichs wird seit den 1970er Jahren bei den Messungen stark unterschätzt. Gesundheit, Bildung und öffentlicher Verkehr werden zwar im BIP erfasst, aber nur in Höhe einiger ihrer buchhalterischen Kosten (hauptsächlich Löhne) und ohne Berücksichtigung ihrer tatsächlichen Wertschöpfung, die ohne die Existenz eines komplett vom Markt bestimmten Verkaufspreises schwer zu beziffern ist. Umgekehrt lässt sich die Wertschöpfung marktbestimmter Tätigkeiten leicht berechnen, indem man die Kosten für Vorleistungen vom Umsatz abzieht, der die Gewinne des Unternehmens einschließt. Die öffentliche Wertschöpfung wird nur anhand der Löhne gemessen, während die private Wertschöpfung anhand der Löhne und Gewinne gemessen wird. Aufgrund dieser Verzerrung trägt die gleiche Dienstleistung mehr zum BIP bei, wenn sie von einem privaten Unternehmen statt von einer öffentlichen Einheit erbracht wird, und dies nicht nur, weil die Löhne in der Privatwirtschaft oft höher sind, sondern auch, weil der Privatsektor über die Gewinne der Aktionäre einen zusätzlichen Produktionsfaktor vergüten muss.

Ein weiterer Kritikpunkt: Bei diesem Ansatz der Addition wird nicht zwischen wünschenswert und schädlich unterschieden. Der BIP-Rechner hat nur eine einzige Taste, und die ist ein »+«. Die Produktion eines Impfstoffs, eines elektrischen Kühlschranks, eines spekulativen Finanzprodukts, von Antidepressiva oder Reinigungsstunden nach einer Ölpest tragen in gleicher Weise zum BIP bei: Diese Produktionen werden nach ihrem Marktwert zum BIP hinzugefügt. Ein hochbezahlter Händler, der mit Lebensmitteln spekuliert, »produziert« so aus Sicht des BIP mehr als eine Kindergärtnerin, die den gesetzlichen Mindestlohn erhält. Die ehrenamtliche Arbeit von Aktivisten, die sich für den Schutz eines Waldes einsetzen, hat keinen Buchwert, während die bezahlten Arbeitsplätze derer, die den Wald kahlschlagen, im Sinne der volkswirtschaftlichen Gesamtrechnung eine Schaffung von Mehrwert darstellen. Ein privates und teureres Bildungssystem wie das der USA stellt einen größeren Beitrag zum BIP dar als ein vergleichsweise weniger teures, aber leistungsfähigeres öffentliches System wie das von Finnland.

Das BIP ist ein quantitativer Indikator, der uns über das Volumen der Geldströme informiert. Da es uns jedoch nichts über die positive oder negative Natur der produzierten Waren und Dienstleistungen sagt, ist sein Wachstum nicht zwangsläufig eine gute Nachricht. Die Statistiker, die das BIP erschaffen haben, waren übrigens die Ersten, die mahnten, dass es niemals ein Indikator für Wohlstand sein wird. »Während das BIP oft als Maßstab für den Wohlstand angesehen wird, erhebt das VGR [System der volkswirtschaftlichen Gesamtrechnung] nicht den Anspruch, dieses Ziel zu verfolgen, zumal es mehrere Konventionen übernimmt, die einer Interpretation der Bücher zum Zweck der Einschätzung des Wohlstands entgegenstehen«.[11] Selbst für einen bestimmten Sektor oder ein bestimmtes Produkt spiegeln die Marktwerte die Entwicklung ihrer Qualität nur unzureichend wider. Wenn sich der reale (das heißt inflationsbereinigte) Preis eines Computers in den 1990er Jahren als derselbe erweist wie in den 2010er Jahren, dann wird er im BIP genau gleich erfasst, auch wenn das neueste Modell deutlich leistungsfähiger ist als das alte. Was subtil erscheinen mag, wird problematisch, wenn es um die Messung ganzer Sektoren geht, deren Leistung grundsätzlich qualitativ ist, wie Gesundheit oder Bildung.

Schließlich ist dies vielleicht die schädlichste Schwachstelle: Das BIP abstrahiert von der Natur. In seinem Berechnungsprotokoll wird dies schwarz auf weiß ausgeführt: »Ein rein natürlicher Prozess ohne menschliche Intervention oder Kontrolle ist keine Produktion im wirtschaftlichen Sinne«.[12] Obwohl Bienen Stunden damit verbringen, unermüdlich unsere landwirtschaftlichen Erzeugnisse zu bestäuben (ein Beispiel für Ökosystemproduktion), werden sie aus dem im BIP ausgewiesenen Mehrwert der Agrikultur ausgeschlossen. Der Baum hat nur einen Wert, wenn er gefällt und verkauft wird, seine eigene Produktion durch die Biosphäre und die Dienstleistungen, die er während seines Lebens erbringt (Herstellung von Sauerstoff, Bindung von Kohlendioxid, Verbesserung der Luft, Stabilisierung des Bodens, Schutz der Biodiversität etc.), zählen hingegen nicht. Oder auch, gemäß einem in einem Lehrbuch genannten Beispiel: »Die unkontrollierte Zunahme der Fischbestände in internationalen Gewässern stellt im Gegensatz zur Fischzucht keine Produktion dar«.

Und wenn die Natur nicht zählt, hinterlässt ihre Zerstörung in den Tabellen der Volkswirtschaftlichen Gesamtrechnung keine Spuren. Die Waldbrände steigern *in fine* sogar das BIP durch die Ausgaben, die sie für die Löscharbeiten verursachen. Auch wenn das ökologische Erbe dadurch verkümmert, wird durch die Löhne der Feuerwehrleute und den Verkauf des Benzins für ihre Fahrzeuge ein Mehrwert verbucht. Im letzten IPCC-Bericht heißt es bei der Definition des BIP, dass es »ohne Abzug der Erschöpfung und Zerstörung natürlicher Ressourcen« ermittelt wird.[13] Nach dieser Logik würde zum großen Entsetzen der Umweltschützer die Ausrottung der letzten Mitglieder einer bedrohten Spezies, die in einem Restaurant verkauft und gegessen werden, den »Mehrwert« innerhalb der Wirtschaft erhöhen.

Der Ökonom Éloi Laurent fasst die Situation gut zusammen: »Das Wachstum verbucht treu einen immer unbedeutenderen Teil der menschlichen Aktivitäten: Güter und Dienstleistungen, aber nicht ihre Verteilung; Markttransaktionen, aber nicht die sozialen Bindungen; Geldwerte, aber nicht die natürlichen Mengen«; das BIP ist »einäugig, was das wirtschaftliche Wohl angeht, blind für das menschliche Wohl, taub für das soziale Leid und stumm in Bezug auf den Zustand des Planeten«.[14] Regelmäßig werden Kolloquien veranstaltet und Berichte verfasst, um diesen Indikator zu überwinden, doch bislang ohne nennenswerte Wirkung: Das BIP beherrscht weiterhin das politische Führungssystem der Nationen.

## Wachstum: Eine Frage der Größe und Geschwindigkeit

Die Ökonomie wird oft mit einem Kuchen verglichen, den es zu teilen gilt, und das Wachstum mit der Weise, ihn größer werden zu lassen, damit jeder ein bedeutenderes Stück erhält. Doch das »Produkt« des Begriffs des BIP heißt nicht akkumulierter Reichtum. Das BIP misst nicht den *Bestand* an Reichtum (die Gesamtsumme auf einem Bankkonto oder die Anzahl der Fische in einem See), sondern den *Strom* der Produktion von Reichtum über einen bestimmten Zeitraum (das Geld und die Fische, die jedes Jahr hinzukommen).

Da man nicht zwischen Geldströmen, die reicher machen, und Geldströmen, die ärmer machen, unterscheiden kann (eine der Grenzen des BIP), ist es falsch, die Bewegungen des BIP zu feiern oder zu verunglimpfen. Zwei Personen können denselben Kuchen auf zwei verschiedene Arten backen, der eine ist ein weniger erfahrener Koch, der sicherlich mehr Zeit damit verbringt, seine Fehler bei der Herstellung auszubügeln und die Küche anschließend zu reinigen. Der Kuchen (der Reichtum) wird jedoch trotz dieser beiden unterschiedlichen Stile der Zubereitung derselbe sein (das BIP).

Was vielleicht etwas vorschnell als »Wachstum« bezeichnet wird, entspricht eher einer Intensivierung des ökonomischen *Treibens* als einem Anstieg des Gesamtreichtums. Machen wir den Vergleich mit einer Schneekugel, bei der jede Flocke eine Geldtransaktion darstellt. Was das BIP misst, ist das Treiben der Flocken in der Kugel, eine Art Maßstab für das Sprudeln der Geldwirtschaft. Somit kann man es auf zwei verschiedene Arten steigern: indem man mehr Flocken in die Kugel gibt oder indem man die Kugel stärker schüttelt. Damit haben wir zwei Arten von Wachstum: eines, das auf der *Erweiterung* des Umfangs der Warenwirtschaft beruht (die Hinzufügung von Flocken), und eines, das auf der *Intensivierung* bereits bestehender Transaktionsarten beruht.

Beginnen wir mit dem *expansiven Wachstum*. Mit dem Umfang der Wirtschaft meine ich den Anteil der Geldwirtschaft im Verhältnis zum Rest (das heißt die Grenze zwischen dem aufgetauchten und dem untergetauchten Teil des Eisbergs). Jedes Mal, wenn etwas, das sich außerhalb der monetären Sphäre befand, in ein Produkt verwandelt wird, das verkauft werden kann, erweitert sich der Umfang der Wirtschaft.

Ein Fisch, der bereits vor dem Fang existierte, wird erst dann zum BIP hinzugerechnet, wenn er vermarktet wird. Wenn man den Fisch fängt, um sich selbst zu ernähren, bleibt dieser Akt der Produktion außerhalb der Buchführung der Wirtschaft. Entscheidet man sich jedoch, den Fisch auf einem Markt zu verkaufen, wird das BIP steigen – oder besser gesagt wachsen –, da es einen weiteren Verkauf gibt, der in der volkswirtschaftlichen Gesamtrechnung erfasst wird. Es hat sich nichts wirklich geändert, der Fisch wird gefangen und gegessen, aber seine Kommerzialisierung (die Tatsache, dass er zu einer Ware wird, die auf einem Markt verkauft wird) treibt das BIP in die Höhe.

Ein anderes Beispiel: Die Gründung von Airbnb hat den Umfang der Geldwirtschaft erweitert, indem sie eine Dienstleistung, die bis dahin keine Ware war, in eine solche verwandelt hat. Eine Wirtschaft, in der Übernachtungen über Couchsurfing (eine Plattform, die Gastgeber mit Personen verbindet, die eine kostenlose Kurzzeitunterkunft suchen) vermittelt werden, hätte unter sonst gleichen Bedingungen ein niedrigeres BIP als eine Wirtschaft, in der alle Ferienwohnungen über Airbnb vermietet werden, obwohl ein mindestens gleichwertiger Gebrauchswert produziert wird.

Dieselbe Situation hat man in einer Wirtschaft, in der man ein Taxi nehmen würde, anstatt sich von einem Freund mitnehmen zu lassen, und eine kostenpflichtige Dating-App nutzen würde, anstatt sich direkt mit jemandem zu unterhalten. Sobald etwas zu einer neuen Geldtransaktion führt, fügt es der Kugel Flocken hinzu. »Produktion« ist nicht immer gleichbedeutend mit »Herstellung«. Hier ist die Wohnung die gleiche, egal ob sie auf Couchsurfing oder Airbnb zu finden ist. Es sind nicht die Ressourcen, die sich ändern, sondern das Sozialprotokoll, das sie organisiert.

Die zweite Art von Wachstum (das stärkere Schütteln der Schneekugel) ist intuitiver: Es ist die Wirtschaft, so wie sie existiert, die sich schneller dreht. Wenn ich, anstatt alle zehn Jahre mein Telefon zu wechseln, durch Praktiken der organisierten Obsoleszenz gezwungen bin, alle zwei Jahre ein neues Telefon zu kaufen, steigt das Volumen von Mehrwert / Einkommen / Endausgaben (die drei Arten, das BIP zu messen). In diesem Fall ist es die Produktion, die sich beschleunigt – es müssen fünfmal so viele Telefone hergestellt und alle dafür notwendigen Ressourcen mobilisiert werden.

Diese begriffliche Trennung zwischen Expansion und Intensivierung funktioniert auch in die andere Richtung. Die Sphäre der Marktwirtschaft kann *schrumpfen*, wenn bislang vermarktete Güter und Dienstleistungen nun außerhalb der Sphäre des BIP produziert werden. Als kostenpflichtige Enzyklopädien wie Encarta Wikipedia wichen, und unter der Voraussetzung, dass der Rest der Wirtschaft diesen Rückgang nicht ausglich, schrumpfte das BIP (obwohl die Verbreitung von Wissen und damit von Wohlstand in einem weiten Sinne deutlich zugenommen hat). Die Menschen schreiben und lesen weiterhin Lexikonartikel, aber all dies geschieht in einer Sphäre, in der die Geldtransaktionen und Zugangsbarrieren gering sind.

Genauso wie ein Anstieg des BIP nicht immer das Auftreten einer zusätzlichen Produktion darstellt (sie konnte bereits in der Nichtmarktsphäre existieren), bedeutet ein Rückgang des BIP nicht zwangsläufig, dass Aktivitäten verschwinden – man könnte sagen, dass sie nur aus dem Bereich der verbuchbaren Ökonomie herausfallen.

Die Sphäre der Marktwirtschaft kann auch *zurückgehen*. Eine Pandemie tritt auf, und der Verkauf von Masken steigt, was ihren Beitrag zum BIP nach oben treibt. Sobald die Gesundheitskrise vorbei ist, sinkt das Volumen der Masken und damit auch ihr Beitrag zum BIP. Wenn ich mich entscheide, kein Fleisch mehr zu essen oder nicht mehr zu fliegen, und diese Transaktionen nicht durch andere kompensiert werden, sinkt das BIP. Dasselbe gilt, wenn ich ein Zugticket für 100 Euro kaufe, um in den Vulkanlandschaften der Auvergne zu wandern, anstatt für ein Flugticket 1000 Euro zu bezahlen, um La Réunion zu besuchen. Wenn man die Arbeitszeit massiv reduziert oder bestimmte Tätigkeiten wie die Werbung für besonders umweltschädliche Produkte verbietet, wird man vermutlich einen *wirtschaftlichen Rückgang* beobachten, weil diese Sektoren weniger betriebsam sind.

Warum soll man sich dafür einsetzen, das Wachstum in verschiedene Phänomene zu zerlegen? Dies ist eine notwendige Übung, um den modernen Glauben zu entmystifizieren, dass das Wachstum des BIP immer ein Fortschritt und der Rückgang zwangsläufig unerwünscht ist – ein Glaube, der suggeriert, dass man die Wirtschaft immer »ankurbeln«

und nie schrumpfen oder zurückfahren sollte. Wenn es um komplexe institutionelle Veränderungen geht, verdunkelt der Kompass des BIP mehr, als er erhellt. Ein Gesundheitssystem zu verstaatlichen und die Immobilien- und Energiepreise zu deckeln wird das BIP sinken lassen, was nicht zwangsläufig eine schlechte Nachricht ist, solange die Indikatoren für Gesundheit, Wohlstand und Nachhaltigkeit wachsen.

Das Wachstum und die Schrumpfung des BIP sagen uns nicht viel über die wahre Leistung einer Ökonomie. Man kann bestimmte Formen der Betriebsamkeit feiern, wenn sie Bedürfnisse befriedigen (die Produktion von Masken während der Pandemie), die Produktion von künstlerischen Werken, das Schreiben von Büchern über das Klima etc. Andere, die unnötig sind (bestimmte Formen der Werbung, SUVs, Gadgets) oder für den Wohlstand sogar kontraproduktiv (die Gestaltung von geplanten Obsoleszenzen, Junkfood), kann man geißeln. Dasselbe gilt für die Entschleunigung. Manche Rückgänge der Produktion werden wie eine Amputation erlebt, mit Ausgrenzung, Arbeitslosigkeit, Austerität und Armut, und andere gleichen eher Diäten: Situationen, in denen es einer Gemeinschaft gelingt, ihre Bedürfnisse mit einem geringeren wirtschaftlichen Aufwand zu befriedigen. Diese wirtschaftliche Rhythmik des Mehr und des Weniger ist kein Schicksal, sondern eine Folge gesellschaftlicher Entscheidungen.

## Die Bestandteile der Wirtschaftsaktivität

Jede Aktivität erfordert Ressourcen, egal ob sie nun im Sinne des BIP als wirtschaftlich angesehen wird oder nicht. Die Ökonomen bezeichnen alle Dinge, die für die Produktion benutzt werden, wie Energie, Materialien, Ökosystemdienstleistungen, Werkzeuge, Arbeit und Institutionen, als »Produktionsfaktoren«. Der Begriff der »Produktion« wird hier im weitest möglichen Sinne verwendet: als Mobilisierung von Ressourcen, um ein Gut oder eine Dienstleistung zu produzieren, die erlaubt, ein Bedürfnis zu befriedigen.* Diese Faktoren können eine im BIP verbuchte Marktform annehmen (zum Beispiel die Arbeitsstunden bezahlter Arbeitnehmer und der Strom, den man kauft; dies sind die *auftauchenden* Produktionsfaktoren) oder nicht (die Natur, das Wissen und die Institutionen; die *untergetauchten* Produktionsfaktoren).

### Die Natur und die Werkzeuge

Beginnen wir mit dem Faktor, ohne den nichts produziert werden könnte: der Natur. Jede Produktion wendet Energie und Materialien auf, selbst die entmaterialisiertesten Dienstleistungen. Computer verbrauchen Energie, und wir Menschen verbrauchen Kalorien. Es ist unmöglich, Energie verfügbar

---

* Um die Klippen der Produktion zu umschiffen und unsere wirtschaftliche Vorstellungswelt zu öffnen, könnten wir sogar von Zufriedenheitsfaktoren sprechen, um den Akzent nicht auf die Sache, die produziert wird, sondern auf ihren Nutzen zu setzen.

zu machen, ohne Maschinen zu bauen, die aus Materialien gemacht werden, und es ist unmöglich, Nahrungsmittel anzubauen, ohne Wasser und Boden. Zu diesen direkt aufgewendeten Rohstoffen (Materialien und Mineralien, Energie, Wasser, Boden und Lebewesen) müssen noch weitere hinzugefügt werden, die indirekt zur Produktion beitragen. Ökosystemische Prozesse wie die Bestäubung, Klimaregulierung, Bodenbildung, der Wasserkreislauf, die genetische Vielfalt, das heißt *ökologische Produktionen*, die von Lebewesen und natürlichen Kreisläufen erbracht werden und uns Dienstleistungen verschaffen, ohne die es nicht nur unmöglich wäre, zu prosperieren, sondern auch ganz einfach zu leben. Betrachten wir die Wirtschaft also als einen metabolischen Superorganismus, der Energie und Materialien aufnimmt und Abfälle ausstößt.

Die Ökonomen sprechen von »durch Menschen hergestellten Kapitalgütern«, um die Werkzeuge, Maschinen und Infrastruktur zu beschreiben, die für die Produktion verwendet werden. Ein Sushi-Messer, aber auch ein Hangar, eine Straße oder eine Gefängnistür. Die meisten Ökonomen machen sich wenig Sorgen um die Verknappung bestimmter natürlicher Ressourcen oder den Zusammenbruch von Ökosystemen, da sie glauben, dass ökologische Produktionsfaktoren durch menschliche Produktionsfaktoren wie Werkzeuge, Arbeit und Wissen ersetzt – die Ökonomen sagen »substituiert« – werden können. Robert Solow war 1974 der erste Ökonom, der die Hypothese von einer solchen Substituierbarkeit aufstellte. »Die Welt«, schrieb er, »kann in der Tat ohne natürliche Ressourcen auskommen«.[15] Die Grenzen dieser Hypothese sind offensichtlich: Bestimmte natürliche Ressourcen sind durch menschliche Erfindungen nicht zu ersetzen. Keine Maschine kann das Erdklima und die Wasserzirkulation der Ozeane ersetzen. Da von Menschen hergestellte Kapitalgüter notwendig aus natürlichen Materialien hergestellt werden, können sie die Natur nie vollständig ersetzen. Man kann mit Hilfe von Drohnen bestäuben, aber der Bau und die Versorgung dieser Drohnen mit Strom wird Materialien und Energie erfordern (und es ist so gut wie sicher, dass diese Drohnen weit weniger effizient sein werden als ihre biologische Alternative). In der Ökologischen Ökonomie werden Werkzeuge daher als eine Unterkategorie der natürlichen Ressourcen betrachtet – ein Hammer ist lediglich eine Neugestaltung von Holz und Metall, die bereits in anderer Form existierten, bevor sie mobilisiert wurden. Der Hammer selbst ist, bevor er zum Produktionsfaktor wird, bereits ein Endprodukt, für dessen Herstellung Werkzeuge benötigt wurden, die wiederum in einem anderen Produktionsprozess hergestellt wurden, und so weiter, bis hin zur natürlichen Ressource in ihrem rohesten Zustand: etwas, das man direkt in der Natur finden würde.

## Die Arbeitszeit

Ein weiterer unverzichtbarer Produktionsfaktor ist die *Arbeit* im allgemeinsten Sinne des Wortes. Jede Produktion erfordert Zeit und Mühe. Selbst die am stärksten automatisierte Produktion erfordert den Bau, die Programmierung und die Wartung von Maschinen – eine Aufgabe, für die jemand Zeit und Mühe aufwenden muss.

Die Arbeitskraft einer Volkswirtschaft hängt ab von der Erwerbsbevölkerung (ohne Kinder, Rentner und Personen im erwerbsfähigen Alter, die nicht am Arbeitsmarkt teilnehmen), der Stundenproduktivität (die von dem abhängt, was orthodoxe Ökonomen als »Humankapital« bezeichnen, das heißt von den Attributen derer, die arbeiten: Fähigkeiten, Know-how und alle anderen Attribute, die die Produktion erleichtern) und der kulturellen Organisation der Arbeit, vor allem der Arbeitszeit. Wie Lebewesen und andere Ressourcen der Erde wird die Arbeit entweder direkt genutzt (eine Arbeitsstunde, die für die Herstellung eines Hammers aufgewendet wird) oder indirekt (die Arbeitsstunden, die für die Ausarbeitung eines Online-Tutorials aufgewendet werden, in dem erklärt wird, wie man einen Hammer herstellt).

Wie wir in Kapitel 3 sehen werden, ist Arbeit kein unbegrenzter Produktionsfaktor. Die Tage haben nur 24 Stunden, von denen nur ein kleiner Teil zur Produktion aufgewendet werden kann – das ist die *verfügbare* Arbeitszeit. Die Demographie ist nahezu stabil, zumindest in den Ländern mit hohem Einkommen; und auch die Stundenproduktivität der Arbeit tendiert dazu, zurückzugehen (wir werden auch sehen, dass ihr Anstieg nicht immer wünschenswert ist).

Wenn die Bienen aussterben, könnten wir zwar von Hand bestäuben, aber es wäre schwierig, die Produktion jedes Jahr zu steigern, da früher oder später alle verfügbaren Arbeitsstunden aufgewendet worden wären. Die soziale Grenze der verfügbaren Arbeitszeit stellt nach der ökologischen Grenze der natürlichen Ressourcen eine zweite unüberwindbare Mauer für eine Wirtschaft dar, die nach ewigem Wachstum streben würde.

## Die Institutionen

Jede Produktion ist in eine soziale Infrastruktur eingebettet. Es ist schwierig zu produzieren ohne Eigentumsregeln zur Verwaltung der Allokation, ohne Geld und einen Markt zur Erleichterung des Austauschs, ohne Kreditprotokolle zur Finanzierung neuer Projekte, ohne Gesetze zur Sicherung der Rechte der Teilnehmer, ohne Vertrauen in sich selbst oder in andere oder ohne eine gemeinsame Sprache für die Kommunikation. Jenseits der primären Subsistenzwirtschaft, in der jeder selbst produziert, was er braucht, erfordert die Produktion organisatorische Regeln, das heißt Institutionen wie Gesetze und Bräuche.[16]

Ganz wie die Natur Ökosysteme entwickelt, entwickeln die Gesellschaften Institutionen, und beide erbringen für uns Dienstleistungen, ohne die keine Produktion möglich wäre. So wie die Bäume in einem Wald Kohlenstoff absorbieren und zur Klimaregulierung beitragen (Ökosystemdienstleistung), erbringen Freunde, die uns nach einem anstrengenden Arbeitstag aufmuntern, eine Soziosystemdienstleistung, da sie Unwohlsein auffangen und an der Regulation der Emotionen beteiligt sind. In beiden Fällen sind diese Dienstleistungen emergente Eigenschaften – der Natur oder sozialer Interaktionen –, die sich direkt oder indirekt auf unsere Fähigkeit zu produzieren auswirken.

## Technischer Fortschritt und ökonomischer Fortschritt

Wenn man mehr Hämmer herstellen will, kann man entweder mehr Ressourcen aufbieten oder den Produktionsprozess verbessern, damit er effizienter wird. Das ist der technische Fortschritt. In der Ökonomie wird er häufig als Steigerung der »Gesamtfaktorproduktivität« definiert, das heißt, mit der gleichen Menge an Produktionsfaktoren mehr zu produzieren oder alternativ mit weniger Ressourcen gleich viel zu produzieren. Wenn ich merke, dass ich morgens produktiver bin, weil ich schneller schreibe, und ich beschließe, morgens und nicht abends zu schreiben, ist das technischer Fortschritt: Ich werde mit der gleichen Menge an Arbeit, Energie und den gleichen Werkzeugen mehr Seiten produzieren.

Erster Punkt: Wer von *Produktivität* spricht, meint *Produktion* und damit, für Ökonomen, das BIP. Die Produktivität der Nutzung in Bezug auf die Zufriedenheit wird oft auf die *monetäre Produktivität* reduziert, das heißt auf das Verhältnis zwischen der Produktion, die mittels ihres Verkaufspreises veranschlagt wird, und ihren Herstellungskosten in Form von Einkaufspreisen, die ebenfalls monetär sind. In einer Welt, in der soziale und ökologische Werte nicht (oder unzureichend) in die Preise einfließen, ist ein Anstieg der monetären Produktivität nicht unbedingt ein Zeichen für einen Anstieg der Produktivität der Nutzung.

Zweiter Punkt: Bei einem Produktionsbegriff, bei dem nur die Faktoren berücksichtigt werden, die man kauft (Preis der Materialien, der Energie, der aufgewendeten Werkzeuge und der Arbeitskosten), stellt sich der technische Fortschritt wie durch Zauberei ein, eine Art alchemistische Transmutation, die die Verwendung nicht-monetärer Ressourcen nicht berücksichtigt. Wenn man nun aber die Produktionsfunktion erweitert und die soziale und ökologische Produktion einbezieht, wird klar, dass dieser Fortschritt nichts von Zauberei hat.

Wenn ich schneller schreibe, liegt das vielleicht daran, dass ich ausgeruhter bin. Doch diese Erholung ist das Ergebnis einer Produktion außerhalb der Ökonomie des BIP. Meine Produktivität bei der Arbeit wird indirekt durch andere, nicht marktbestimmte Faktoren außerhalb der Arbeit bestimmt (dies ist die zentrale These im 3. Kapitel). Dasselbe gilt für die ökologischen Produktionen. Die Biene erscheint nicht durch Zauberei; sie besteht aus Materie, wird von Energie angetrieben, ist die Frucht von Informationen, die auf Millionen von Jahren der Evolution zurückgehen, und koexistiert mit vielen anderen Arten in komplexen Ökosystemen, die ebenfalls bestimmte Produktionsfaktoren benötigen, um existieren zu können.

Wenn die Steigerung der Produktivität eines (marktbestimmten) Faktors auf Kosten der Produktivität eines anderen (nicht marktbestimmten) Faktors geht, ist der technische Fortschritt nur eine Illusion. Die Einführung von Düngemitteln, Pestiziden und Herbiziden hat den Ertrag in der Landwirtschaft vorübergehend gesteigert, allerdings um den Preis des Verlustes der Biodiversität, der Fruchtbarkeit der Böden und der Gefährdung der Gesundheit der Arbeiter. Der monetäre Mehrertrag der Produktion ging mit einer Abnahme der ökologischen und sozialen Produktion einher. Was in einer buchhalterischen Produktionsfunktion als technischer Fortschritt erscheint, erweist sich in einer ökologischen Produktionsfunktion in Wirklichkeit als Substitution eines Faktors durch einen anderen. Wenn man alle Faktoren berücksichtigt, stellt man am Ende einen Produktivitätsverlust und einen technischen Rückschritt fest.

Das ist ein wichtiger Punkt: Die marktbestimmte Produktion, die im BIP gemessen wird, verbucht nur einen Teil der Produktionsfaktoren, nämlich diejenigen, die einen Preis haben. Die gesamte Produktivität der Faktoren wird nur dann gezählt, wenn sie den Marktwert der Produktion zu steigern erlaubt. Wenn es gelingt, seine Tomaten mit weniger Wasser anzubauen, sein Haus schneller zu putzen oder einen Pedibus zu organisieren, um die Kinder zur Schule zu bringen, handelt es sich aber dennoch um wirtschaftliche Innovationen im anthropologischen Sinne des Begriffs, denn sie erleichtern die Produktion von Gütern und Dienstleistungen, die zur Bedürfnisbefriedigung beitragen. Allerdings sind sie nicht die Art von Innovationen, die von Ökonomen untersucht werden.

Das Problem ist, dass der technische Fortschritt der Ökonomen Tauschwerte und nicht Gebrauchswerte misst. Angenommen, einem Ingenieur gelingt es, ein neues Produktionsverfahren zu erfinden, das erlaubt, eine Bohrmaschine mit der Hälfte des Materials, der Hälfte der Maschinen und der Hälfte des Arbeitsaufwands herzustellen. Die Produktion könnte sich somit verdoppeln (steigendes BIP), ohne neue Produktionsfaktoren aufzuwenden: Die Faktorproduktivität wäre gestiegen, es hätte einen »technischen Fortschritt« gegeben. Stellen wir uns nun vor, dass jemand ein Netzwerk der Reziprozität erfindet, das erlaubt, Dinge unter Nachbarn zu teilen. Anstatt pro Haushalt eine Bohrmaschine zu haben, würde es möglich werden, eine zu haben, die sich drei Haushalte teilen. Das Bedürfnis (Löcher zu bohren) würde mit weniger Bohrmaschinen besser befriedigt werden (das BIP sinkt).

Wir verwechseln zwei Arten von Fortschritt. Auf der einen Seite gibt es einen anthropologischen Fortschritt, der erlaubt, die Bedürfnisse mit weniger Ressourcen besser zu befriedigen, was einem *ökonomischen Fortschritt* im Sinne des ursprünglichen Ziels der Ökonomie gleichkommt (möglichst sparsam zu befriedigen, wobei die Sparsamkeit hier die Form einer Verringerung des Produktionsvolumens annimmt). Die andere Art von Fortschritt (der »technische Fortschritt« der Ökonomen) berücksichtigt nur monetäre Werte und vermittelt so die buchhalterische Illusion eines Reicherwerdens, während diese höhere Produktivität oft nur die Transformation eines sozialen und/oder ökologischen Reichtums in einen finanziellen Reichtum widerspiegelt.

## Die Wachstumsmotoren

In der Ökonomie gibt es keine Zauberei. Alle Zutaten für die Produktion existieren, bevor sie zu Produktionsfaktoren werden. Ein Baum kann einfach ein Baum bleiben, ohne jemals zu Holz oder zu einer Gelegenheit zum Klettern zu werden, und meine freie Zeit kann dies sehr wohl bleiben, ohne jemals im Rahmen einer abhängigen Beschäftigung aufgewendet zu werden. Ein Fahrrad kann entweder zum Spazierenfahren oder zum Arbeiten genutzt werden, und unsere intellektuellen und kulturellen Fähigkeiten können sowohl in der Landwirtschaft und Industrie als auch beim Schach und in der Politik Anwendung finden.

Diese Faktoren können zunächst im anthropologischen Sinne des Begriffs produktiv werden, das heißt zur Befriedigung eines Bedürfnisses beitragen: Ich baue in meinem Garten Tomaten an und schenke sie meinen Verwandten (damit befriedige ich ein Bedürfnis, ohne dass die Wertschöpfung meiner Arbeit im BIP erfasst wird). Diese Faktoren können aber auch in einem Prozess der marktbestimmten Produktion aufgewendet werden: Ich baue Tomaten an, um sie zu verkaufen. Je nach Wirtschaftssystem ist die Marktsphäre mehr oder weniger wichtig (maßgebend in einer kapitalistischen Wirtschaft, in der die meisten Produktionsfaktoren kommerzialisiert sind, und weniger wichtig in einer Stammeswirtschaft, die aus nicht kommerzialisierten Gemeingütern besteht).

Um das Wirtschaftswachstum zu erklären, muss man zunächst die Mechanismen verstehen, die zum Antrieb der Marktsphäre führen, die ich hier als *Wachstumsmotoren* bezeichnen werde. Einige Ökonomien sind aufgrund ihrer institutionellen Struktur, das heißt der Regeln, die sie sich geben, eher imstande zu wachsen als andere (zum Guten und zum Schlechten). Vereinfacht ausgedrückt kann man mindestens drei Hauptakteure und Wachstumsmotoren identifizieren, je nachdem, in welchem Rahmen sie zur Akkumulation animieren: Unternehmen (Produktivismus), Haushalte (Konsumismus) und der Staat (was später als *Ökonomismus* beschrieben wird).

Da ist zunächst einmal der Hang der Unternehmen, ihre Gewinne zu maximieren. Die soziale Verantwortung der Unternehmen besteht darin, ihre Gewinne zu steigern, sagte der neoliberale Ökonom Milton Friedman.[17] Unternehmen konkurrieren auf Märkten miteinander, was sie dazu veranlasst, mehr zu produzieren und neue Produkte zu schaffen. Das

Ziel lautet: Minimierung der Kosten und Maximierung der Einnahmen. Allgemein gilt: Je mehr ein Unternehmen verkauft, desto mehr Gewinn erzielt es und desto mehr kann es in seine Produktionskapazitäten reinvestieren, um den Absatz erneut zu steigern – eine positive Rückkopplungsschleife (daher die Analogie mit dem Motor). Diese kulturelle Selektion der profitabelsten Unternehmen eliminiert Unternehmen mit niedrigen Profitraten und begünstigt diejenigen, denen es gelingt, eine höhere Gewinnspanne zu erzielen.

Der zweite Motor wirkt auf die Ebene des Konsumverhaltens ein. In einer Gesellschaft, in der alles käuflich ist, ist es normal, mehr verdienen zu wollen. Um sich Geld zu beschaffen, muss man gegen Lohn arbeiten, aus seinem Besitz Kapital schlagen oder irgendeine andere Aktivität aufnehmen, die ein Einkommen generieren kann. Es spielt keine Rolle, ob die Einzelnen durch das Streben nach Vergnügen, den Wettbewerb um Positionen und Prestige oder die Rückzahlung von Verbraucherkrediten motiviert sind. Es spielt auch keine Rolle, ob diese Verhaltensweisen aus dem spontanen Willen resultieren oder durch Werbung und geplante Obsoleszenz angeregt werden. All diese Gründe führen zu demselben Ergebnis: mehr Käufe. Damit die Wirtschaft wächst, braucht es Verbraucher, die immer mehr kaufen. Je mehr gekauft wird, desto mehr Gewinn machen die Unternehmen, desto mehr steigern die Unternehmen ihre Produktionskapazitäten und können so Anreize zum Konsum schaffen (die zweite positive Rückkopplungsschleife).

Der dritte Wachstumsmotor spielt sich auf der Ebene des Staates ab. Es ist für niemand ein Geheimnis, dass die Regierungen aktiv nach Wirtschaftswachstum streben. Die Begründungen dafür sind zahlreich: Beseitigung der Armut,

Senkung der Arbeitslosigkeit, Abbau von Ungleichheiten, Rückzahlung von Schulden oder Erhaltung des Wohlstands (auch wenn der Zusammenhang zwischen Wachstum und diesen Zielen noch zu beweisen bleibt – das wird Gegenstand des 4. Kapitels sein) oder einfach nur »Verbesserung der Attraktivität des Landes«.

Dies veranlasst die öffentliche Hand, die Kommerzialisierung bestimmter gesellschaftlicher Bereiche zu erleichtern, in der Hoffnung, dass die Privatisierung dieser Infrastruktur in einen positiven Kreislauf der Akkumulation von BIP-Punkten eintritt. Hingegen muss alles, was die marktwirtschaftliche Betriebsamkeit bremsen könnte, ausgeräumt werden: Die Kaufkraft der Verbraucher muss erhöht, die Kosten der Unternehmen gesenkt und die Investitionen der Unternehmen gefördert werden. Je mehr die Marktsphäre im gesellschaftlichen Leben an Bedeutung gewinnt, desto mehr hängt die Befriedigung unserer Bedürfnisse von der Kaufkraft und von der Gesundheit der Unternehmen ab, und desto mehr sieht sich die Regierung gezwungen, ihr reibungsloses Funktionieren zu ermöglichen, was wiederum die Ausweitung der Marktsphäre erleichtert (die dritte positive Rückkopplungsschleife).

Das Wirtschaftswachstum hängt in einer Marktwirtschaft von diesen drei Elementen ab: Verbrauchern, die gewillt sind, immer *mehr* zu kaufen, Unternehmen, die gewillt sind, immer *mehr* zu verkaufen, und eine Regierung, die diesen gesamten Prozess unterstützt. Jeder Motor hat seinen eigenen Geschwindigkeitsmesser: Die Individuen wollen ihr Einkommen maximieren, die Unternehmen ihre Gewinne und die Regierungen ihr BIP. Obgleich jeder Prozess seine eigenen Mechanismen hat, bilden sie zusammen eine positive Superrückkopplungsschleife. Je gewinnorientierter die Unternehmen sind, desto aggressivere Marketingstrategien werden sie verfolgen, die zum Kauf anregen; je abhängiger die Verbraucher von den Unternehmen sind, um ihre Bedürfnisse zu befriedigen, desto mehr Macht gewinnen die Unternehmen; und je mächtiger die Unternehmen sind, desto mehr Druck können sie auf die Staatsmacht ausüben. In diesem Sinne ist Wachstum also ein struktureller Bestandteil des heutigen Kapitalismus, das makroökonomische Standardergebnis eines Wirtschaftssystems, in dem jeder Akteur unermüdlich danach strebt, immer mehr zu verdienen.

## Die Ideologie des Wachstums

Wachstum ist nicht nur ein reales Phänomen, sondern auch eine kollektive Obsession. Davon zeugt die Omnipräsenz des BIP in den Diskussionen über Gesundheit, Ökologie, Bildung und Kultur. Ohne Wachstum ist es unmöglich, in einer Welt, in der es »kein gezaubertes Geld gibt«, wie Emmanuel Macron sich ausdrückte,[18] in Krankenhäuser oder Schulen zu investieren. Das BIP ist ein wichtiger Faktor für die Entwicklung der Wirtschaft. Mikroökonomisch gesehen ist Geld *Kaufkraft*, und makroökonomisch gesehen ist das BIP *Handlungsfähigkeit*. Die Bedingung der Lukrativität wird zu einer unsichtbaren Barriere, die für das Denken und Handeln zwingend ist. Was Wachstum bringt, ist wünschenswert, und der Rest wird in den Bereich des Undenkbaren verbannt. Daher der Vorbehalt der Ökonomen gegenüber Degrowth, das laut Bruno Le Maire »eine gefährliche Utopie« ist, da es die Gesundheit der Wirtschaft gefährden würde.[19] In Frankreich organisiert die Staatsmacht »Wachstumspolitiken«, und das Dekret über die Zuständigkeit des Ministers für Wirtschaft verpflichtet ihn, »Maßnahmen zur Förderung des Wachstums« festzulegen.[20] Unsere Volksvertreter verabschieden Gesetze »für das Wachstum« wie das vom 6. August 2015, dessen erste hundert Artikel den Titel »Freisetzung von Aktivität« tragen. Die Verwendung des Begriffs »Freisetzung« bezeugt diese Obsession perfekt: Es muss um jeden Preis dereguliert, privatisiert und alles getan werden, um die sozialen und ökologischen Reibungspunkte zu verringern, die das Wachstum begrenzen. Das britische Recht geht sogar noch weiter: Es schreibt seit 2015 eine »Wachstumspflicht« *(growth duty)* vor, nach der »jede Person, die eine Regulierungsfunktion ausübt, berücksichtigen muss, dass es wünschenswert ist, das Wirtschaftswachstum zu fördern«.[21] Kurz, fragen Sie sich nicht, was Ihr Land für Sie tun kann, sondern fragen Sie sich, was Sie tun können, um zum Wachstum Ihres Landes oder zumindest seiner Wirtschaft beizutragen.

Das Wachstum als große Erzählung ist eine neuere Entwicklung. Der Historiker Daniel Hirschman, der die Verwendung des Begriffs »Wirtschaftswachstum« in der Zeit von 1890 bis 1960 nachzeichnet, stellt fest, dass die Diskussionen über dieses Thema erst nach dem Zweiten Weltkrieg aufkamen.[22] Selbst nachdem sich das Konzept des »Nationaleinkommens« in den 1940er Jahren durchgesetzt hatte, blieb das Hauptanliegen die Stabilität der Wirtschaft und nicht ihr Wachstum. Es dauerte bis in die 1950er Jahre, bis dieses neue Anliegen aufkam. Die Arbeiten des Historikers Matthias Schmelzer haben zudem gezeigt, dass das Ziel des Wachstums zu dieser Zeit von der Europäischen Organisation für wirtschaftliche

Zusammenarbeit aktiv gefördert wurde, zunächst in den USA Anfang der 1950er Jahre und später im Rest der Welt, oft gegen den Willen der Politiker, die das Interesse nicht ganz verstanden, einen abstrakten Indikator, der nicht den Wohlstand maß, ewig wachsen zu lassen.[23]

Neu war nicht der Wunsch, den Wohlstand eines Landes zu steigern (ein Ziel, so alt wie die Welt), sondern die Art und Weise, wie man ihn messen wollte, und die Betonung der Geschwindigkeit seiner Akkumulation. Man wollte immer mehr und das immer schneller. Und der Überschuss sollte reinvestiert werden, damit er zu einem Mehrüberschuss werden konnte, und so weiter, wodurch eine systemische Akkumulationsdynamik entstand. Seither wurde die Akkumulation zur Pflicht, und somit musste jede Ressource optimal genutzt werden. Dies ist die Logik des »Profitdenkens«, die den Händlern lieb und teuer ist, aber auf die gesamte Wirtschaft angewendet wird.[24] Hier wurde die Ideologie des Wachstums als einer Form der monetären Monomanie, der *Ökonomismus*, geboren.

Der Ökonomismus ist jene Weltanschauung, die die Rahmen der zeitgenössischen – das heißt der neoklassischen, kapitalistischen und neoliberalen – Wirtschaftsanalyse auf die Realität anwendet. Eine Obsession von der Wirtschaft, das Primat des Monetären über den ganzen Rest: Jede menschliche Aktivität wird so einer Kosten-Nutzen-Rechnung unterworfen. Die Ökonomie ist zum Unbewussten unserer modernen Gesellschaften geworden.[25] Jedes Problem, sei es ein soziales, kulturelles, politisches oder ökologisches, wird dem Willen des Marktes untergeordnet. Ist der Kampf gegen die Klimaerwärmung rentabel? Haben wir ein finanzielles Interesse am *Lockdown*? Gibt es in Frankreich genug Arbeitsplätze, um Flüchtlinge aufnehmen zu können? Die Wirtschaft im Modus des Wachstums-um-jeden-Preis erzwingt dann eine »Tyrannei des Geldwerts«, »die Verachtung von allem, was nicht Geld ist«.[26] Man könnte sagen, dass die Wirtschaft zur Religion wird,[27] zum Kult einer abstrakten Entität, zu »einem mythologischen Monster,[28] dem man Realität und Macht verleiht. Angeblich kann man die öffentlichen Ausgaben nicht erhöhen, weil die Märkte dies nicht zulassen würden. Das ist eine Entpolitisierung der Ökonomie, die von da an als unabhängig vom Willen ihrer Teilnehmer naturalisiert wird. Die Wirtschaft ist göttlich, und sie will wachsen. Wir haben es heute mit einer »Vergötterung des Wachstums«[29] zu tun, um mit Rowan Williams, dem ehemaligen Erzbischof von Canterbury, zu sprechen. Ein steigendes BIP wird als der gesunde Menschenverstand angesehen, als ein natürlicher, unvermeidlicher, zeitloser und universeller Zustand – eine wahre »Wachstumsmystik«,[30] die zur großen Erzählung unserer modernen Gesellschaften, zur Definition des Fortschritts und zum Sinn der Geschichte wird. Es ist der *Geist des Wachstums*, um Max Webers berühmten »Geist des Kapitalismus« zu zitieren, der von Luc Boltanski und Ève Chiapello theoretisiert wurde.[31] Im Zentrum dieser allgemeinen Wachstumsobsession steht der Glaube, dass es nie genug gibt und dass jeder angehäufte Reichtum in einen neuen Produktionszyklus reinvestiert werden sollte. Es herrscht ein grenzen- und zielloser Produktivismus – »bis ins Unendliche … und darüber hinaus!« Länder, Unternehmen und Individuen versuchen nicht, Schwellen der Suffizienz zu erreichen, sondern auf dem aufsteigenden Pfad der Kumulation zu bleiben. Jeder Sinn für Maß, Zurückhaltung, Genügsamkeit und Suffizienz wird antimodern, wie archaische Bräuche, von denen wir uns freimachen sollten. *Mehr* ist immer *besser*. Nie beschwert sich jemand, dass er reicher geworden ist, ein Unternehmen protestiert nicht gegen die Steigerung seiner Gewinne, und ein Land verkündet nicht mit Bedauern, dass sein BIP gestiegen ist.

Diese kapitalistischen Verhaltensweisen konkurrieren seit langem mit anderen Formen, das menschliche Handeln zu begreifen. Was unsere Gesellschaft »kapitalzentriert«[32] macht, ist die Hegemonie dieser Verhaltensweisen über alle anderen. Diese These hat Denis Colombi in *Pourquoi sommes-nous capitalistes malgré nous?* entwickelt: »Ohne dass wir es wirklich wollen, ja sogar ohne dass wir uns dessen bewusst sind, handeln wir sehr oft im Einklang mit seinen Prinzipien und in einer Form, die das unendliche Streben nach Profit und Akkumulation gestattet«.[33] Der *Habitus* des Wachstums wird zum *Common Sense* in einer Gesellschaft, in der jeder die Brille des Kapitals trägt und in der das Prinzip der Rentabilität sich als Ethik institutionalisiert. »In einer kapitalistischen Wirtschaft wird es sehr schwer sein, nicht wie ein *homo oeconomicus* zu handeln, nicht zu kalkulieren, nicht zu rationalisieren und sich nicht auf die eine oder andere Weise an der Jagd nach Profit zu beteiligen, so sehr sind die Strukturen, Infrastrukturen und Institutionen, die uns umgeben, dafür gemacht.«[34] In einer um das Wachstum organisierten Wirtschaft freiwillige Einfachheit zu beweisen, ist so schwierig wie *Grand Theft Auto* (GTA) zu spielen, ohne ein Verbrechen zu begehen.

Diese Mentalität wirkt sich auch auf unsere Identität aus. Der Psychologe Harald Welzer beschreibt das Wirtschaftswachstum als die »mentale Infrastruktur« unserer modernen Gesellschaften.[35] Diese Obsession dringt in unser Denken und Fühlen ein, durchdringt unsere Wünsche, Hoffnungen und Werte und prägt unsere Identitäten und Einstellungen. Wer würde es als Erfolg ansehen, wenn man mit vierzig weniger Geld auf dem Bankkonto hat als zwanzig Jahre zuvor?

Es ist das auf die Existenz selbst angewandte Unternehmertum, wie es Michel Foucault in seiner Analyse des aufkommenden Neoliberalismus theoretisiert hat.[36] Wir werden selbst zu »Produktionsfaktoren«, zu »Humankapital«, das es dann optimal einzusetzen gilt, um das Wachstum unseres Einkommens zu maximieren. Die Philosophin Céline Marty fasst diese Verinnerlichung der produktivistischen ökonomischen Rationalität treffend zusammen: »Fühlen Sie sich heute Morgen gehetzt, schuldig, weil Sie ein paar Minuten länger im Bett geblieben sind? Machen Sie sich Vorwürfe, weil Sie zum *Afterwork* mit Ihren Kollegen nein gesagt haben? Fühlen Sie sich schuldig, weil Sie Ihre Kinder um 18 Uhr von der Schule abholen, während Ihre Kollegen noch im Büro sind? Schämen Sie sich dafür, dass Sie einfach auf Ihrem Sofa rumhängen und »nichts tun«? Das liegt daran, dass die kapitalistische Arbeitswelt uns dazu bringt, ihre produktivistischen Imperative zu verinnerlichen – zu ihrem Vorteil.«[37]

Unsere Wachstumsobsession ist so groß, dass sie dazu führt, dass sich die Zeit auflöst. In der Raumzeit des modernen Kapitalismus findet man keine Stunden und Jahre, sondern Euros. In dieser BIPisierten Gesellschaft wird die Gegenwart von einem bestimmten Wohlstandsniveau bestimmt, die Vergangenheit wird als seine Verringerung und die Zukunft als seine Erhöhung betrachtet. Geld zu verlieren bedeutet, zurückzugehen; reicher zu werden bedeutet, vorwärtszugehen. Hier finden sich die Entwicklungsphasen von Walt W. Rostow wieder:[38] Länder mit einem niedrigen BIP gelten als »unterentwickelt«, wachsende Länder als »in der Entwicklung« und

Länder mit den höchsten BIP pro Kopf als »entwickelt«. Zeit wird buchstäblich zu Geld. Jede Stunde, die man damit verbringt, sich um seine Kinder zu kümmern, Schach zu spielen, sich zu informieren, zu wählen etc., ist mit wirtschaftlichen Opportunitätskosten verbunden: Wie viel hätte ich verdient, wenn ich gearbeitet hätte, anstatt meine Produktionsfaktoren »faulenzen« zu lassen? Die wirtschaftliche Mentalität dringt so in jede soziale und ökologische Beziehung ein, und die Welt wird zu einer riesigen Fabrik, in der sich alles in einen potenziellen Produktionsfaktor verwandelt.

Die Stagnation wird hingegen zur ultimativen Angst der modernen Gesellschaften. Man spricht immer noch von den »verlorenen Jahrzehnten« eines Japans ohne Wachstum. In Europa folgen die »mittelmäßigen zwanzig« auf die »Trente Glorieuses«. In Bezug auf die enttäuschenden Wachstumsraten spricht man sogar von einem »schwachen Wachstum« und »säkularer Stagnation«. Ein Unternehmen, dessen Umsatz stagniert, wird als blockiert betrachtet, das auf seinem Weg zum Erfolg nicht weiterkommt.

Eva Sadoun macht eine interessante Analogie auf: »Die Finanzmärkte funktionieren ein wenig wie Dating-Websites«, und »Finanzindikatoren und das BIP sind eine Art Filter, die das Bild schönen, das man sich von einem bestimmten Unternehmen oder Staat macht. Im Klartext heißt das, dass man auf dem Tinder der Staatsverschuldung das Bild eines Staates abgeben muss, dessen BIP wächst und der alles tut, damit das so bleibt«.[39] Länder mit einem stagnierenden BIP werden quasi zu Unberührbaren, während Länder mit einem wachsenden BIP als Wirtschaftswunder gepriesen werden, das makroökonomische Äquivalent zu den berühmten »Einhörnern«, von denen man nichts weiß außer ihrem hohen Börsenwert.

Wenn Stagnation als Misserfolg analysiert wird, ist es nicht verwunderlich, dass eine Rezession als Katastrophe empfunden wird. Wenn das BIP mehrere Monate lang sinkt, gerät die Wirtschaft in eine »Depression«, ein Begriff, der viel über die Angst aussagt, die unsere Gesellschaften angesichts fehlenden Wachstums verspüren. Seinen Umsatz zu verringern ist gleichbedeutend mit Konkurs, sein Einkommen zu verringern ist gleichbedeutend mit einem schlechten Finanzmanagement, und ein sinkendes BIP ist das Schreckgespenst jeder Regierung, das als wirtschaftlicher Waldbrand wahrgenommen wird, der den Reichtum eines Landes vernichtet. Die Angst vor dem Abschwung zeigt uns, dass wir das Wachstum des BIP, dieses schlichte Thermometer aus den 1930er Jahren, zu einem wahren Zivilisationsmodell erhoben haben.

Nun ist die Ideologie des exponentiellen und ständigen Wachstums jedoch eine soziohistorische Anomalie. Wachstum ist die Ausnahme, nicht die Regel. Die menschliche Erfahrung, sei sie biologisch, psychologisch oder soziologisch, ist eine Erfahrung der Grenzen und der Endlichkeit. In der Welt der Lebewesen ist das Wachstum immer temporär und mit zahlreichen Selbstregulierungsmechanismen konfrontiert. Es ist eine Phase, die, wenn sie beendet ist, anderen Dynamiken Platz macht. Inmitten der ökologischen Krise und angesichts des Gebots, unseren Verbrauch an natürlichen Ressourcen zu reduzieren, ist das »Übel der Unendlichkeit«,[40] von dem Durkheim sprach, eine Geißel.

# 2

# DIE UNMÖGLICHE ENTKOPPLUNG

## Die ökologischen Grenzen des Wachstums

Angenommen, ein regelmäßiger Raucher wird wegen Atemproblemen ins Krankenhaus eingeliefert. Nach der Konsultation rät ihm ein Arzt, mit dem Rauchen aufzuhören, zumindest bis sich sein Zustand verbessert. Nach der Konsultation eines anderen Arztes bestätigt dieser, dass Rauchen ein Problem für die Gesundheit des Patienten ist, sagt ihm aber, dass er trotzdem weitermachen kann, denn in Zukunft, da ist sich der zweite Arzt sicher, werden bestimmte Innovationen erlauben, Rauchen und Krebs voneinander zu trennen.

Sollen wir diese Person dazu drängen, mit dem Rauchen aufzuhören, oder sollen wir, wie der zweite Arzt, auf die Zukunft vertrauen? Bezogen auf unser Thema könnte man sich eine ähnliche Frage stellen: Soll man die Produktion, den Tabak, einschränken oder darauf vertrauen, dass man sie umweltfreundlich gestalten kann? Anders ausgedrückt: Kann man Ökonomie und Ökologie *entkoppeln*, die erste entwickeln, ohne die zweite zu zerstören? Weit davon entfernt, nur Spezialisten zu betreffen, steht diese Frage heute im Zentrum der wichtigsten Herausforderungen der Zivilisation.

## Grünes Wachstum und Entkopplung

Definieren wir zunächst die Schlüsselbegriffe der Debatte, angefangen mit dem Begriff der *Entkopplung*. Zwei Variablen werden als »gekoppelt« bezeichnet, wenn sich die eine proportional zur anderen entwickelt (zum Beispiel mehr A bedeutet mehr B), und sie entkoppeln sich, wenn sie dies nicht mehr tun.

Wenn von »grünem Wachstum« gesprochen wird, bezieht sich die Entkopplung auf die Trennung des BIP-Wachstums (die wirtschaftliche Variable) von den Umweltbelastungen (die ökologische Variable). Unter »Umweltbelastungen« verstehe ich die Gesamtheit der Auswirkungen, die menschliche Aktivitäten auf die Natur haben, sei es durch die Nutzung von Ressourcen (Materialien, Energie, Wasser und Boden) oder durch deren Folgen für die Umwelt (Klimawandel, Verlust der Artenvielfalt, Versauerung der Ozeane, Luft-, Wasser- und Bodenverschmutzung, Lichtverschmutzung und Lärmbelastung etc.).

Im Zusammenhang mit dem Klima wird häufig vom $CO_2$-Fußabdruck (die Emissionen gemessen in Tonnen) und der *Kohlenstoffintensität* (der Kohlenstoffgehalt des BIP) gesprochen, aber es gibt noch viele andere Wechselwirkungen zwischen Ökonomie und Ökologie: *materieller Fußabdruck/Intensität*, *Wasser*, *Boden* etc. Es gibt auch Phänomene, die schwieriger zu quantifizieren sind, wie die Wasserverschmutzung oder die Auswirkungen auf lebende Arten.

Sprechen wir also von *Umweltbelastung*, um die Gesamtheit der Belastungen zu erfassen, die eine Gesellschaft auf die sie umgebende Natur ausübt. Eine Entkopplung wird als *partiell* bezeichnet, wenn die Trennung nur einige Belastungen betrifft (z. B. $CO_2$-Emissionen, nicht aber den Materialverbrauch, die Bodenverschmutzung, die Auswirkungen auf die Biodiversität etc.), und sie wird als *total* dargestellt, wenn sie alle Komponenten der Umweltbelastung einschließt.

Eine Entkopplung kann auch *relativ* oder *absolut* sein. Eine *relative* Entkopplung, zum Beispiel von BIP und Treibhausgasemissionen, beschreibt eine Situation, in der die Emissionen pro Produktionseinheit zwar sinken, aber nicht schnell genug, um den gleichzeitigen Anstieg der Produktion im selben Zeitraum auszugleichen. Anders gesagt: Die Umweltbelastung nimmt mit dem Wachstum der Produktion zu, wenn auch nicht so schnell wie dieses. Im Falle einer *absoluten* Entkopplung fällt das Wachstum des BIP hingegen mit dem Rückgang der Emissionen zusammen. Wenn die Entkopplung absolut ist, sinkt die Umweltbelastung ohne entsprechenden Rückgang der Wirtschaftsaktivitäten, oder es steigen umgekehrt die Wirtschaftsaktivitäten ohne Anstieg der Umweltbelastung an.

Die Entkopplung kann auf zwei verschiedene Arten erfolgen. Von einer Entkopplung *von oben* spricht man, wenn sich die ökonomische Variable von der ökologischen Variable emanzipiert. Ein Boom kostenpflichtiger Enzyklopädien würde das BIP ansteigen lassen, ohne die tatsächliche Produktion (zumindest kurzfristig) und damit die Umweltbelastung wirklich zu beeinflussen. Umgekehrt beschreibt eine Entkopplung *von unten* eine Situation, in der die ökonomische Variable mehr oder weniger konstant bleibt, während die ökologische Variable sinkt. Dies wäre zum Beispiel nach der Einführung von neuen, weniger umweltschädlichen Technologien der Fall. Wenn wir über die *Kohlenstoffintensität* oder die *Materialintensität* einer Ökonomie sprechen, setzen wir den ökologischen Fußabdruck in Relation zum BIP (dasselbe gilt für die *Kohlenstoffproduktivität*). Aber gemäß der Mechanik dieses Verhältnisses kann die Intensität / Produktivität gleichermaßen sinken, wenn die Umweltverschmutzung abnimmt (Entkopplung von unten) und wenn das BIP steigt (Entkopplung von oben).

Je nach den gewählten Variablen kann eine Entkopplung *lokal* sein, wenn sie nur an einem bestimmten Ort gilt (die Entkopplung des australischen BIP vom Wasserverbrauch in Australien), oder *global*, wenn sie auf globaler Ebene greift (die Entkopplung des globalen BIP von der weltweiten Erosion der Biodiversität). Sie kann auch *vorübergehend* oder *dauerhaft* sein. Zwei Variablen, die sich in einem Zeitraum entkoppelt haben, können sich zu einem anderen Zeitpunkt wieder »koppeln« (dann spricht man von einer *Wiederkopplung*). Eine vorübergehende Entkopplung vermittelt die Illusion von einem Sieg, ist aber oft nur eine Verschiebung des Problems in der Zeit.

Fassen wir zusammen: Ein wirklich grünes Wachstum im Sinne einer nachhaltigen Entwicklung wäre ein Produktionswachstum, das mit einer Senkung der gesamten Umweltbelastung der Wirtschaft einhergeht. Es wäre also ein Wachstum, das auf einer *vollständigen* Entkopplung beruht, die *absolut*, *von unten*, *global* und *dauerhaft* wäre. Und natürlich müsste die Verringerung der Umweltbelastung so schnell erfolgen, dass die »planetaren Grenzen«[1] nicht überschritten werden. Ein solches grünes Wachstum hat es bis heute jedoch nicht gegeben.

## Die Entkopplung: Fake News

Die Hypothese von der Entkopplung ist nicht neu. Sie geht auf die 1990er Jahre und die empirischen Arbeiten einiger Ökonomen zurück,[2] die den Zusammenhang zwischen dem BIP und bestimmten Auswirkungen auf die Umwelt untersucht haben und dabei recht hoffnungsvolle Glockenkurven entdeckten. Hoffnungsvoll deshalb, weil ihren Beobachtungen zufolge die Umweltbelastung nur bis zu dem Punkt (der Spitze der Glocke) mit dem Einkommen korrelieren würde, ab dem sich der Trend umkehren würde – das Wachstum würde beginnen, grüner zu werden. Das, was heute als »Umwelt-Kuznets-Kurve«* bezeichnet wird, war geboren, und damit die Hoffnung auf eine Versöhnung von Ökonomie und Ökologie.

Im Juli 2019 haben wir zusammen mit sechs Kollegen einen Bericht veröffentlicht, der den aktuellen Stand der Forschung zur Entkopplung aufzeigt. Der Titel des Dokuments fasst das Ergebnis gut zusammen: »Decoupling debunked« (die entmystifizierte Entkopplung).[3] Nach der Durchforstung von einigen hundert empirischen Studien über den Zusammenhang zwischen Wirtschaftswachstum und Material-, Energie- und Wasserverbrauch, Treibhausgasemissionen, Bodennutzung, Wasserverschmutzung und Verlust der Biodiversität muss man feststellen, dass keine Studie die Hoffnungen rechtfertigt, die derzeit in das grüne Wachstum gesetzt werden. Die Entkopplungen, sofern es sie überhaupt gibt, sind überwie-

---

* In Anlehnung an eine ähnliche Glockenkurve, die der russisch-amerikanische Ökonom Simon Kuznets in Bezug auf den Zusammenhang zwischen Nationaleinkommen und Ungleichheit beobachtet hatte.

gend relativ, oft nur vorübergehend und betreffen lediglich eine Minderheit der Umweltbelastungen. Und selbst in den Fällen, in denen die Entkopplung am signifikantesten ist, sind die Reduktionsraten dürftig.

Ein Jahr später ging eine Gruppe von 16 Forschern die gesamte Literatur zur Entkopplung durch, das heißt 835 wissenschaftliche Artikel mit nicht weniger als 1157 Analysen.[4] Diese riesige Studie bestätigte unsere Ergebnisse. »Wir kommen zu dem Schluss«, schreiben die Autoren, »dass die beobachteten Entkopplungsraten nicht zu einer konsequenten Reduzierung des Verbrauchs der natürlichen Ressourcen und der Treibhausgasemissionen führen werden.«

Diese Schlussfolgerung hat schwerwiegende Konsequenzen: Das von den Regierungen und internationalen Agenturen gefeierte angeblich »grüne« Wachstum war nie wirklich grün. In Wahrheit – und das ist das Argument, das ich hier im ersten Teil vertrete – ist der Eindruck von einer signifikanten Entkopplung von BIP und Umweltbelastung eine Illusion, und zwar aus mindestens fünf Gründen: Es wird nur vom Kohlenstoff gesprochen; Importe werden nicht erfasst; die Entkopplung ist oft nur vorübergehend; die Größenordnungen sind bei weitem nicht ausreichend; und es wird nicht berücksichtigt, dass sich dieses Grünwerden teilweise mit niedrigen Wachstumsraten des BIP erklärt.

## Problem Nr. 1: Wir reden nur vom Kohlenstoff

Die Dekarbonisierung reicht nicht. Die Diskussionen um die Entkopplung vernachlässigen allzu oft die unzähligen Auswirkungen, die wir auf das System Erde haben. Nehmen wir die

Biodiversität: Laut dem vom WWF berechneten Living Planet Index ging die durchschnittliche Populationsgröße wild lebender Wirbeltiere zwischen 1970 und 2016 um 68 % zurück.[5] Das bedeutet, dass die Bestände von 4392 unterschiedlichen Arten innerhalb von fünfzig Jahren im Durchschnitt um zwei Drittel zurückgegangen sind. Noch besorgniserregender ist, dass der letzte Bericht der IPBES[6], dem IPCC-Äquivalent[7] zur Biodiversität, verkündet, dass 14 der 18 Kategorien von Ökosystemdienstleistungen seit 1970 abgenommen haben, was einem Rückgang der durchschnittlichen Gesundheit der Ökosysteme um 47 % entspricht.[8] In Frankreich ist das Nationale Observatorium für Biodiversität besorgt über einen »erheblichen Rückgang der Lebensräume und ihrer Vielfalt« und stellt fest, dass vier von fünf natürlichen Lebensräumen einen verschlechterten Erhaltungszustand aufweisen.[9]

Was den weltweiten Materialverbrauch anbelangt, sind die Ergebnisse eindeutig: Eine absolute Entkopplung hat es nie gegeben. Der weltweite Abbau von Rohstoffen hat sich zwischen 1900 und 2015 verzwölffacht, wobei die Beschleunigung seit Beginn des 21. Jahrhunderts konstant zunimmt.[10] Der materielle Fußabdruck aller OECD-Staaten verdoppelte sich zwischen 1990 und 2008 in direktem Zusammenhang mit der wirtschaftlichen Aktivität, wobei jeder Anstieg des BIP um 10 % mit einem Anstieg des materiellen Fußabdrucks um 6 % einherging.[11] Was die Materialintensität der Weltwirtschaft betrifft (die Menge an extrahierten Rohstoffen pro BIP-Punkt), so stieg sie zwischen 1900 und 2009 um 60 %.[12]

Einige Länder beglückwünschen sich etwas vorschnell dazu, dass sie sich dematerialisiert haben, obwohl sie in Wirklichkeit lediglich ihre industriellen Aktivitäten ins Ausland verlagert haben. Um alle von einer Ökonomie verwendeten

Materialien zu berücksichtigen, muss man ihren Material-Fußabdruck berechnen, das heißt das Gesamtvolumen des Materials, das mit den in einem Land konsumierten Waren und Dienstleistungen verbunden ist (wobei auch die außerhalb der Landesgrenzen abgebauten Ressourcen einbezogen werden). In Frankreich belief sich der Material-Fußabdruck 2018 auf 17,1 Tonnen Material pro Kopf.[13] Der Regierungsbericht »L'environnement en France« ist in dieser Frage eindeutig: »Wenn die Industrieländer tendenziell eine gewisse Entkopplung von Wachstum und Materialaufwand aufweisen, ist dies zum Teil das Ergebnis einer Verlagerung von extraktiven und industriellen Aktivitäten in Schwellen- und/oder Entwicklungsländer«.[14]

Häufig erfolgt die Entkopplung einer Belastung auf Kosten der Neukopplung von einer – oder sogar mehreren – anderen Belastungen. Man kann die Wirtschaft mit kohlenstoffarmen Energien, Elektroautos und Biokraftstoffen dekarbonisieren, doch auf Kosten anderer Beeinträchtigungen. Der Bau von Windkraftanlagen greift den Boden an, Biokraftstoffe verleiten zur Entwaldung, die Produktion von Solarmodulen mit einer Kapazität von 1 MW benötigt fast 3000 Tonnen Wasser, der Bau eines Staudamms zerstört Lebensräume mit einer großen Artenvielfalt, der Bau eines Elektroautos benötigt sechsmal mehr Material als ein Auto mit Verbrennungsmotor und die erneuerbaren Energien benötigen zehnmal mehr Metall pro Kilowattstunde als ihre fossilen Pendants.[15] Dies ist ein Punkt, der allzu oft übersehen wird: Jede Form der Produktion ist immer mit einer pluralen und systemischen ökologischen Belastung verbunden.

Man muss also aufpassen, dass man nicht links entkoppelt und rechts neu koppelt. Das World Resource Institute[16] verkündet beispielsweise eine absolute Entkopplung der Treibhausgasemissionen in den USA zwischen 2000 und 2014, mit einem Rückgang der Emissionen um 6 % und einem Anstieg des BIP um 28 %, der durch den Übergang von Kohle zu Erdgas ermöglicht wurde. Dieser Gewinn ist nicht nur temporär (wie wir gleich sehen werden), sondern könnte auch durch andere Arten von Emissionen wieder zunichte gemacht werden. Denn die Förderung von Erdgas ist mit Emissionen verbunden, vor allem Methan, ein Gas mit einem 28-mal höheren Treibhauseffekt als $CO_2$. Eine Studie von 2016 stellt fest, dass die Methanemissionen im selben Zeitraum um 30 % gestiegen sind, was den Rückgang des $CO_2$ mehr als aufhebt.[17] Zu demselben Ergebnis kommt eine andere Studie, die zeigt: Wenn mehr als 3 % des Methans aus Schiefergasbohrungen in die Atmosphäre entweichen würde (die Autoren schätzen die derzeitigen Lecks auf 3,6 % bis 7,9 %), dies den $CO_2$-Fußabdruck von Erdgas auf das Niveau von dem der Kohle bringen würde.[18]

## Problem Nr. 2: Wir zählen die Importe nicht mit

Es ist einfach, das BIP eines Landes zu dekarbonisieren, wenn die Produkte, die es konsumiert, im Ausland hergestellt werden und somit zu den inländischen Emissionen des Exportlandes gezählt werden. Ein Land, das die umweltschädlichsten Produktionsformen dorthin verlagert, wo sie weniger reguliert werden (in einen »Verschmutzungshafen«), macht seine Lebensweise nicht wirklich grün, sondern entledigt sich lediglich ihrer Folgen.

Tatsächlich verwenden die meisten Länder *Produktionsindikatoren*, die die Umweltbelastung durch die territoriale, das heißt inländische Produktion messen. Die $CO_2$-Emissionen, die bei der Produktion eines Autos in Frankreich anfallen, werden zum $CO_2$-Fußabdruck des Landes und damit zum durchschnittlichen $CO_2$-Fußabdruck der Franzosen hinzugezählt. Wenn man jedoch ein im Ausland produziertes Auto kauft, werden diese Tonnen den Exportländern zugeschrieben, auch wenn das Auto in Frankreich genutzt wird. Um den ökologischen Fußabdruck einer Ökonomie zu berechnen, ist es daher vorzuziehen, *Verbrauchsindikatoren* zu verwenden und so die gesamten Auswirkungen einzubeziehen, die mit den in einem Land konsumierten Produkten verbunden sind, seien sie nun inner- oder außerhalb der Landesgrenzen produziert worden. Dies ist wichtig, da heutzutage ein Viertel der weltweiten Produktion exportiert wird, weshalb ein Drittel der Treibhausgasemissionen[19] und 41 % des globalen materiellen Fußabdrucks[20] mit dem internationalen Handel verbunden sind.

Dies ist die Logik der Skalen (engl. *scopes*), die häufig bei der $CO_2$-Kompatibilität von Unternehmen verwendet werden. *Scope 1* umfasst die direkten Emissionen im Zusammenhang mit der Produktion, das heißt alles, was am Ort und zum Zeitpunkt der Produktion emittiert wird. *Scope 2* fügt die indirekten Emissionen hinzu, die mit der vom Unternehmen gekauften Energie verbunden sind. *Scope 3* erweitert dieses Kohlenstoffbudget um alle anderen indirekten Emissionen: die Emissionen der von einem Unternehmen genutzten Waren und Dienstleistungen, seiner Abfälle, des Transports seiner Rohstoffe, des Aufbaus der Infrastruktur, die seine Versorgung erlaubt, seiner Kapitalanlagen und Franchiseunternehmen, der Nutzung der verkauften Produkte etc. Beispielsweise macht der $CO_2$-Fußabdruck des Unternehmens Apple in *Scope* 1 und 2 weniger als 1 % seines Fußabdrucks in *Scope* 3 aus, da Letzterer die mit der Herstellung der Produkte (70 % des gesamten Fußabdrucks), ihrem Transport (8 %) sowie ihrer Nutzung (22 %) verbundenen Emissionen umfasst.[21] Auf Länderebene spricht man nicht wirklich von *Scope*, aber die Logik ist die gleiche: Je enger man den Umfang der ökologischen Verantwortung eingrenzt, desto leichter wird es, die eigene Wirtschaft »grün« zu machen, zumindest in Zahlen.

Der letzte IPCC-Bericht nennt 32 Länder, die die Erfahrung einer absoluten Entkopplung (BIP/produktionsbedingte Treibhausgasemissionen) gemacht haben, aber die Zahl der Länder sinkt auf 23, wenn die Emissionen am Verbrauch gemessen werden.[22] Das Beispiel Frankreichs ist in dieser Hinsicht emblematisch. Denn auf nationalem Boden (Produktionsindikator) sieht es so aus, als seien die französischen Emissionen rückläufig: Sie sanken von 548 Mt $CO_2$ im Jahr 1990 auf 445 Mt $CO_2$e im Jahr 2018, was einem Rückgang von 19 % in diesem Zeitraum entspricht.[23] Diese Entwicklung ist jedoch irreführend, da im selben Zeitraum der Kohlenstoff-Fußabdruck Frankreichs (ein Verbrauchsindikator, der die Emissionen von importierten Produkten einschließt, das heißt der inklusivste Perimeter) von 619 Mt $CO_2$e im Jahr 1995 auf 663 Mt $CO_2$e im Jahr 2019 gestiegen ist, was einem Anstieg von 7 % entspricht.[24] Selbst wenn man eine kürzlich erfolgte optimistischere Revision dieser Zahlen berücksichtigt (605 Mt im Jahr 2019 statt 663 Mt), muss man zwangsläufig feststellen, dass es sich eher um eine Stabilisierung als um einen echten Rückgang handelt.

Die gleiche Situation herrscht beim Material-Fußabdruck. Die Menge an Material, die für die nationale Produktion aufgewendet wird, ist zwischen 1970 und 2019 um 3,3 % zurückgegangen.[25] Dieser Rückgang spiegelt jedoch nur eine Verlagerung der Produktion von Gütern und Dienstleistungen wider. 2018 stellte die Förderung im Ausland 65 % des gesamten Material-Fußabdrucks der französischen Wirtschaft dar, der zwischen 1990 und 2019 um 8 % gestiegen ist. Die Zahlen für Frankreich sind schwer zu finden, die spanische Regierung veröffentlichte 2022 jedoch eine Analyse des Fußabdrucks, in der 16 Umweltbelastungen berücksichtigt wurden.[26] Mit dem Ergebnis: Zwischen 2013 und 2018 stagnierte der gewichtete Index dieser Indikatoren für die Ressourcennutzung auf nationalem Boden, während er in Bezug auf den Fußabdruck stark anstieg.

Hinzu kommt, dass diese Standortverlagerungen problematisch sind, da die Länder, in die wir verlagern, weitaus umweltschädlichere Produktionstechnologien verwenden als wir. Die beiden Länder, aus denen wir am meisten importieren, sind China und Deutschland.[27] Die Kohlenstoffintensität der Produktion in diesen Ländern (0,46 kg Kohlenstoff pro $ BIP für China und 0,15 kg für Deutschland) ist viel höher als die Frankreichs (0,09 kg Kohlenstoff pro $ BIP).[28] Die Schließung einer Fabrik in Frankreich wird die inländischen Emissionen verringern, aber insgesamt den Kohlenstoff-Fußabdruck erhöhen, wenn die Güter, die diese Fabrik produziert hat, nun aus China oder Deutschland importiert werden (und der internationale Transport dieser Produkte wird ebenfalls zusätzliche Emissionen hinzufügen).

Als Citroën die Produktion des C3 in die Slowakei verlagerte, stieg der Kohlenstoff-Fußabdruck der Produktion, da die slowakische Energie zu 73 % auf fossilen Energieträgern basiert, während die französische Energie nur zu 55 % auf fossilen Energieträgern beruht, was auf den hohen Anteil der

Kernenergie bei der Stromerzeugung zurückzuführen ist.[29] Hinzu kommt, dass das slowakische Umweltrecht sicherlich nicht so streng ist wie das französische, und dann könnten nicht nur der Kohlenstoff-Fußabdruck, sondern auch andere Umweltbelastungen zunehmen. Und wenn es sich bei diesem Auto um ein Elektroauto handelt, werden die Batterien höchstwahrscheinlich in Asien in kohlebetriebenen Fabriken hergestellt, wodurch wieder einmal die Illusion entsteht, dass die Produktion von Elektroautos »grün« ist.

### Problem Nr. 3: Die Entkopplung ist oft nur temporär

In einer wachsenden Wirtschaft die Umweltbelastung zu verringern bedeutet nicht nur, zu einer absoluten Entkopplung zu gelangen, sondern auch, diese Entkopplung zeitlich so lange aufrechtzuerhalten, wie die Wirtschaft wächst. Anders ausgedrückt: Ein kontinuierliches Wirtschaftswachstum erfordert eine dauerhafte Entkopplung.

Doch genauso wie sich Ökonomie und Ökologie zu einem bestimmten Zeitpunkt entkoppeln können, kommt es oft vor, dass sie sich kurze Zeit darauf *erneut koppeln*. Vor einigen Jahren erklärte die Internationale Energieagentur, dass die Entkopplung »bestätigt« war, nachdem sie beobachtet hatte, dass die weltweiten $CO_2$-Emissionen zwischen 2015 und 2016 stagnierten. Doch diese Entkopplung war nur von kurzer Dauer. Sie war hauptsächlich der Tatsache geschuldet, dass China in der gleichen Zeit, in der sich die USA dem Schiefergas zuwandten, einen Teil seiner Kohle zugunsten von Öl und Gas aufgegeben hatte. Angesichts der Tatsache, dass Schiefergas 30 % weniger $CO_2$ als Öl und 50 % weniger als Kohle ausstößt, war zu erwarten, dass ein solcher Wechsel die Emissionen senken würde. Doch das Reduktionspotenzial dieser Energiewende ist vorübergehend; sobald sie abgeschlossen ist, koppeln sich das Wachstum und die Emissionen wieder, wenn auch ihr Volumen geringer ist.

Selbst ein vollständiger Übergang zu kohlenstoffarmen Energien wird dieses Problem nicht lösen, da es immer noch Kopplungen gibt, zum Beispiel mit den Materialien, dem Wasser und der Bodennutzung. Österreich, Finnland und Schweden haben den Anteil der erneuerbaren Energien an ihrem Energiemix erhöht und ihre Emissionen zwischen 2005 und 2015 gesenkt. Doch sobald diese Wende vollzogen ist, erfordert der mit einer höheren Produktion verbundene Anstieg der Nachfrage nach Energie einen Ausbau der energetischen Infrastruktur und damit zusätzliche Belastungen. Genau das ist übrigens passiert: Österreich hat seine Emissionen von 2006 bis 2010 um 0,6 % und von 2011 bis 2015 um 1,6 % gesenkt, doch danach sind die Emissionen wieder angestiegen, und zwar von 2016 bis 2019 um + 0,3 %. Eine ähnliche Geschichte spielte sich in Finnland und Schweden ab; die Reduktionsraten beschleunigten sich zwischen 2006 und 2015, verlangsamten sich danach aber unmittelbar.

## Problem Nr. 4: Die Größenordnungen reichen nicht

Das vierte Problem der Entkopplung ist, dass ihre Raten winzig sind. Ein Anstieg des BIP um 3 % bei einem gleichzeitigen Rückgang der $CO_2$-Emissionen um 2 % ist per Definition eine absolute Entkopplung, aber das Gleiche gilt für einen Anstieg des BIP um 3 % bei einem Rückgang der Emissionen um

0,02 %. Man muss kein Klimaforscher sein, um zu erkennen, dass Letzteres uns nicht weiterbringt. Die Ökosysteme verteilen keine Pluspunkte für diejenigen, die »ihr Bestes geben«, und es ist ihnen auch egal, ob wir »relativ effizienter« sind. Um den Verlauf einer ökologischen Krise zu ändern, müssen wir nicht nur die Gesamtauswirkungen reduzieren, sondern dies auch schnell genug tun.

Wir sollten auch nicht vergessen, dass die meisten ökologischen Krisen dadurch verursacht werden, dass die kumulierten Auswirkungen über einen langen Zeitraum hinweg Überschreitungen darstellen. Es spielt keine Rolle, ob wir den Fischkonsum um 3 % reduzieren, nachdem die Fischerei den Kipppunkt erreicht hat und zusammengebrochen ist. Dann ist es zu spät. Um wirksam zu sein, muss die Entkopplung groß genug sein und schnell genug erfolgen, um zu verhindern, dass eine Reihe von planetaren Grenzen überschritten werden (globale Klimaerwärmung, Versauerung der Ozeane, Erosion der Artenvielfalt, Denaturierung der Böden, Aerosolkonzentration in der Atmosphäre, Abnahme der Ozonschicht, Süßwasserverbrauch, Phosphor- und Stickstoffkreisläufe, chemische Verschmutzung). Sagen wir es klar: Wenn eine Entkopplungsrate zu gering ist, nützt sie nichts.

Machen wir schnell die Rechnung für die Eindämmung des Klimawandels. Frankreich hat seine territorialen Emissionen zwischen 2010 und 2019 um 1,7 % pro Jahr gesenkt (8,1 Mt weniger jedes Jahr).[30] Vergleichen wir diese Zahlen nun mit dem französischen Klimaziel in Übereinstimmung mit dem europäischen Ziel, die Emissionen bis 2030 um 55 % gegenüber 1990 zu senken. Dies würde eine Reduzierung der territorialen Emissionen Frankreichs um 4,7 % pro Jahr zwischen 2022 und 2030 erfordern, das heißt 16 Mt weniger pro Jahr.

Dies würde einer Verdoppelung der zwischen 2010 und 2019 beobachteten Reduktion gleichkommen – eine schon ehrgeizige Wette.

Um die Erwärmung auf 1,5 °C zu begrenzen und gleichzeitig den armen Ländern Raum zu lassen, sich zu entwickeln, müssen die Anstrengungen jedoch noch größer sein. Ohne den Einsatz von »negativen Emissionstechnologien« muss sich die erforderliche jährliche Reduzierung mehr als verdoppeln: Man braucht nicht 5 % pro Jahr, sondern eher zwischen 10 % und 13 %[31] (zur Größenordnung: die mit der Eindämmung verbundene Reduzierung der Emissionen in Frankreich zwischen 2019 und 2020 betrug etwa 9 %). Nicht in zehn oder zwanzig Jahren, sondern ab heute und in den kommenden Jahrzehnten. Die französische Entkopplung vom Kohlenstoff ist zwar eine der größten der Welt (aufgrund des kohlenstoffarmen Atomstroms), reicht aber bei weitem nicht aus.

Auf der globalen Ebene ist es noch besorgniserregender. Das Kohlenstoffbudget, das eingehalten werden muss, um die 1,5 °C Klimaerwärmung nicht zu überschreiten, wird auf 420 Milliarden Tonnen $CO_2$ geschätzt, was bei dem derzeitigen Emissionsrhythmus etwa elf Jahren entspricht.[32] Wenn man berücksichtigt, dass die sich entwickelnden Länder einen Teil – wenn man die Grundsätze der Gerechtigkeit beachten würde, sogar alles – von diesem Kohlenstoffbudget in Anspruch nehmen müssen, erzwingt dies noch schnellere Reduktionsraten für die reichen Länder. Davon sind wir noch weit entfernt.

Die gleiche Situation herrscht beim Material-Fußabdruck. Der französische stieg von 1992 bis 2019 um 8 % bei einer gleichzeitigen Zunahme des BIP um 53 %.[33] Optimisten werden von einer Entkopplung sprechen, aber wir dürfen nicht vergessen, dass diese Entkopplung nur *relativ* ist, das heißt, der gesamte materielle Fußabdruck der Wirtschaft steigt weiter an. In einer Situation, in der dieser Fußabdruck nicht stabilisiert, sondern reduziert werden muss, reichen die historisch beobachteten Entkopplungen bei weitem nicht aus. Tatsächlich lag der französische Material-Fußabdruck 2018 bei 17,1 Tonnen pro Kopf, während die Schwelle für eine nachhaltige Ressourcennutzung 3 bis 6 Tonnen nicht überschreiten sollte.[34] Wie kann man den Material-Fußabdruck des Landes vierteln, ohne die Produktion und den Verbrauch zu reduzieren? Das ist so ziemlich unmöglich, wie wir im nächsten Abschnitt sehen werden.

## Problem Nr. 5: Die Wachstumsraten sind winzig

Laut einer oft zitierten Studie haben 18 Länder,* die mit einer absoluten Entkopplung Erfahrung gemacht haben, ihre Emissionen zwischen 2005 und 2015 um durchschnittlich 2,4 % pro Jahr gesenkt.[35] Nicht schlecht, wenn diese Reduzierung bei gleichzeitigen Wachstumsraten von 2 % oder 3 % erfolgt wäre. Aber nein, diese Volkswirtschaften wiesen ein Medianwachstum von +1,1 % auf. Dänemark, Italien und Spanien sind die Spitzenreiter mit jährlichen Kohlenstoffreduktionen von –3,7 %, –3,3 % und –3,2 %. Nun kann man aber schwerlich von einem grünen »Wachstum« sprechen, da das BIP dieser Ökonomien kaum gewachsen ist (+0,6 % des BIP in diesem Zeitraum für Dänemark) oder sogar zurückgegangen

* Schweden, Rumänien, Frankreich, Irland, Spanien, Großbritannien, Bulgarien, Niederlande, Italien, USA, Deutschland, Dänemark, Portugal, Österreich, Ungarn, Belgien, Finnland und Kroatien.

ist (– 3,3 % für Italien und – 3,2 % für Spanien, ein Rückgang, der zum Rückgang ihrer Emissionen proportional ist).

Die Autoren der Studie stellen fest, dass ein Teil der Emissionsreduktionen für die 18 Länder mit einem langsameren Wirtschaftswachstum erklärt werden kann: »Diese Verringerungen der Energieintensität des BIP [die Menge an Energie, die zur Erzeugung einer Menge an BIP aufgewendet wird] in den Jahren 2005–2015 unterscheiden sich nicht von ähnlichen Verringerungen, die seit den 1970er Jahren beobachtet wurden, was darauf hindeutet, dass die Verringerungen des Energieverbrauchs in der Gruppe der maximalen Abnahme zumindest teilweise durch das geringere BIP-Wachstum erklärt werden könnten.« Kurz, wir haben die Wirtschaft nicht wirklich grüner gemacht, das Wachstum der Produktion hat sich lediglich verlangsamt. Laut ihren Simulationen »könnte sich, wenn das BIP wieder stark wächst [...], die Senkung des Energieverbrauchs abschwächen oder umkehren, sofern nicht starke Klima- und Energiepolitiken umgesetzt werden«.

Alles ist eine Frage des Ausmaßes, und genau hier liegt das Problem. Selbst in einer Situation mit dauerhaft niedrigen Wachstumsraten gelingt es uns nur, einen kleinen Teil des BIP grün zu machen. Wir dürfen nicht vergessen, dass sich die Wirtschaft bei einer Wachstumsrate von 3 % alle 24 Jahre verdoppelt. Je schneller das Wachstum ist, desto schneller muss die Reduzierung der Umweltbelastung vorangetrieben werden. Jeder Prozentpunkt Wachstum erschwert also eine Aufgabe, die mit einem geringeren Produktionsvolumen vergleichsweise einfacher (und weniger riskant) gewesen wäre.

Zwischenbilanz: In der überwiegenden Mehrheit der Länder der Welt ist das Wachstum nicht grün. Die wenigen Fälle absoluter Entkopplung, die man beobachten kann, sind meist

Ausnahmen von kurzer Dauer in Zeiten eines schwachen Wachstums, bei denen nur ein Teil der Umweltbelastungen berücksichtigt wird und die Importe oft vergessen werden. Und selbst in den besten Fällen sind die durch »grünes« Wachstum ermöglichten ökologischen Reduktionen winzig. Eine unbequeme Wahrheit für die Verfechter der Entkopplungs-Hypothese: Das grüne Wachstum ist eine Legende.

## Eine unwahrscheinliche Entkopplung

Die Zukunft ist offen, werden einige sagen, und das historische Fehlen einer Entkopplung reicht nicht, um zu beweisen, dass sie morgen nicht eintreten wird. Das ist der Kern der Kontroverse: Ist es wahrscheinlich oder unwahrscheinlich, dass es in den kommenden Jahren zu einer ausreichenden Entkopplung zwischen Umweltbelastung und BIP-Wachstum kommt? Über diese Frage streiten sich heute die Ökonomen. Nach meinen Recherchen bleibt der Glaube daran eine riskante Wette, und das aus mindestens fünf Gründen.

### Grenze Nr. 1: Steigende Energiekosten

Jede Produktion erfordert direkt oder indirekt Ressourcen, angefangen bei der Energie. Einige Ökonomen werden argumentieren, dass die Energie in Frankreich weniger als 2 % des BIP ausmacht und somit ein marginaler Sektor ist. Lassen wir den australischen Ökonomen Steve Keen antworten, der erklärt, dass ohne Energie der Arbeiter nur eine Leiche und die Maschine nur eine Skulptur wäre.[36] Keine Wirtschaft ohne Energie, und keine Energie ohne Materialien zum Bau von Windrädern, Sonnenkollektoren oder Kernkraftwerken (und übrigens auch keine Materialien ohne Energie zu ihrer Gewinnung und Herstellung).

Diese Energie muss also gefunden werden, was kein leichtes Unterfangen ist, denn die Verfügbarkeit natürlicher Ressourcen hängt nicht nur von ihrer absoluten Quantität, sondern auch von ihrer Qualität und Zugänglichkeit ab. Man hört oft von dem gigantischen Strom an Sonnenenergie sprechen, den die Erde empfängt: $1{,}56 \times 10^{20}$ Joule pro Stunde – genug, um in wenigen Stunden den jährlichen Primärenergieverbrauch der gesamten Menschheit zu decken. Ein Manna für unendliches Wachstum? Weit gefehlt, denn nur ein winziger Teil dieser Energie ist nutzbar, und sie einzufangen erfordert nicht unerhebliche Mengen an Material. Einige werden sagen, dass es reicht, diese Fangmenge einfach durch die Entwicklung neuer Technologien zu erhöhen, aber dieses Argument stößt schnell an seine Grenzen – wir werden darauf zurückkommen.

Für den Moment wollen wir nur ein wirtschaftliches Phänomen festhalten, das mit unserer Fähigkeit zusammenhängt, Ressourcen zu mobilisieren: das Prinzip des geringsten Aufwands. Es ist schwierig, in der Ökonomie von »Gesetzen« zu sprechen, aber dieses Axiom ist vielleicht eines der solidesten des Fachs: die Metapher der *low-hanging fruit* (wörtlich: »niedrig hängende Früchte«). Wenn wir mit einem Problem konfrontiert werden, suchen wir oft zuerst nach der einfachsten Lösung, die am wenigsten Aufwand erfordert. Denn was nützt es, Öl aus mehreren Kilometern unter dem Ozean zu fördern, wenn man es direkt nebenan in einigen hundert Metern Tiefe finden kann?

Dieses Prinzip beschreibt die Geschichte unseres Energiesystems gut. Die am billigsten zu extrahierenden Optionen werden im Allgemeinen zuerst mobilisiert und sind in unserem Fall bereits erschöpft. Die verbleibenden zu extrahieren wird zu einem immer komplexeren, technisch anspruchsvolleren, energieintensiveren und damit in der Regel teureren und weniger rentablen (und fügen wir hinzu: oft auch für die Ökosysteme in der Umgebung gefährlicheren) Prozess. Dies gilt für Lagerstätten von Metallen und Mineralien mit geringer Konzentration, Ölsande, tiefe Offshore-Vorkommen, Vorräte in den Polarregionen oder in der Nähe von dicht besiedelten Städten wie das Pariser Schiefergas.

Man kann diese Zugangsschwierigkeit messen. Bei Energieressourcen spricht man vom *Erntefaktor* (*Energy Return on Energy Invested* oder EROI), also dem Verhältnis zwischen der Menge an Energie, die verfügbar gemacht wird, und der Menge an Energie, die aufgewendet werden muss, um sie zu extrahieren. Ein EROI von 10:1 für Öl bedeutet beispielsweise, dass ein Barrel Öl verbrannt werden muss, um zehn weitere zu gewinnen. Die gleiche Situation besteht bei erneuerbaren Energien. Zwar kann ein Solarmodul während seiner zwanzig- bis dreißigjährigen Lebensdauer Energie einfangen, doch erfordert seine Herstellung ebenfalls eine gewisse Menge an Energie. Das Verhältnis zwischen nutzbarer Energie und aufgewendeter Energie wird als Erntefaktor bezeichnet.

Ein sinkender Erntefaktor spiegelt eine Situation wider, in der immer mehr Vorleistungsressourcen geopfert werden müssen, um die gleiche Menge an Endressourcen zu erhalten. Das ist eine Art »Energiekannibalismus«,[37] bei dem die Energieinfrastruktur einen immer größeren Teil der von ihr produzierten Energie verbraucht. Anstatt ein einziges Barrel

Öl zu investieren, um zwanzig Barrel Öl zu fördern (eine relativ einfache Förderung), muss ich fünf Barrel opfern, um die gleiche Menge zu fördern. Die Energie, die für die Förderung eines Barrels Öl aufgewendet wird, ist eine Energie, die nicht für die Produktion anderer Dinge zur Verfügung steht, und damit ein Verlust an potenziellem Wachstum.

Dasselbe gilt für die erneuerbaren Energien. Ein Solarmodul braucht eine gewisse Zeit, um die Energie, die zu seiner Herstellung benötigt wurde, wieder abzugeben – man spricht von der »Energierückzahlzeit« *(energy payback time).* Diese Zeit, die von den Produktionsmethoden, der Effizienz der Paneele und ihrer Lebensdauer abhängt, setzt dem Wachstum bei der Herstellung neuer Paneele eine Grenze. Ohne eine kontinuierliche Verbesserung dieser drei Faktoren ist es für eine Energieinfrastruktur, selbst wenn sie zu 100 % aus erneuerbaren Energien besteht, nicht möglich, einen stetig wachsenden Energiebedarf zu decken.

Während eine Wirtschaft mit einem steigenden EROI immer schneller wachsen kann, weil Energie und Materialien immer leichter verfügbar sind, wird sich eine Wirtschaft mit einem sinkendem EROI in einer Situation wiederfinden, in der das Wachstum immer schwieriger zu erreichen ist. Das Problem ist – und das ist eine direkte Folge des Prinzips des geringsten Aufwands –, dass EROIs oft nicht steigen, oder zumindest nie für lange Zeit. Wenn jede wirtschaftliche Aktivität Energie und Materialien erfordert und immer mehr Energie und Materialien benötigt werden, um diese zu gewinnen, dann stellt der steigende Energieaufwand eine Bremse für die Entkopplung dar.

Heute sinken die Erntefaktoren, vor allem die der fossilen Energien. Der EROI für die weltweite Öl- und Gasproduktion stieg von 23:1 im Jahr 1992 (1 Barrel zu verbrennen erlaubt, 23 Barrel zu fördern) dank verbesserter Fördertechniken auf 33:1 im Jahr 1999, sank dann aber 2005 auf 18:1.[38] Unter Berücksichtigung fossiler und erneuerbarer Energien stellt eine andere Studie fest, dass der EROI des globalen Energiesystems von 7:1 im Jahr 1995 auf 6:1 im Jahr 2018 gesunken ist.[39]

Bei den erneuerbaren Energien sind die Erntefaktoren stabil, aber niedrig. Die Autoren simulieren, was mit dem durchschnittlichen EROI bis 2050 passieren würde, wenn die erneuerbaren Energiequellen 30 % oder 50 % des Energiemixes ausmachen würden. Im ersten Fall würde der durchschnittliche EROI von derzeit 6:1 auf 5:1 fallen. Im zweiten Fall würde er auf 3:1 sinken. Wir erinnern uns: Je niedriger der Erntefaktor ist, desto schwieriger ist es, seine wirtschaftlichen Aktivitäten grün zu machen. In einer anderen Studie,[40] die diesmal nur die Elektrizität betrifft, wird derselbe Abwärtstrend festgestellt: In einem Szenario mit 100 % erneuerbarer Elektrizität würde der weltweite durchschnittliche EROI von 12:1 im Jahr 2010 auf 5,8:1 im Jahr 2050 sinken.

Die Materialien stehen vor denselben Problemen. Die durchschnittliche Kupferkonzentration im abgebauten Erz ist von 4 % in den 1930er Jahren auf heute 1 % gesunken – eine Situation, die mit anderen Mineralien geteilt wird.[41] Geringere Konzentrationsraten bedeuten, dass größere Mengen an Material abgebaut und bewegt werden müssen, um die gleiche Quantität an Mineralien zu gewinnen, und damit mehr Energie (und mehr Auswirkungen auf die Ökosysteme). Ein Bericht von 2011 schätzt, dass für den Abbau von Materialien dreimal so viel Materie bewegt werden muss wie vor einem Jahrhundert.[42] Heute verschlechtert sich dieses Verhältnis weiter. Eine Dynamik, die umso besorgniserregender ist, als die Mineralintensität erneuerbarer Energien höher ist als die fossiler Energien – so benötigt 1 kWh erneuerbare Energie zehnmal mehr Metalle als 1 kWh fossile Energie.

## Grenze Nr. 2: Die Rebound-Effekte

Würde es nicht reichen, effizienter zu produzieren? Und in der Tat heißt es oft, dass grünes Wachstum durch Produktivitätssteigerungen ermöglicht wird, das heißt durch die Verringerung der Menge an Energie und Materialien, die für die Produktion benötigt werden. Wir neigen dazu, anzunehmen, dass je effizienter wir eine Ressource einsetzen, diese umso weniger verbraucht wird. Was weniger gesagt wird, ist, dass diese Produktivitätssteigerungen zu »Rebound-Effekten« führen: eine Situation, in der eine technische oder soziale Verbesserung, die eine effizientere Nutzung einer Ressource erlaubt, zu einer Intensivierung ihrer Nutzung führt. Das ist das »Jevons-Paradoxon«, das nach dem britischen Ökonomen William Stanley Jevons benannt wurde, der im 19. Jahrhundert gezeigt hat, dass auf die Verbesserung der Leistung der Dampfmaschinen nicht ein Rückgang, sondern ein Anstieg des Gesamtverbrauchs an Kohle folgte.

Dieser Rebound-Effekt kann *direkt* sein, wenn der Effizienzgewinn in die gleiche Aktivität reinvestiert wird; man kauft ein sparsameres Hybridauto, nutzt es aber aus demselben Grund häufiger. Wenn der Rebound geringer ist als der ursprüngliche Gewinn, spricht man von einem *teilweisen* Rebound. Ein neues Auto verbraucht viermal weniger Benzin als das alte, und man fährt es doppelt so oft, was eine Gesamtreduktion des Benzinverbrauchs von 50 % bedeutet. Hingegen macht ein *vollständiger* Rebound die gesamten Gewinne wieder zunichte. Wenn ich in dem vorherigen Beispiel die Entfernungen mit dem Auto versechsfachen würde, würde der Gesamtverbrauch an Benzin steigen, und das, obwohl das neue Auto sparsamer ist als das alte. In Frankreich beträgt der direkte Rebound-Effekt bei der Effizienz der Motoren und Nutzung des Autos zwischen 30 und 55 %, was bedeutet, dass ein Drittel der Produktivitätsgewinne durch die Zunahme der zurückgelegten Entfernungen wieder aufgehoben wird (also ein *teilweiser* Rebound).[43]

Der Rebound kann auch *indirekt* erfolgen; das Geld, das man dank eines neuen, sparsameren Autos nicht für Benzin ausgibt, wird für andere Aktivitäten ausgegeben, die Treibhausgasemissionen verursachen, wie eine Flugreise. Hier sieht man, dass die indirekten Effekte sowohl Strategien der Produktionseffizienz als auch des sparsamen Konsums betreffen. Wie beim Beispiel des Autos (ein Rebound der Effizienz) reduziert der Verzicht auf das Essen von Fleisch die Ausgaben für Lebensmittel und führt zu Einsparungen, die potenziell in anderen Konsumposten wieder aufgehoben werden können (ein Rebound der Einsparung).

Solche Rebounds gibt es auf der Ebene eines Haushalts oder Unternehmens (mikroökonomische Ebene), aber auch auf der makroökonomischen Ebene, wo eine Produktivitätssteigerung in einem Sektor auf die gesamte Wirtschaft zurückschlägt. Beispielsweise hat der Schiefergasboom in den USA die Energiepreise und damit die Produktionskosten gesenkt, was die Unternehmen dazu veranlasst hat, mehr zu produzieren und damit mehr $CO_2$ auszustoßen. Einer Studie[44] zufolge beträgt der makroökonomische Rebound in den USA 100 %, das heißt, die gesamte durch Produktivitätssteigerungen eingesparte Energie wurde in der Wirtschaft an einer anderen Stelle eingesetzt. Die gleiche Situation herrscht in Frankreich:[45] In weniger als zwei Jahren wurden 101 % der durch Öko-Innovation und Sparsamkeit erlaubten Energieeinsparungen genutzt. Auf der Ebene der Gesamtwirtschaft gibt es einen vollständigen Rebound, das heißt die Produktivitätssteigerungen haben es nicht geschafft, den Energieverbrauch zu senken.

Diese Rebound-Phänomene sind in allen Sektoren zu beobachten. Auch wenn Verbrennungsmotoren in den letzten Jahrzehnten effizienter geworden sind, sind die verkehrsbedingten Emissionen unaufhörlich gestiegen: + 9 % zwischen 1990 und 2019 in Frankreich.[46] Jedes Auto ist für sich weniger energieintensiv (ein Gewinn von 22 % zwischen 2005 und 2018 bei Benzinern), doch der Fahrzeugbestand ist energieintensiver, da mehr Autos unterwegs sind (ein Anstieg des Autoverkaufs um 44 % im selben Zeitraum).[47] Oft wird die Sparsamkeit von LEDs bei der Außenbeleuchtung gegenüber den alten Glühbirnen gepriesen – laut einer Studie von 2017 werden die Energieeinsparungen durch eine Zunahme der beleuchteten Fläche jedoch mehr als ausgeglichen, was wiederum durch niedrigere Beleuchtungskosten aufgrund der höheren Energieeffizienz ermöglicht wird.[48] Betrachtet man die Verwendung von 69 Materialien zwischen 1960 bis 2010, so stellt eine Studie fest, dass nur sechs einen absoluten Rückgang verzeichneten, vier davon (Asbest, Beryllium, Quecksilber und Thallium) aufgrund gesetzlicher Beschränkungen wegen Problemen der Toxizität.[49]

Nehmen wir ein anderes Beispiel. Die Initiatoren von 5G werben damit, dass die Sendemasten energieeffizienter sind. Um den Energieverbrauch zu senken (und damit zu entkoppeln), müssen die Energieeffizienzgewinne jedoch den Anstieg des Datenverkehrs ausgleichen. Angesichts der bisherigen Entwicklungen ist dies wenig wahrscheinlich. Tatsächlich ist der Datenverbrauch von 0,7 Gigabyte pro angeschlossenem Computer im Jahr 2014 auf 8 Gigabyte im Jahr 2019 angestiegen. (Einen Film in 8K anzusehen, erfordert 32-mal mehr Daten als die heutige High-Definition-Auflösung.[50]) Um einen vollständigen Rebound-Effekt von 5G zu vermeiden, müssten die Effizienzgewinne[51] über diesen Zeitraum in Bezug auf die Energie einen Faktor von mehr als 10 betragen.

Dies ist ein *direkter* Rebound-Effekt, aber das ist nicht alles. Die heutigen Mobiltelefone sind nicht für den Empfang von 5G geeignet, so dass ein Übergang zu dieser Technologie eine Erneuerung der Geräte erfordern würde (in Frankreich gibt es heute fast 65 Millionen Smartphones). Das Problem ist: Die Nutzung eines Mobiltelefons macht nur 20 % seines gesamten Energie-Fußabdrucks aus, der Rest entfällt auf seine Herstellung.[52] Eine vollständige Erneuerung der Handys in Frankreich würde also zu einer Erhöhung des digitalen $CO_2$-Fußabdrucks um ein Viertel führen* (hinzu kommt ein dementsprechender materieller Fußabdruck: 70 kg Rohstoffe, um ein einziges Smartphone herzustellen, was das 600-fache Gewicht eines Telefons wäre[53]).

Im Vergleich mit den potenziellen Energieeffizienzgewinnen wird deutlich, dass der Übergang zu 5G den ökologischen Fußabdruck der Digitalisierung vergrößern wird, sei es

---

* Der $CO_2$-Fußabdruck der digitalen Wirtschaft macht 2 % der nationalen Emissionen aus, was 2019 etwa 13,26 Millionen Tonnen $CO_2$ entspricht. Die Produktion von 64,7 Millionen Mobiltelefonen mit einem $CO_2$-Ausstoß von 55 kg $CO_2$ pro Stück würde also 3,5 Millionen Tonnen $CO_2$ erzeugen, was 26 % der gesamten digitalen Emissionen in Frankreich entspricht.

in Form von Emissionen oder dem Abbau natürlicher Ressourcen (mit der Zerstörung von Ökosystemen, dem Wasser-Fußabdruck und den verschiedenen damit verbundenen Verschmutzungen).[54]

Fahren wir fort: Welche Produktionsformen werden von 5G profitieren, und wo werden die dadurch entstehenden Gewinne und Löhne ausgegeben? In einer globalisierten Wirtschaft, in der man mit Geld fast alles kaufen kann, ist jede Kaufkraft potenziell eine Kraft, die der Umwelt schadet. Eine kapitalistische Wirtschaft ist ein wenig wie ein Flipper: Man kann noch so viel Geld ausgeben und in saubere (oft wenig lukrative) Bereiche investieren, das Geld wird früher oder später wieder nach unten fallen, das heißt in die lukrativsten Aktivitäten. Die Euros, die man bei der AMAP um die Ecke ausgibt, werden als Löhne ausgezahlt, die zum Beispiel zur Deckung der Benzinkosten verwendet oder gespart und somit indirekt in andere extraktive Aktivitäten investiert werden. Wenn wir den gesamten Fußabdruck reduzieren und dabei Rebound-Effekte vermeiden wollen, ist es unerlässlich, das Wachstum zu stoppen.

## Grenze Nr. 3: Der ökologische Fußabdruck von Dienstleistungen

Eine weitere Hoffnung auf Entkopplung liegt in der Tertiärisierung der Wirtschaft, das heißt im Übergang von extraktiven und verarbeitenden Industrien zu Dienstleistungen. Letztere sind ökologisch betrachtet tatsächlich weniger intensiv als die primären und sekundären Aktivitäten wie das Baugewerbe, die Landwirtschaft oder die Industrie (der industrielle Sektor stößt bei gleicher Wertschöpfung neunmal mehr $CO_2$ aus als der tertiäre Sektor[55]). Hingegen wäre es falsch zu glauben, dass eine Dienstleistungsökonomie komplett dematerialisiert werden kann.

Erstens muss die Tertiarisierung zu einer *absoluten* und nicht nur *relativen* Verringerung der primären und sekundären Aktivitäten führen, um einen Effekt auf die gesamte Umweltbelastung zu haben. Wenn Letztere auf demselben Niveau bleiben und zusätzlich noch Dienstleistungen hinzukommen, kommen die Auswirkungen der Dienstleistungen zu denen der industriellen und landwirtschaftlichen Emissionen hinzu. Es ist schwierig, dies als »ökologischen Übergang« zu bezeichnen – es wäre lediglich eine Art relative Entkopplung von oben.

Das Problem ist, dass diese Tertiärisierung in den meisten OECD-Ländern bereits abgeschlossen ist; der Anteil der Dienstleistungen am BIP liegt dort oft bei über 70 % (in Frankreich macht die Industrie 13 % des BIP aus). Es bleiben Sektoren, die nicht dematerialisiert werden können: der Verkehr (31 % der territorialen Emissionen im Jahr 2019), die Industrie, vor allem die Schwerindustrie wie Chemie, Stahl und Zement (19 %), die Landwirtschaft (19 %), der Bau (17 %), die Umwandlung von Energie (10 %) und die Abfallwirtschaft (4 %).[56] In diesen Sektoren findet man fast alle Emissionen.

Außerdem bleiben die Dienstleistungen mit den anderen Sektoren verbunden. Die Entwicklung neuer Dienstleistungen kommt zu den alten Aktivitäten hinzu, anstatt sie zu ersetzen. Man abonniert Netflix *mit* und nicht *anstatt* einem Computer. Angeblich »immaterielle« Produkte erfordern eine materielle Infrastruktur. Um auswärts essen zu gehen, muss man zum Restaurant fahren; Musik hört man auf Geräten; ein Massagesalon muss geheizt, beleuchtet und natürlich gebaut werden; und das Internet würde ohne Kabel und Energie nicht funktionieren.[57] Amazon macht »online« Gewinne, aber die Lastwagen, die diese Produkte ausliefern, und die Verpackungen, die sie schützen, sind sehr real. Die Ausweitung von Dienstleistungen kann kaum ohne Umweltbelastungen erfolgen, da sie Teil einer komplexen Wirtschaft ist, die als ein integrales Ganzes wächst.

Die Digitalisierung wird oft als Glücksfall bezeichnet, aber ist dem tatsächlich so? Die Informations- und Kommunikationstechnologie stößt weltweit jedes Jahr 830 Millionen Tonnen $CO_2$ aus, das sind 4 % der weltweiten Emissionen im Jahr 2020.* Eine Studie errechnet sogar, dass die Digitaltechnik bis 2030 bis zu 51 % der weltweiten Elektrizität verbrauchen könnte und dann zu 23 % der weltweiten Treibhausgasemissionen beitragen würde.[58] Die Unterhaltungsbranche ist zwar relativ gesehen weniger energie- und materialintensiv als einige Schwerindustrien, bleibt aber dennoch stark materiell geprägt. Ein Forscherteam der Universität Bristol hat ausgerechnet, dass alle 2016 auf YouTube angesehenen Videos 11 Millionen Tonnen Kohlenstoffäquivalent erzeugt haben, was dem jährlichen Fußabdruck der Stadt Frankfurt entspricht.[59] Ein Bericht der Internationalen Energieagentur schätzt, dass das Betrach-

---

* »Re-think your digital habits«, Digital for Planet, Dezember 2020. Die Digitalisierung wird hauptsächlich mit fossilen Brennstoffen betrieben. Ein Bericht von Greenpeace (»How Clean is Your Cloud?«, 2012) erklärt, dass 39,4 % des Stroms, den Facebooks Rechenzentren verbrauchen, aus Kohle gewonnen wird (bei Apple ist es fast die Hälfte). Aber selbst wenn dieses Problem in einer Wirtschaft mit 100 % erneuerbarer Energie gelöst wäre, bliebe trotzdem noch die Frage nach den Materialien und den Folgen ihrer Gewinnung.

ten von einer Stunde Inhalt auf Netflix zwischen 36 g und 82 g $CO_2$-Äquivalent verursachen würde, was einem halben Autokilometer entspricht.[60] In *L'Enfer numérique* schätzt Guillaume Pitron den Fußabdruck einer E-Mail auf 0,5 bis 20 g $CO_2$, was dem Äquivalent einer Glühbirne entspricht, die eine Stunde lang brennt.[61] Kyle Devine (Universität Oslo) und Matt Brennan (Universität Glasgow) fanden heraus, dass die Musik, obwohl sie fast vollständig digital geworden ist, in Bezug auf die Treibhausgase umweltschädlicher ist als je zuvor: Verursachte sie 140 Millionen kg $CO_2$ im Jahr 1977, so sind es 157 im Jahr 2000 und 200–350 im Jahr 2016.[62]

Das ultimative Beispiel: Kryptowährungen, der Archetyp des dematerialisierten Werts. Der *Cambridge Bitcoin Electricity Consumption Index* berichtet, dass Bitcoin weltweit einen auf das Jahr gerechneten Stromverbrauch von 131 TWh verursacht, was etwa einem Drittel des 2019 in Frankreich verbrauchten Stroms entspricht. Die digitale Währung Bitcoin produziert weltweit 69 Mt $CO_2$ pro Jahr, was dem $CO_2$-Fußabdruck von Schweden entspricht.[63] Je höher der Wert von Bitcoin, desto intensiver wird das Mining – ein Paradebeispiel für die Kopplung von Geldwert und ökologischem Fußabdruck, das die Situation auf der makroökonomischen Ebene gut zusammenfasst. Da die meisten Transaktionen auf den Finanzmärkten von Algorithmen ausgeführt werden, die auf *machine learning* beruhen, müssen diese Roboter außerdem trainiert werden (laut einer Studie des MIT verursacht das Training einer künstlichen Intelligenz so viele Kohlenstoffemissionen wie fünf Autos während ihres gesamten Lebenszyklus).[64]

Und vergessen wir nicht die Rebound-Effekte: Jeder, der in der Dienstleistungsindustrie arbeitet, gibt einen Teil seines

Lohns für materielle Produkte aus. Außerdem ist der $CO_2$-Fußabdruck von Facebook oder Twitter zwar geringer als der einer Fluggesellschaft, doch erstreckt sich die Werbung, die man auf diesen Plattformen findet, oft auf Güter mit einer hohen ökologischen Intensität. Ein Wachstum der »immateriellen« Aktivitäten dieser Unternehmen bedeutet also mehr materiellen Konsum mittels der Gehälter ihrer Angestellten, zusätzliche Investitionen in andere Sektoren durch die Anlage von Geldbeständen[65] und Dividendenzahlungen an die Aktionäre, ganz zu schweigen von all den Käufen, die durch die Online-Werbung angeregt werden.

Kurz, die Tertiärisierung ist weder mit Dekarbonisierung noch mit Dematerialisierung gleichbedeutend. In einer Studie von 2019 geht ein Wissenschaftler der York University in Kanada für den Zeitraum von 1991 bis 2017 die Daten von 217 Länder durch.[66] Die Ergebnisse lauten: Deindustrialisierte Volkswirtschaften haben sich nie wirklich dekarbonisiert. Die Tertiärisierung einer Wirtschaft senkt zwar die Kohlenstoffintensität einer BIP-Einheit (relative Entkopplung), erhöht aber die Gesamtumweltbelastung. Wie bei jedem Übergang sind die Gewinne der Entkopplung vorübergehend, und sobald die Tertiärisierung abgeschlossen ist, geht das Wachstum des Dienstleistungssektors mit zusätzlichen Belastungen einher.

### Grenze Nr. 4: Die Grenzen des Recyclings

Lassen Sie uns nun über die Kreislaufwirtschaft sprechen. Einige argumentieren, dass grünes Wachstum möglich wäre, wenn alle Materialien, die zur Herstellung neuer Güter benötigt werden, aus unserem Abfall gewonnen würden. Dieses Ziel ist lobenswert. Eine ökologische Wirtschaft sollte so kreislaufförmig wie möglich sein, aber diese Kreislaufförmigkeit stößt an mindestens drei Grenzen.

Die erste und zweifellos einfachste Grenze: Nicht jeder Abfall kann recycelt werden. Es ist schwierig, ein Fass Öl zu recyceln, wenn es einmal verbrannt ist. Brennstoffe, verbrannte Biomasse, Nahrungsmittel, Futtermittel und alle dissipativen Materialien (Bremsbeläge, Düngemittel, Pestizide, in Farbe eingebundene Metalle, Mikroplastik etc.) können nicht wiederverwendet oder recycelt werden, weil sie einfach nicht gesammelt werden können. Von den 100 Milliarden Tonnen Ressourcen, die jedes Jahr weltweit abgebaut werden, sind 37 Milliarden Tonnen unwiederbringlich verloren.[67]

Dann gibt es noch den Müll, dessen Recycling zu komplex ist. Selbst beim modularsten Smartphone (dem Fairphone 2 zum Zeitpunkt der Studie) können nur 30 % der Materialien recycelt werden.[68] 2018 wurden in den Ländern der Europäischen Union nur 38 % der elektrischen und elektronischen Altgeräte recycelt, nur 8 % mehr als 2013.[69] Immer komplexere Verbundwerkstoffe und Metalllegierungen erschweren das Recycling, weshalb einige Metalle fast nie recycelt werden (ein hochmodernes Smartphone enthält mehr als 50 Materialien, während es bei einem Telefon aus den 1990er Jahren weniger als 20 sind).[70] Dasselbe gilt für Produkte, die aus verschiedenen Kunststoffen bestehen: Nur 9 % der gesamten produzierten Kunststoffmenge wurde bisher recycelt.[71] Je kleiner und komplexer die Produkte werden, desto schwieriger ist ihr Recycling – ein weiteres Hemmnis für die Entkopplung.

Außerdem wird nicht alles, was in der Theorie recycelbar ist, zwangsläufig in der Praxis recycelt. Selbst wenn das technologische Verfahren existiert, sind die finanziellen Anreize nicht immer gegeben. Die meisten Solarmodule werden nicht recycelt und enden in Mülldeponien (2016 machten Solarmodule 0,5 % der gesamten Elektronikabfälle aus, was 250 000 Tonnen entspricht).[72] Weltweit gibt es nur eine Handvoll Standorte, an denen die Module recycelt werden. Ähnlich verhält es sich mit Einwegkunststoffen: Die weltweite Recyclingrate liegt zwischen 10 % und 15 %, und das seit 30 Jahren. Von den 130 Milliarden Tonnen Plastikmüll im Jahr 2019 wurden 35 % verbrannt, 31 % auf Mülldeponien vergraben und 19 % direkt in die Natur geworfen.[73]

Wer von einem besseren Recycling spricht, sagt auch Rebound-Effekte. In *Recyclage, le grand enfumage* stellt Flore Berlingen fest, dass die Sammlung von gebrauchten Elektro- und Elektronikgeräten zwar innerhalb von zehn Jahren von null auf 50 % der insgesamt weggeworfenen Geräte angestiegen ist, dies aber nicht ausreichte, um mit der steigenden Menge der auf den Markt gebrachten Geräte Schritt zu halten (+ 20 % bei der Tonnage und + 45 % bei der Stückzahl).[74] Die Verbesserung des Recyclings wird durch den Anstieg der Austauschraten mehr als aufgehoben (die Lebensdauer eines Computers betrug in den 1990er Jahren elf Jahre, heute ist sie auf vier Jahre gesunken;[75] die eines Smartphones beträgt in Frankreich nur zwei Jahre[76]). Denn wenn die Recyclingraten langsamer steigen als die Verkürzung der durchschnittlichen Lebensdauer der Produkte (was heute der Fall ist), wird der Gesamtfußabdruck größer.

Die Größe der Recyclingbranche sollte uns aufhorchen lassen. Laut dem Berufsverband der Recyclingunternehmen beträgt der Umsatz der Branche in Frankreich rund 8,5 Milliarden Euro bei 30 800 Beschäftigten.[77] Die Investitionen in der Branche sind mager: 625 Millionen Euro im Jahr 2019. Wenn man dies mit den Werbeanstrengungen der Unternehmen vergleicht (die Werbeeinnahmen der Medien lagen 2019 bei rund 15 Milliarden Euro),[78] begreift man, dass es wenig wahrscheinlich ist, dass die Recyclingquoten den Anstieg der Produktion aufholen, der teilweise durch Werbung und geplante Obsoleszenz angeregt wird.

Und selbst wenn die Recyclingquoten Rekordwerte erreichen würden (sagen wir 90 %), würde dies trotzdem einen nicht unerheblichen Materialverlust bedeuten (die Hälfte des Materials wäre nach nur sechs Wiederverwertungen in Folge verloren) und einen höheren Verbrauch an neuem Rohmaterial erfordern, um die Nachfrage zu befriedigen.

Zweite Grenze: Eine strikte Kreislaufwirtschaft kann nicht unaufhörlich wachsen. Wenn die Wirtschaft weiter wächst, werden mehr Materialien benötigt als die in früheren Perioden verfügbaren. Das ist Grundrechnen: In einer Wirtschaft, die immer mehr Ressourcen verbraucht, wird die Menge an verwendeten Materialien, die recycelt werden kann, immer geringer sein als die Menge an Materialien, die benötigt wird, um mehr zu produzieren, selbst wenn man ohne den geringsten Einsatz von Energie 100 % des Abfalls recyceln könnte. Zu versuchen, eine Kreislaufwirtschaft wachsen zu lassen, wäre ein wenig so, als würde man hoffen, die Materialien der Internationalen Raumstation zu recyceln, um zwei neue zu bauen, die jeweils genauso groß sind wie die alte.

2020 verbrauchte die Weltwirtschaft 100,6 Gt Rohstoffe: 50,8 Gt Erze, 10,1 Gt Metalle, 15,1 Gt fossile Brennstoffe und 24,6 Gt Biomasse.[79] Davon endeten 37 Gt als nicht verwertbarer Abfall, da sie in der Umwelt verstreut waren (zum Beispiel Öl und verbrannte Biomasse, die sich über lange Zeiträume recyceln). Dann gibt es 31 Gt, die in Produkte mit langer Lebensdauer wie Gebäude und Autos eingehen, und 32,6 Gt, die weggeworfen werden. Der Großteil dieses Abfalls (74 %) wird nicht recycelt, so dass nur 8,6 Gt an Material bleiben, das im nächsten Jahr wieder als Rohstoff verwendet werden kann. Selbst wenn die Menschheit nur die gleiche Menge wie im Vorjahr verbrauchen würde, müsste sie immer noch zwischen 92 Gt (bei der derzeitigen Recyclingrate) und 68 Gt (bei einer hypothetischen Recyclingrate von 100 %) neue Ressourcen aus der Natur entnehmen. Es ist also mathematisch unmöglich, im nächsten Jahr mehr zu produzieren, indem man nur die verfügbaren Abfälle nutzt.

Dritte Grenze: Man kann nicht unendlich oft recyceln. Die Gesetze der Thermodynamik verweisen darauf, dass das Perpetuum mobile eine physikalische Unmöglichkeit ist. Jeder Recyclingprozess erfordert Energie und meist auch neue Materialien, die dann irgendwann ebenfalls recycelt werden müssen, was die Verwendung weiterer neuer Materialien erforderlich macht – und das *ad infinitum*. Das Recycling einer Tonne Schrott vermeidet das Äquivalent von 57 % der $CO_2$-Emissionen, die bei der Herstellung einer Tonne Primärstahl anfallen.[80] Dennoch wird der Recyclingprozess immer noch fast eine Tonne Kohlenstoffäquivalent emittieren. Wer Energie sagt, sagt Erhöhung der Ausgaben für Energie und Bremsung der Entkopplung. Beide Faktoren setzen sich selbst Grenzen: Man kann die energetische Infrastruktur ohne Materialien nicht weiter ausbauen, und man kann neue Materialien nicht recyceln, ohne die energetische Infrastruktur auszubauen.

Wenn sich die Materialien mit der Zeit unweigerlich verschlechtern (gemäß dem Gesetz der Entropie), können sie nur eine begrenzte Anzahl von Malen recycelt werden, bevor sie zur Herstellung anderer Produkte mit geringeren Qualitätsanforderungen verwendet werden müssen. Früher oder später ist jedes Recycling zwangsläufig ein *Downcycling* (eine »Kaskadierung« oder »schlechtere Kreislaufführung«). Beispielsweise können Plastikflaschen zu Plastikfasern für Kleidung recycelt werden, aber nicht zu Plastikflaschen. Die Zellulosefaser von Papier kann nur drei bis sechs Recyclingzyklen überstehen, jedes Mal in minderwertigeren Qualitätsbereichen. Die wichtigste Lehre aus all diesen Daten ist, dass eine Wirtschaft nicht gleichzeitig kreislaufförmig sein *und* wachsen kann. Noch einmal: Es geht nicht darum, vom Recycling abzuraten, sondern nur um das Eingeständnis, dass es nicht zu grünem Wachstum führen wird.

### Grenze Nr. 5: Die technologischen Hemmnisse

»Zeigen Sie, wie Innovation eine Lösung für die ökologischen Grenzen des Wirtschaftswachstums sein kann.« So lautete das Aufsatzthema für die Prüfung in Wirtschafts- und Sozialwissenschaften beim Abitur 2021. Die Technologie ist ein wahrer Joker für die Verfechter der Entkopplung und beendet oft die Debatte: Die Entkopplung wird durch den technischen Fortschritt möglich. Damit dies stimmt, müsste dieser Fortschritt jedoch Öko-Innovationen den Vorrang geben, diese Innovationen müssten die umweltschädliche Infrastruktur ersetzen, und das Ganze müsste schnell genug geschehen.

Zunächst einmal sind nicht alle Innovationen grün. Horizontalbohrungen und das hydraulische Aufbrechen sind ebenfalls Innovationen, ebenso wie die Entdeckung neuer

Routen für Frachtschiffe in der Arktis, die Entwicklung neuer Werbetechniken, die zum Kauf anregen, und die Erfindung giftiger Chemikalien. Diese Innovationen schaffen neue Probleme oder verschärfen alte, bremsen also die Entkopplung. Was wichtig ist, ist also die Öko-Innovation, die den Ressourcenverbrauch minimiert.

Wie groß ist das Ausmaß dieser Innovationen? Das ist schwer zu sagen. Eine Studie von 2016 ging die Patente durch, die von Automobilunternehmen in 80 Ländern im Zeitraum 1978 bis 2005 angemeldet wurden.[81] Dabei wurde zwischen »grünen Innovationen« (die die Entwicklung von Elektroautos förderten) und »umweltschädlichen Innovationen« (die der Entwicklung von Verbrennungsmotoren den Vorzug gaben) unterschieden und gezeigt, dass die Zahl der umweltschädlichen Patente stets höher war als die Zahl der grünen Patente. Selbst 2005, als der Unterschied am geringsten war, gab es doppelt so viele umweltschädliche Patente wie grüne. Obwohl also die Öko-Innovation von wenigen Patenten Mitte der 1980er Jahre auf über 600 im Jahr 2005 anstieg, verfolgte die umweltschädliche Innovation einen ähnlichen Wachstumspfad.

Ebenfalls laut dieser Studie ist das Beharrungsvermögen vergangener Investitionen besonders stark: Je mehr ein Unternehmen in eine Technologie investiert hat, desto mehr Forschungs- und Entwicklungsaktivitäten, die auf diese Technologie ausgerichtet sind, werden von ihm finanziert. Es gibt eine »Pfadabhängigkeit«, die dazu führt, dass Unternehmen, die viel in Verbrennungsmotoren investiert haben (die Mehrheit der Unternehmen), hauptsächlich in diese Art von Fahrzeugen investieren und nicht in Elektrofahrzeuge. Das ist eine positive Rückkopplungsschleife: Je mehr umweltschädliche

Patente es gibt, desto mehr investieren die Unternehmen in umweltschädliche Innovationen. Dies erklärt die Sackgasse, in der sich die Elektrofahrzeuge in Frankreich befinden, die 2020 nur 0,4 % des französischen Fahrzeugbestands ausgemacht haben.

Was in der Automobilbranche zu beobachten ist, kann für die gesamte Wirtschaft verallgemeinert werden. Wenn Unternehmen Anreize haben, Innovationen einzuführen, um ihre Produktionskosten zu senken, werden sie sich natürlich auf die teuersten Produktionsfaktoren konzentrieren. Nun sind die meisten natürlichen Produktionsfaktoren im Gegensatz zur Arbeit und zu Maschinen praktisch kostenlos. Die Unternehmen werden Innovationen vornehmen, um weniger Arbeit und weniger Maschinen einsetzen zu können, und sich dabei proportional weniger um ihren Energie- und Materialverbrauch kümmern.

Der zweite Grund für Zweifel ist der Ersatz von umweltschädlichen Energien. Es reicht nicht, dass neue Technologien entstehen (Innovation), sie müssen die alten auch in einem Prozess der »Exnovation« ersetzen. Was nützt es, neue kohlenstoffarme Technologien zu erfinden (Elektroautos und -fahrräder, Sonnenkollektoren, Windräder oder Wärmepumpen), wenn sie in der Praxis ihre fossilen Gegenstücke nicht zu ersetzen vermögen? Um den gesamten ökologischen Fußabdruck zu verringern, bedarf es nicht nur der *Innovation*, sondern auch der *Exnovation*.

Das Problem ist, dass dieser Prozess langwierig und schwierig ist. Zunächst einmal halten sich einige umweltschädliche Technologien hartnäckig, auch wenn sie inzwischen veraltet sind – die berühmten »Zombie-Technologien«.[82] Das ist zum Beispiel bei Dieselautos in Städten der Fall, die nur für kurze

Distanzen genutzt werden, aber auch für Ölheizungen, die teurer und umweltschädlicher sind als ihre Alternativen.

Die meisten umweltbelastenden Infrastrukturen (Kraftwerke, Gebäude, Verkehrssysteme etc.) erfordern hohe Investitionen, was eine gewisse Trägheit hinsichtlich ihrer Erneuerung zur Folge hat. Die Lebensdauer einer Raffinerie liegt bei etwa 100 Jahren, die eines Wärmekraftwerks bei 40 Jahren, die eines Flugzeugs und eines Autos bei etwa 30 bzw. 15 Jahren, und Heizanlagen werden alle 15–20 Jahre erneuert. Wenn ich 2022 einen SUV kaufe, wird dieser bis 2037 im Verkehr bleiben. Die Dringlichkeit ökologischen Handelns bemisst sich in Jahren, nicht in Jahrzehnten – es ist also nicht möglich, friedlich abzuwarten, bis umweltschädliche Infrastrukturen das Ende ihrer Lebensdauer erreichen.

Der Energiesektor veranschaulicht das Phänomen der Stapelung von Technologien gut. Die Entwicklung erneuerbarer Energien reicht bei weitem nicht aus, um die Belastungen der fossilen Energieträger einzudämmen. In der Vergangenheit haben wir nicht viel substituiert, sondern eher neue Energiequellen hinzugefügt.[83] Eine Studie stellt fest, dass jede Einheit kohlenstoffarmer Energie weniger als ein Viertel einer Einheit ihres fossilen Gegenstücks ersetzt hat.[84] Was oft als energetischer »Übergang« beschrieben wird, ähnelt eher einer Stapelung fossiler, nuklearer und erneuerbarer Energieformen.

Und selbst wenn man sich dazu entschließen würde, den gesamten Energiemix der Welt zu dekarbonisieren, würde dieser Prozess eine gewisse Zeit in Anspruch nehmen. In Frankreich vergehen von der Entscheidung, einen Windpark zu errichten, bis zu seiner Inbetriebnahme sieben bis neun Jahre, bei einem Atomkraftwerk sind es sogar 15 Jahre.[85] Zur Erinnerung: Das letzte vom IPCC verkündete Kohlenstoffbudget von 1,5 °C wird in 11 Jahren aufgebraucht sein, wenn die Emissionsraten von 2021 stabil bleiben.

Die Internationale Organisation für erneuerbare Energien sagt uns, dass die Versorgung eines kontinuierlichen Wachstums ohne Überschreitung der 2 °C-Grenze bis 2050 die Installation von 12 200 GW an Solar- und Windkraftkapazität erfordern würde, was mehr als das Achtfache der heutigen Kapazität wäre.[86] Eine Studie hat gezeigt, dass für die Dekarbonisierung der Stromversorgung in den USA bis 2050 14-mal schnellere Raten für den Bau der energetischen Infrastruktur erforderlich wären als im letzten halben Jahrhundert.[87] Diese große Transformation des Energiemixes würde auch eine nicht unerhebliche Menge an Materialien erfordern, und diese Materialien werden derzeit mit Hilfe von Erdöl gewonnen und verarbeitet.

Die Stapelung von Technologien betrifft nicht nur die Energie. Die Computer haben keine Dematerialisierung erlaubt: Wir nutzen heute Computer *zusätzlich* zum Papier. Der Boom des synthetischen Kautschuks nach dem Zweiten Weltkrieg hat nicht verhindert, dass die Produktion und der Verbrauch von Naturkautschuk im Laufe des Jahrhunderts stetig anstieg. Ebenso hat die Explosion von Kunstfasern wie Polyester und Nylon die Naturfaserproduktion nicht ersetzt; während die weltweite Jahresproduktion von Kunstfasern von weniger als 2 Mt im Jahr 1950 auf heute über 60 Mt anstieg, hat sich die Naturfaserproduktion von weniger als 10 Mt auf etwa 30 Mt mehr als verdreifacht.[88] Heute wird viel mehr Holz verbraucht als im Mittelalter, mehr Kohle als im 19. Jahrhundert und mehr Erdöl als im 20. Jahrhundert. Anstatt umweltschädliche Technologien zu ersetzen, werden durch Innovationen meist neue Techniken auf die alten gestapelt. Ein Wissenschaftler der Washington State University hat die Auswirkungen von Patenten auf Öko-Innovationen auf den ökologischen Fußabdruck der Wirtschaft als Ganzes evaluiert.[89] Die Studie erstreckt sich auf 35 Länder (darunter Frankreich) über die Zeit von 1982 bis 2016. Die Ergebnisse lauten: 1 % Wachstum bei Patenten auf Umwelttechnologien ist mit nur 0,005 % Reduktion des ökologischen Fußabdrucks verbunden, eine marginale Korrelation (zum Vergleich: jeder Prozentpunkt BIP-Wachstum lässt die Emissionen um 0,2 % steigen). Vom technologischen Fortschritt zu erwarten, dass er die Wirtschaft grüner macht, wäre genauso naiv, wie zu glauben, dass der Kauf von Diätbüchern ausreicht, um Gewicht zu verlieren.

Kommen wir zur dritten und letzten Grenze des Jokers der Innovation: der Geschwindigkeit des technologischen Fortschritts. Wir müssen zunächst feststellen, dass aus rein mathematischer Sicht Produktivitätssteigerungen den Fußabdruck einer kontinuierlich wachsenden Wirtschaft nur dann verringern können, wenn sie jedes Jahr ausreichend wachsen, um den allein durch das Wachstum bedingten Anstieg des Ressourcenverbrauchs zu kompensieren. Wenn sich die Größe meiner Wirtschaft alle 35 Jahre verdoppelt, muss ich im selben Zeitraum einen Gesamtproduktivitätszuwachs von 100 % erzielen, um nur den ökologischen Fußabdruck konstant zu halten. Je höher also das jährliche Wachstum ist, desto notwendiger ist es, einen bedeutenden jährlichen Produktivitätszuwachs zu erzielen.

Die Produktivitätssteigerungen, die für eine vollständige Entkopplung unserer Ökonomien erforderlich sind, scheinen jedoch im Vergleich zu den bisher erzielten Produktivitätssteigerungen unverhältnismäßig hoch zu sein. Sich bei der Abschwächung des Klimawandels ausschließlich auf die Technologie zu verlassen, setzt extreme Öko-Innovationsraten voraus, die es in der Vergangenheit noch nie gegeben hat – eine riskante Wette.

Ein Beispiel ist die kommerzielle Luftfahrt.[90] Seit den 1970er Jahren ist die Energieintensität, das heißt die pro Passagierkilometer verbrauchte Energiemenge, um 80 % zurückgegangen. Dies hat jedoch nicht gereicht, um die Emissionen der Branche zu senken, da diese Effizienzsteigerungen durch einen Anstieg des Verkehrsaufkommens um 1236 % im gleichen Zeitraum mehr als kompensiert wurden. Letztendlich hat sich der Fußabdruck der Luftfahrt in 50 Jahren verdreifacht, und das trotz des technischen Fortschritts.

Nehmen wir ein allgemeineres Beispiel mit einem Szenario des britischen Ökonomen Tim Jackson.[91] Gehen wir von einem jährlichen globalen Pro-Kopf-Wirtschaftswachstum von 1,3 % und einem Bevölkerungswachstum von 0,8 % aus. Betrachtet man die seit 1990 beobachtete durchschnittliche jährliche Reduzierung der Kohlenstoffintensität (0,6 %), wird klar, dass die Kohlenstoffemissionen weiterhin jedes Jahr um 1,5 % steigen würden (1,3 % + 0,8 % – 0,6 % = 1,5 %). Wenn man die Emissionen bis 2050 um 90 % senken will, müsste die Kohlenstoffintensität jährlich um 8 % sinken. Hinzu kommt, dass sich die Verbesserung der globalen Kohlenstoffintensität seit Beginn des Jahrhunderts verlangsamt (1,28 % zwischen 1960 und 2000 auf 0 % zwischen 2000 und 2014).[92] Selbst wenn man nur die reichen Länder betrachtet, die am meisten in Öko-Innovationen investieren, bleiben die Raten nicht nur zu niedrig, um eine technologische Entkopplung zu gewährleisten, sondern sind auch rückläufig (–1,91 % von 1970 bis 2000 und –1,61 % von 2000 bis 2014).

Diese sinkenden Raten sollten einen nicht überraschen. Technologie ist ein Prozess mit abnehmenden Erträgen. Aufgrund der physikalischen Grenzen der Technologien kommt irgendwann der Punkt, an dem es nicht mehr möglich ist, ihre Produktivität zu steigern, oder nur noch marginal. Motoren, Windräder, Solarpaneele haben einen theoretischen maximalen Wirkungsgrad, der nicht überschritten werden kann. Sobald diese Schwelle erreicht ist (was in der Praxis unmöglich ist, man kann sich ihr nur annähern), wird das kontinuierliche Wachstum automatisch dazu führen, dass der eigene ökologische Fußabdruck von neuem zu steigen beginnt.

Eine empirische Untersuchung der amerikanischen Patente von 1970 bis 2005 zeigt, dass es immer teurer und schwieriger wird, Innovationen zu entwickeln.[93] Dies gilt auch für Öko-Innovationen, zum Beispiel für die Solar- und Windenergie oder das Recycling. Mit zunehmendem Fortschritt wird die Forschung immer komplexer und teurer bei immer geringeren Zuwächsen an Verbesserung.

Eine andere Studie untersucht die Veränderungen der totalen Faktorproduktivität (die Art und Weise, wie Ökonomen den technologischen Fortschritt messen) von 1759 bis 2015.[94] Das Ergebnis lautet: Die Grenzerträge der Innovation sind rückläufig. Das gilt auch für das berühmte »Mooresche Gesetz« (heute müssen 18-mal mehr Forscher mobilisiert werden, um die Leistung eines Mikroprozessors zu verdoppeln als in den 1970er Jahren), und dieselbe Tendenz trifft für alle Bereiche zu.[95] Entgegen dem, was Optimisten gerne glauben möchten, wird eine technologische Entkopplung immer unwahrscheinlicher, da Innovationen immer mehr Zeit und Aufwand erfordern.

Die Hypothese von einer blitzartigen Entkopplung, die erlauben würde, das BIP grün zu machen und das Wirtschaftswachstum mit ökologischer Nachhaltigkeit in Einklang zu bringen, besteht den Test der Zahlen nicht. Die Fälle von Entkopplung sind selten. Selten und enttäuschend, weil sie partiell, temporär, oft relativ und immer von einer unzureichenden Größenordnung sind. Dieses Ergebnis lässt sich nach den Ausführungen zum Klimaschutz im letzten IPCC-Bericht schwerlich bestreiten, der ein für alle Mal die Hypothese von einem grünen Wachstum beerdigt hat:[96] »Die absolute Entkopplung reicht nicht aus, um zu verhindern, dass das verbleibende Budget für $CO_2$-Emissionen im Rahmen der Erderwärmungsgrenze von 1,5 °C oder 2 °C verbraucht wird, und um einen Klimakollaps zu verhindern. Selbst wenn alle Länder absolut entkoppeln, könnte dies immer noch nicht genügen«.[97]

Kann man mehr tun? Angesichts der in diesem Kapitel dargelegten Argumente sind die größten Zweifel erlaubt. Sind wir also bereit, einen ökologischen Kollaps zu riskieren, um das herauszufinden? Das ist nicht sicher. Kommen wir auf die Analogie mit dem Raucher zurück, die dieses Kapitel eröffnet hat. Angesichts dieser Situation würde die Vernunft den Patienten zweifellos dazu bringen, die Hauptursache für seine Lungenschäden so weit wie möglich zu reduzieren. Man kann also mit gutem Grund davon ausgehen, dass er mit dem Rauchen aufhören würde – oder dies zumindest versuchen würde (die Lösung der Mäßigung und des Schrumpfens). Warum sollte man in Bezug auf die ökologische Krise anders handeln?

# 3

# MARKT CONTRA GESELLSCHAFT

## Die sozialen Grenzen des Wachstums

Die Produktion kann nicht gegen die Natur erfolgen, oder zumindest nie lange. Das war der Gedanke des vorhergehenden Kapitels: Jede Wirtschaft, die ihre Ökosysteme zerstört, sägt den Ast ab, auf dem sie sitzt. Doch das ist nicht ihre einzige Grenze. Jeder Produktionsprozess basiert nicht nur auf der Natur, sondern auch auf der *nurture*, das englische Wort für unsere Fähigkeit, für uns selbst und für andere zu sorgen. Ohne die ganze soziale Infrastruktur, die wir mittels nichtökonomischen Interaktionen unterhalten, wäre die marktbestimmte Produktion schlicht und einfach unmöglich.

Und wie die Ökosysteme der Erde können auch diese *Soziosysteme* nicht endlos wachsen, da sie von der Zeit abhängen, die ihnen gewidmet wird, und diese Zeit ist ihrerseits grundsätzlich begrenzt. Der exponentielle Anstieg der Marktaktivitäten stößt früher oder später auf das, was feministische Wirtschaftswissenschaftlerinnen als *reproduktive Fähigkeiten* einer Gesellschaft bezeichnen.

## Die Sphäre der Reproduktion

Beginnen wir von vorne: »Wer bereitete das Abendessen von Adam Smith zu?«, fragt die schwedische Journalistin Katrine Marçal.[1] Antwort: Seine Mutter. Ohne die großzügige Margaret Douglas, die sich ihr ganzes Leben lang um ihn kümmerte, wäre der arme Adam sicherlich nie zu dem Intellektuellen geworden, den wir kennen. Anders gesagt, hing die Produktion von Adam Smiths Werken von der *Reproduktion* seiner Fähigkeit zu schreiben ab, eine Aufgabe, die seiner Mutter zufiel. In diesem Kapitel werde ich zeigen, dass diese Logik der Abhängigkeit des Ökonomischen vom Außerökonomischen für jede Form von Produktion gilt. Hinter jedem Produkt versteckt sich eine soziale Infrastruktur, die eine entscheidende Rolle spielt.

Nehmen wir zum Beispiel das Buch, das Sie gerade lesen. Der Computer, auf dem ich es geschrieben habe, die Zeit, die ich damit verbracht habe, sowie die mobilisierten Fähigkeiten (was Ökonomen als *Produktionsfaktoren* bezeichnen) erklären nur einen kleinen Teil des Endergebnisses. Es gibt nämlich noch eine ganze Reihe von anderen Elementen, ohne die dieses Buch niemals hätte existieren können: meine Freunde, meine Familie, meine Mitbewohner und ihre emotionale Unterstützung, die unzähligen Diskussionen mit meinen Kollegen, die wertvollen Kommentare der Armee von Korrekturleserinnen und Korrekturlesern, die den Text in ihrer Generosität bereichert haben, die kasachische Hackerin, die mir Zugang zu akademischen Artikeln verschafft hat, die Menschen, die das Essen angebaut haben, das mich am Leben erhalten hat, und die Menschen, die mir geholfen haben, mich fortzubewegen, oder auch die Schönheit der Strände von Anglet, die meine täglichen Spaziergänge begleiten. Die Liste ist lang. Sicher ist, dass ich, auf mich allein gestellt in einer Wüste mit Papier und einem Stift, nicht viel produziert hätte.

In der feministischen Ökonomie werden sie als *reproduktive Kräfte* bezeichnet.[2] Der Bereich der Reproduktion umfasst all jene Dinge, die zur Pflege, Instandhaltung, Erneuerung und Verbesserung unserer Arbeitsfähigkeit und ganz allgemein zum guten Funktionieren des sozialen Lebens beitragen. Dazu gehören insbesondere die Hausarbeit, die gegenseitige Hilfe innerhalb einer Familie oder unter Angehörigen, aber auch die Reziprozität, die informelle Arbeit, die ehrenamtliche Tätigkeit, das Engagement in Vereinen oder als Aktivist und ganz allgemein all die kleinen Aktionen, die das Zusammenleben erleichtern. Auf der einen Seite haben wir kurze, sich wiederholende Komponenten, die die Arbeitskraft reproduzieren, wie essen, wohnen, sich pflegen, sich kleiden und all die anderen täglichen Handlungen, die uns am Leben erhalten, und auf der anderen Seite die langfristigen Komponenten, die mit Bildung, Kultur, Sicherheit und der Beschaffenheit unserer Umwelt zu tun haben.[3]

Die Sphäre der Reproduktion ist im Übrigen viel größer als die der Produktion. Der durchschnittliche Tag der Franzosen besteht aus 2 h 32 beruflicher Tätigkeit und 40 Minuten Studium, 3 h 31 Haushalt, 12 h 14 persönlicher Aktivitäten und Erholung (davon 8 h 29 Schlaf) und 5 h 03 Freizeit.[4] Der Durchschnittsfranzose verbringt also nur 10 % seines Tages mit Arbeit. Wenn man von diesem Durchschnitt Studenten, Arbeitslose und Rentner ausnimmt und sich auf die Erwerbstätigen konzentriert, kommt man auf durchschnittlich 4 h 10 pro Tag für Frauen und 5 h 19 für Männer, was nur 17 % bzw. 22 % eines ganzen Tages entspricht. Erwerbstätige

Frauen wenden 3 h 43 pro Tag für Hausarbeit auf (erwerbstätige Männer nur 2 h 12) und fast 11 h 47, um sich zu erholen (einschließlich dem Schlaf), was in etwa dem Wert der Männer entspricht. Nach einer Berechnung von 2010 macht die Hausarbeit das Ein- bis Zweifache der bezahlten Arbeitszeit aus, was je nach dem bezahlten Lohn ein bis zwei Drittel des BIP darstellt.[5]

Die Grundannahme dieses Kapitels lautet: Diejenigen, die produzieren, werden selbst produziert. Damit eine Bäckerin beispielsweise Brot backen kann, braucht sie ein Rezept, Zutaten, einen Ofen und Energie (die *Produktionsfaktoren*), aber auch Selbstvertrauen, einen ausgeruhten und gesunden Körper, eine ausgeglichene Stimmung und eine gesunde Umgebung (die *Reproduktionsfaktoren*). Eine depressive Bäckerin wäre genauso unfähig, ein Baguette zu produzieren, wie eine Bäckerin ohne Ofen und Mehl. Anders ausgedrückt: Jede wirtschaftliche Tätigkeit baut auf einer außerwirtschaftlichen Tätigkeit auf.

Allzu oft berücksichtigen die »Produktionsfunktionen« der Ökonomen nur das, was zum Zeitpunkt der Produktion an dem Ort verwendet wird, an dem die Produktion Gestalt annimmt. Zum Beispiel im Fall der Bäckerin den Ofen, die Zutaten und die Stunden, die in der Bäckerei aufgewendet werden, um das Brot zu backen. Doch jeder Produktionsfaktor (die Natur und die Werkzeuge, die Arbeitszeit und die Institutionen) ist selbst das Produkt eines Produktionsprozesses außerhalb der verbuchbaren Wirtschaft – man könnte von *sozialen und ökologischen Produktionen* sprechen. Stellen wir uns drei unterschiedlich große konzentrische Kreise vor: Die Sphäre der Warenproduktion ist eingebettet in die größere Sphäre der sozialen Reproduktion, die wiederum eingebettet ist in die Ökonomie des Lebenden oder die Sphäre der ökologischen Reproduktion. Wer eingebettet ist, muss auch interagieren. Was außerhalb der Fabrik geschieht, beeinflusst das, was innerhalb der Fabrik geschieht, und umgekehrt; und das, was man etwas vorschnell als »Wachstum« bezeichnet, ist manchmal nur die Aneignung eines bereits vorhandenen, aber nicht monetarisierten Wertes.

So erbringen Ökosysteme Dienstleistungen wie die Bestäubung, Wasseraufbereitung oder Klimaregulierung – die Biosphäre ist gemäß einer Formulierung von Fritjof Capra ein »Lebensnetz«.[6] In ähnlicher Weise erbringen *Soziosysteme* eine Vielzahl von entscheidenden Dienstleistungen für uns: Unsere Eltern erziehen uns, unsere Freunde passen auf uns auf, eine ganze Menge von Menschen, von wohlwollenden Nachbarn bis hin zu Freiwilligen, kümmern sich um unsere Gesundheit, unsere Sicherheit und unser Wohlergehen. Es ist ein *soziales Lebensnetz*, ein lebenswichtiges Gewebe, das sowohl unverzichtbar als auch zerbrechlich ist. Diese reproduktiven Aktivitäten findet man auf der Ebene des Einzelnen (sich Zeit für einen Mittagsschlaf nehmen), des Haushalts (mein Ehepartner kümmert sich um die Kinder, damit ich einen Mittagsschlaf machen kann), der Gemeinschaft (meine Arbeitskollegen respektieren mein Bedürfnis nach einem Mittagsschlaf) und der Gesellschaft (ein Arbeitsrecht, das mir den Mittagsschlaf erlaubt). Ohne diese Fähigkeit, sich auszuruhen, und die gesamte Infrastruktur, die dies gestattet, bliebe unsere Produktivkraft nicht lange erhalten.

## Das Zeitbudget der Wirtschaft

Wie alle Aktivitäten der Produktion erfordern auch reproduktive Aufgaben Zeit. Wenn die Verfügbarkeit von Energie und Materialien eine biophysikalische Grenze für jede menschliche Aktivität darstellt, ist die verfügbare Zeit ihre soziale Grenze. Das BIP kann exponentiell bis ins Unendliche wachsen (in der Theorie), nicht aber die für die Produktion verfügbare Zeit, die ihrerseits an physische (24 Stunden pro Tag), physiologische (16 Stunden wach) und soziale Grenzen stößt (sagen wir zwischen 5 und 7 Stunden Arbeit pro Tag, je nach den Bedingungen).

Der Kapitalismus schläft nie,[7] und das ist im Übrigen einer seiner größten Widersprüche. Immer mehr Unternehmen organisieren sich in rotierenden Schichten mit atypischen Arbeitszeiten, um eine konstante Produktion zu gewährleisten. Man kann die Produktion bis zu einer gewissen Grenze optimieren (wir werden bald sehen, dass viele dieser Optimierungen unerwünscht sind), doch ist eines sicher: Wir werden nie mehr als 24 Stunden pro Tag arbeiten, egal, wie wir uns sozial organisieren.

Jede Wirtschaft operiert daher mit einem begrenzten Zeitbudget. Eine Stunde, die man mit dem Entwurf von Internetwerbung verbringt, ist eine Stunde, die man nicht mit dem Anbau von Gemüse verbringen kann; und eine Stunde, die man auf dem Feld verbringt, ist eine Stunde, die man weniger zur Verfügung hat, um der Nachbarin beim Einkaufen zu helfen oder um Artikel für Wikipedia zu schreiben. Wenn die Endlichkeit der natürlichen Ressourcen bedeutet, dass keine materielle Produktion unbegrenzt wachsen kann (die These des vorigen Kapitels), dann bedeutet die Endlichkeit der verfügbaren Zeit, dass keine Produktion *ganz einfach* unbegrenzt wachsen kann. Man könnte also sagen, dass die Ökonomie darin besteht, »gemeinsam die Teilung unserer Endlichkeiten zu organisieren«.[8]

Auch wenn diese Logik manche Ökonomen schockieren mag, für die die Zeit durch technischen Fortschritt unendlich ausdehnbar ist, so schwingt sie doch in unserer Alltagserfahrung mit. Den Abwasch machen, sich um die Kinder kümmern, das Haus aufräumen, im Garten arbeiten – all diese Aufgaben erfordern Zeit, und wir alle sind es gewohnt, unsere Stunden dieser oder jener Tätigkeit einzuräumen und uns in der Familie, unter Kollegen und Freunden zu organisieren, um den Arbeitsaufwand zu teilen. Die Arbeitsteilung ist eine der essenziellsten wirtschaftlichen Beziehungen, eines der vielen Konzepte für den sparsamen Umgang mit begrenzten Ressourcen. Warum sollte diese grundlegende Grenze auf der makroökonomischen Ebene nicht mehr existieren? Sie verschwindet vielleicht in einigen grob vereinfachten Wirtschaftsmodellen, aber nicht in der Realität. Einem Menschen stehen 24 Stunden pro Tag zur Verfügung; und das gilt auch für die 67 Millionen Menschen in Frankreich.

Mit 30 Millionen Erwerbstätigen und unter Abzug von acht Stunden Schlaf täglich und Ruhetagen beläuft sich die theoretische französische Arbeitskraft auf 145 Milliarden Stunden pro Jahr. Das ist unser gesamtes Zeitbudget. Es muss zunächst zwischen der Wirtschaft und dem Rest aufgeteilt werden: Wie viel Zeit wird benötigt, um die Dinge zu produzieren, mit denen wir unsere Bedürfnisse befriedigen können (*versus* die Zeit, die wir lieber als Freizeit verbringen würden)? Dann muss innerhalb der Wirtschaft entschieden werden, wie viele Stunden der Marktproduktion und wie viele anderen Produktionsformen gewidmet werden. Und schließlich müssen innerhalb der Marktwirtschaft die verfügbaren Produktionsstunden auf verschiedene Güter und Dienstleistungen aufgeteilt werden. Die Vorstellung von einem endlosen Wirtschaftswachstum suggeriert, dass all diese Aktivitäten gleichzeitig zunehmen können, das ist jedoch falsch. Die Wirtschaftsaktivität kann an Effizienz zunehmen, wird sich aber nie vollständig von der Einschränkung befreien können, die ihr Zeitbudget darstellt.

## Das magische Phantasma der Innovation

Gewiss wird man dagegen einwenden, dass der technische Fortschritt diese Grenze zu überschreiten erlaubt. Mit einer Stunde Arbeit kann heute mehr produziert werden als mit einer Stunde Arbeit vor einem Jahrhundert, und das, weil sich die Produktionstechniken verbessert haben (man wird sagen, die *Arbeitsproduktivität* sei gestiegen). Eine Wirtschaft, die von der Nutzung natürlicher Ressourcen entkoppelt ist (das heißt in der das Wachstum keine biophysikalischen Grenzen mehr hätte) und in der jede zusätzliche Produktion dank effizienteren Produktionstechniken erfolgen würde (das heißt in der das Wachstum keine sozialen Grenzen mehr hätte), könnte in der Tat für immer wachsen. Wie wir jedoch sehen werden, ist diese von Ökonomen oftmals phantasierte Situation ein Hirngespinst.

Beginnen wir mit folgender Frage: Gewinnen wir durch alle Produktivitätssteigerungen Zeit? In einer Produktionsfunktion mit zwei Produktionsfaktoren (Arbeit und Kapital) wird jedes Produktionswachstum, das nicht einer Erhöhung dieser beiden Faktoren geschuldet ist, dem zugeschrieben, was die Ökonomen als »technischen Fortschritt« bezeichnen.

Seit den Arbeiten des amerikanischen Ökonomen Robert Solow aus den 1950er Jahren über die Wachstumstheorien[9] wird der technische Fortschritt für die meisten Ökonomen als ein fast magisches »Residuum« konzeptualisiert. Der technische Fortschritt sei jener Teil des Produktionswachstums, der nicht auf ein proportionales Wachstum des Einsatzes der Produktionsfaktoren zurückgeführt werden kann. Wenn ich doppelt so lange arbeite und doppelt so viel produziere, gibt es keinen technischen Fortschritt. Wenn ich 1,5-mal so lange arbeite und doppelt so viel produziere, beträgt der technische Fortschritt 0,5 – dies wird als »Solow-Residuum« bezeichnet.

Dennoch hat dieses Wachstum nichts Magisches. Vielleicht bin ich produktiver, weil ich besser ausgeruht bin, aber wie ist es mir gelungen, besser ausgeruht zu sein? Meine Erholung ist eine eigenständige Aktivität, die ebenfalls Ressourcen benötigt, um sich zu verwirklichen (Zeit, eine ruhige Umgebung, eine gewisse psychologische Ruhe und einen ausreichenden materiellen Komfort). Die Produktion steigt nicht nur aufgrund des technologischen Fortschritts, sondern vielmehr dank mehr Aktivität im untergetauchten Teil der Wirtschaft. Der Produktionsfaktor »Arbeit« hängt vom Reproduktionsfaktor »Erholung« ab. Wenn ich 1,5-mal so lange arbeite und doppelt so viel produziere, weil ich besser ausgeruht bin, ist der Rest von 0,5 kein technischer Fortschritt, sondern Ruhezeit.

Ein weiteres Beispiel, diesmal unter Hinzunahme des ökologischen Aspekts: Angenommen, die Ernteerträge in der

Landwirtschaft steigen aufgrund eines Zustroms bestäubender Insekten und Mikroorganismen in den Böden. Die landwirtschaftlichen Erträge würden also bei einer gleichbleibenden Anzahl von Bauern und Traktoren steigen. Handelt es sich dabei tatsächlich um technischen Fortschritt? Nicht wirklich, es ist lediglich die Erhöhung eines Produktionsfaktors, der in der volkswirtschaftlichen Gesamtrechnung nicht berücksichtigt wurde. Da Insekten und Organismen aber selbst von der Natur produziert werden, hängt der Produktionsfaktor »Kapital« vom Reproduktionsfaktor »Regeneration der Bodenfruchtbarkeit« und »Bestäubungsdienst« ab. Wenn man die Produktionsfunktion auf Ökosystem- und Soziosystemdienstleistungen ausdehnt, stellt man fest, dass jede zusätzliche Produktion nie wirklich auf wundersame Weise entsteht. Im Gegenteil, sie erfordert sehr oft die verstärkte Mobilisierung anderer Faktoren.

Was als »Innovation« bezeichnet wird, ist eine eigenständige Form der Produktion. Werkzeuge erfinden sich nicht von selbst. Um leistungsfähigere Maschinen zu haben, braucht man zunächst kreativere Erfinder – aber wie werden die Erfinder kreativer? Sie werden geschult, bilden sich weiter und verbringen oft Zeit damit, sich etwas auszudenken. Und damit dies geschehen kann, muss eine ganze Schar von Menschen arbeiten (selbst wenn sie dafür nicht bezahlt werden), um einen fruchtbaren Kontext für diese Aktivitäten zu schaffen. Facebook wäre wahrscheinlich nie entstanden, wenn sich niemand um Mark Zuckerbergs Bildung gekümmert hätte, wenn er keine Zeit gehabt hätte, nachzudenken, und keinen Zugang zu einem Computer und dem Internet (die ihrerseits in der gleichen Weise erfunden werden mussten) – das heißt wenn er nicht von einer ganzen sozialen Infrastruktur profitiert hätte. »So wie die DNA nicht reicht, um einen Organismus zum Leben zu erwecken, reicht eine bloße Idee nicht, um zu einer Technologie zu werden«, resümiert der Anthropologe Alf Hornborg.[10]

## Lässt uns der »technische Fortschritt« wirklich Zeit gewinnen?

Ein weiteres Problem: Die Art und Weise, wie die meisten Ökonomen die Produktion konzeptualisieren, berücksichtigt nur einen begrenzten zeitlichen und geographischen Umfang. Wenn ich mich jetzt sofort von A nach B bewege, habe ich den Eindruck, dass mich die Benutzung eines Autos statt eines Fahrrads Zeit gewinnen lässt, weil das Auto schneller fährt. Dies gilt jedoch nur hier und jetzt.

Um zu wissen, ob ich persönlich Zeit gewonnen habe, müssen auch andere Faktoren berücksichtigt werden, angefangen bei der Zeit, die notwendig war, um das Einkommen zu verdienen, das mir erlaubt hat, ein Auto zu kaufen, bis hin zu der Zeit, die ich in Staus verloren habe, der Zeit, die ich für die Instandhaltung des Fahrzeugs aufgewendet habe, etc. Nicht die augenblickliche Geschwindigkeit zählt, sondern die »generalisierte Geschwindigkeit«.[11] In den 1970er Jahren behauptete Jean-Pierre Dupuy, ein Ingenieur des Polytechnikums, nach dieser Logik, dass »die allgemeine Geschwindigkeit des Autos [die er auf etwa 16 km/h schätzte] im Allgemeinen niedriger ist als die des Fahrrads«.[12] Wenn wir alle einen Ferrari fahren würden, könnten wir in dem Moment sehr schnell fahren, aber dieser Gewinn würde durch den zusätzlichen Arbeitsaufwand, der die Produktion der Ferraris erlaubt, die, wie ich denke, viel mehr Zeit beansprucht als die Herstellung eines Citroën Ami, mehr als aufgehoben. Der Philosoph Ivan Illich bezeichnet dies als »Schwelle der Kontraproduktivität«: Das Auto, das wir ursprünglich erfunden haben, um Zeit zu gewinnen, verlangsamt uns schließlich.[13]

Das Problem bei diesem Kalkül ist, dass es nur meine persönliche Arbeitszeit berücksichtigt. Um aber zu wissen, ob die Nutzung des Autos erlaubt, kollektiv Zeit zu gewinnen, müsste man auch die Arbeitszeit über den gesamten Lebenszyklus des Produkts hinweg einbeziehen: die Zeit, die für den Abbau der Mineralien, den Transport, die Herstellung des Fahrzeugs, den Verkauf und das Recycling aufgewendet wird, sowie all die Arbeitszeit, die für die Aufrechterhaltung der sozialen Infrastruktur erforderlich ist, die diese Aktivitäten unterstützt. Hinzu kommt auch die Zeit, die für die Gewinnung der Energie zum Betrieb des Fahrzeugs und für den Aufbau der Infrastruktur, die seine Nutzung ermöglicht (Straßen, Tankstellen, Werkstätten usw.), aufgewendet wird. Auch die Zeit, die aufgrund der durch diese Produktion erzeugten »negativen Externalitäten« verloren geht, müsste einbezogen werden: die zusätzlichen Stunden für die Bewirtschaftung von Land, das durch die globale Erwärmung weniger fruchtbar geworden ist, für die Behandlung von Krankheiten von Menschen, die von Luftverschmutzung, Verkehrsunfällen etc. betroffen sind.

Wenn man den Test des Zeit-Fußabdrucks auf unsere gesamte Produktion anwenden würde, würden sich viele Innovationen, von denen man glaubt, dass sie zeitsparend sind, auf makroökonomischer Ebene als überaus zeitraubend erweisen. Das ist hier der Grundgedanke: Unsere Geschwindigkeit zu erhöhen lässt uns nicht immer Zeit gewinnen.

Wenn ich erkläre, dass ich nicht fliege und daher etwa 30 Stunden mit dem Zug von Frankreich nach Schweden brauche, wird mir oft entgegengehalten, dass ich Glück habe, genug freie Zeit zu haben, um eine solche Reise zu unternehmen. Dabei ist es sehr wahrscheinlich, dass die allgemeine Geschwindigkeit des Flugzeugs niedriger ist als die des Zuges, zumindest auf kurzen Strecken. Diejenigen, die mit dem Flugzeug von Paris nach Bordeaux fliegen, »gewinnen« (sehr wenig) Zeit, indem sie andere (viel) Zeit verlieren lassen. Um es anders auszudrücken: Einige (oft die Reichsten)[14] beschleunigen für den Moment, aber nur, indem sie die Wirtschaft als Ganzes verlangsamen.

Das ist kein technischer Fortschritt, sondern eine Verschiebung der Produktionskosten. Nach der Logik, die bereits 1950 von dem Ökonomen Karl W. Kapp in *Die sozialen Kosten des Privatunternehmens* aufgezeigt wurde, privatisieren die Menschen die Gewinne (die Möglichkeit, sich schnell zu bewegen, das heißt die momentane Geschwindigkeit), während sie einen Teil der Kosten sozialisieren (die verlorene Zeit für die Instandhaltung der gesamten Infrastruktur, die es diesen Menschen ermöglicht, in ein Flugzeug zu steigen, die allgemeine Geschwindigkeit).[15] Die Moral von der Geschichte (wieder die gleiche): Kein unendliches Wachstum in einer endlichen Welt; ab bestimmten Schwellenwerten geht die Geschwindigkeit der einen auf Kosten der Verlangsamung für die anderen.

## Der Widerspruch der sozialen Reproduktion

Viel häufiger als man denkt, ist die Wirtschaft ein Nullsummenspiel. Das Wachstum des aus dem Wasser ragenden Teils des wirtschaftlichen Eisbergs (das mit dem BIP gemessen wird) kann nur um den Preis eines sinkenden potenziellen Wachstums seines untergetauchten Teils erfolgen. Das gilt für die natürlichen Ressourcen und die Zeit ebenso wie für die Waren und Dienstleistungen. Eine Wohnung auf Airbnb ist eine Wohnung, die nicht auf Couchsurfing ist, ein Fass Benzin, das verbrannt wird, um eine Markthalle zu heizen, ist ein Fass Benzin, das nicht verbrannt wird, um einen Festsaal zu heizen, und ein Artikel, der für eine kommerzielle Zeitung geschrieben wurde, ist ein Artikel weniger in einer kostenlosen Enzyklopädie. Das Wachstum des BIP hat also »Opportunitätskosten« in Form von nicht-wirtschaftlicher Entwicklung.

Wenn man vom »Wachstum« einer entwickelten Wirtschaft spricht, sollte man nicht an das wundersame Auftauchen von Wohlstand denken, sondern vielmehr daran, dass etwas auf Kosten der Reduzierung von etwas anderem zunimmt. In Analogie zur darwinschen Theorie spricht der amerikanische Wirtschaftswissenschaftler Jack P. Manno von der »natürlichen Warenselektion«.[16] Verschiedene Aktivitäten konkurrieren um eine begrenzte Menge von Ressourcen, darunter unsere Zeit. In einer kapitalistischen Wirtschaft belohnt der Markt das, was am meisten Geld einbringt, und benachteiligt damit nicht- oder halb marktförmige Aktivitäten wie die Ehrenamtlichkeit oder Genossenschaften. Da sich ihre Produkte nicht verkaufen lassen (oder zumindest viel billiger als ihre marktbestimmten Alternativen), werden reproduktive Aktivitäten von einem Wirtschaftssystem vernachlässigt, das die lukrativsten Produktionen bevorzugt. Wenn ich 40 Stunden pro Woche arbeite, um meine Rechnungen bezahlen zu können, ist es schwierig, einen Verein zu leiten, Artikel für Wikipedia zu schreiben und die Einführung einer lokalen Währung zu organisieren.

Wie ein riesiger Magnet ziehen die lukrativsten Branchen die verfügbare Zeit und die Ressourcen an. Heute besteht die Tendenz, in Bereichen mit hohen Löhnen arbeiten zu wollen und in Bereiche mit einer hohen Rendite zu investieren. Je rentabler eine Aktivität ist, desto mehr Investitionen (monetäre, aber auch bildungsbezogene, technologische und institutionelle) verbucht sie. Diese natürliche Selektion führt zu einer Abwanderung hochqualifizierter Arbeitskräfte, aber auch allgemein zu einem Abfluss von Zeit und Ressourcen in die Wirtschaftssektoren, die am wahrscheinlichsten wachsen. Wie sonst ließe sich erklären, dass es in Frankreich fast genauso viele Immobilienmakler (249 400 Personen) wie Forscher (295 754 Personen) gibt?[17] Das ist eine tragische »Verschwendung von Talenten«.[18] Im Laufe der Zeit werden die Sektoren und Waren, denen es gelingt, die meiste Aufmerksamkeit auf sich zu ziehen, ständig verbessert. Hingegen verschlechtern sich die nichtkommerziellen Alternativen, in die kollektiv zu wenig investiert wurde. Wie bei der natürlichen Selektion ist dies ein Kreislauf, der für den einen (die lukrativen Aktivitäten) positiv und für den anderen (die weniger oder nicht lukrativen Aktivitäten) negativ ist.

Ein Beispiel: Stellen Sie sich vor, Sie möchten ein lokales System zum Austausch von Kinderbetreuungsdiensten zwischen Nachbarn organisieren. Ein solches System kann nur ab einer gewissen kritischen Masse funktionieren, mit genügend

Eltern, um die Rotation der Betreuung und ein ausreichendes Maß an Vertrauen zu gewährleisten, was beinhaltet, die anderen Eltern kennenzulernen und folglich Zeit mit ihnen zu verbringen. Wenn ein Teil der Eltern beschließt, ihre Kinder in private Kindertagesstätten zu geben, kann das System nicht mehr richtig funktionieren. Je weniger das System jedoch funktioniert, desto weniger Eltern beteiligen sich daran und investieren Zeit und Mühe, um es zu verbessern, und desto weniger wird das System laufen. Diese Spirale führt fatalerweise zum sozialen Äquivalent eines Bankrotts. In einer Ökonomie, in der die Dienstleistung der Kinderbetreuung kommerzialisiert wird, wird das Wirtschaftswachstum der kommerziellen Kindertagesstätten auf Kosten einer sozialen Rezession der selbstverwalteten Kindertagesstätten gehen. Anders ausgedrückt: Die Opportunitätskosten der Entwicklung eines Marktes für Kinderbetreuung sind die Nicht-Entwicklung einer potenziellen nicht kommerziellen Alternative.

Laut dem marxistischen Geographen David Harvey erfolgt das Wirtschaftswachstum daher häufig über eine »Akkumulation durch Enteignung«.[19] In seiner Theorie handelt es sich um eine direkte Enteignung: Ich enteigne dich von etwas (Land, natürliche Ressourcen, Freizeit). Aber Wachstum, so wie wir es in diesem Kapitel definiert haben, ist auch eine indirekte Enteignung. Denn es mobilisiert bestimmte Ressourcen, die dann nicht mehr für andere Aktivitäten zur Verfügung stehen. Man könnte sagen, dass der Sektor des Marktes den Sektor des Nichtmarktes der verfügbaren Zeit *enteignet*, die ihn potenziell hätte bereichern können.

Warum verlieren nicht kommerzielle Aktivitäten systematisch den Wettbewerb? Zunächst einmal beruhen die beiden Sphären der Produktion und der Reproduktion auf unterschiedlichen Logiken. Die Sphäre der Reproduktion gründet sich auf die Logik der Zufriedenheit, der Pflege von Beziehungen und der Erhaltung des Wohlbefindens. Es wäre nicht von Interesse, alle vier Jahre die Zeit, die mit der Wahl einer neuen Regierung verbracht wird, oder die Anzahl der Tomatenstöcke in meinem Garten zu erhöhen. Das Schlüsselwort der Reproduktionslogik ist *Suffizienz*: gerade genug, damit die Bedürfnisse befriedigt werden. Es ist eine qualitative Logik, die langfristig auf die Nachhaltigkeit einer Aktivität abzielt. Das Wachstum von monetären Aggregaten wie Einkommen, Gewinnen und BIP kennt hingegen keine Grenzen; es ist eine quantitative Logik, die auf die Akkumulation abzielt. Bei begrenzten Gesamtressourcen vereinnahmen die akkumulativen Aktivitäten früher oder später die Ressourcen der statischen Aktivitäten.

Es ist ein Teufelskreis. Ab einem bestimmten Stadium gilt: Je mehr Zeit und Mühe man in die Produktion von Waren investiert, desto weniger Zeit und Mühe investiert man in das eigene Wohlbefinden, die Familie und die Gemeinschaft. Je mehr das soziale Gefüge beschädigt wird, desto schwieriger wird es, die Arbeitskraft zu reproduzieren. Die Philosophin Nancy Fraser bezeichnet diesen Mechanismus als »Widerspruch der sozialen Reproduktion«.[20] Einerseits ist die soziale Reproduktion für die Kapitalakkumulation notwendig (der Bäcker muss in Form sein, um produzieren zu können); andererseits tendiert die Ausrichtung des Kapitalismus auf unbegrenzte Akkumulation dazu, die Reproduktionsprozesse, auf die er sich stützt, zu destabilisieren (ein Bäcker, der zu viel arbeitet, riskiert einen Arbeitsunfall oder Burnout).

Das Problem ist, dass ein depressiver Bäcker nicht nur aufhört, Brot zu backen (die Produktion – und damit das BIP –

sinkt), sondern auch seinen Garten zu bewirtschaften, an den Treffen des örtlichen Vereins teilzunehmen, mit seinen Nachbarn zu diskutieren, seine Kinder großzuziehen, sich an politischen Debatten zu beteiligen etc. Wenn die Reproduktion zum Stillstand kommt, kommt alles zum Stillstand.

Das ist eine interessante Hypothese, um zu erklären, weshalb unsere Gesellschaften mit einem hohen BIP sich heute mit einer Verlangsamung des Wirtschaftswachstums konfrontiert sehen (die berühmte »säkulare Stagnation«). Wir haben die reproduktive Arbeit überausgebeutet. In einer Situation, in der der *tatsächliche* technische Fortschritt (der nicht nur eine Substitution von Produktionsfaktoren ist) gering ist, kann ein weiteres Wachstum der Marktwirtschaft nur durch eine Verschlechterung unserer reproduktiven Kapazitäten und damit letztlich unseres potenziellen Wachstums erreicht werden – der klassische Fall der Katze, die sich selbst in den Schwanz beißt.

## Trauriges Wachstum

Das Wachstum der Marktaktivitäten ist nicht immer gleichbedeutend mit Fortschritt. Ein Land wie die Vereinigten Staaten, in dem ein Wirtschaftsboom und »soziale Rezession« oft nebeneinander stehen, ist ein Paradebeispiel dafür.[21] Die Leute kaufen mehr, aber oft aus den falschen Gründen und immer auf Kosten der Freizeit, die geopfert werden muss, um die Kaufkraft zu erhalten. Manche würden sagen, dass man sein Leben verliert, um es zu gewinnen. Dieselbe Logik findet sich auch auf der makroökonomischen Ebene: Seine Gesellschaft verlieren, um sie zu finanzieren. Was in der volkswirtschaftlichen Gesamtrechnung als Vitalität erscheint (das Wachstum des BIP), ist in Wirklichkeit ein für das Gemeinwohl kontraproduktives geschäftiges Treiben.

Dies war bereits die These von Ezra Mishan, einem englischen Wirtschaftswissenschaftler der London School of Economics, in *The Costs of Economic Growth* (1967).[22] Der Autor war damals einer der Ersten, der andeutete, dass das Wirtschaftswachstum nicht nur Vorteile mit sich bringt. Der Anstieg der kommerziellen Aktivitäten brachte psychische Probleme, berufliche Überlastung, eine Verschlechterung der Gemeinschaftsaktivitäten und Umweltverschmutzung mit sich. Noch innovativer behauptete Mishan, dass in den Industrieländern die Kosten des Wachstums oft dessen Nutzen übersteigen.

Diese Idee wird von Herman Daly aufgegriffen, der von einem »antiökonomischen Wachstum« spricht, von Jan Drewnowski mit dem Bild einer »Wohlstandslinie«, die nicht überschritten werden darf, und von Manfred Max-Neef mit seiner »Schwellenwert-Hypothese«, ab der das Streben nach Wachstum als Entwicklungsstrategie kontraproduktiv wird.[23] Gemäß diesen Autoren wäre Wohlstand nicht eine Geschichte unendlichen Wachstums (der Akkumulation), sondern vielmehr der optimalen Größe (der Suffizienz). Es ist übrigens merkwürdig, dass die Ökonomen ihre Wissenschaft als die der *Optimalität* definieren, obwohl diese nie auf die Größe der Wirtschaft selbst angewendet wird. Wenn die Ökonomen sich um den Wohlstand kümmern und der Wohlstand eine Geschichte der Suffizienz ist, ist es höchste Zeit, sich die Frage nach der optimalen Größe einer Ökonomie zu stellen.

Wohlstand ist nicht nur eine Frage der Quantität, sondern

auch der Qualität. Manch monetäres Wachstum erfolgt auf Kosten von etwas anderem. Ein Beispiel sind die persönlichen Daten. Ihr weltweiter Markt beläuft sich auf rund 300 Milliarden Euro, wobei der Durchschnittspreis für ein Verbraucherprofil bei rund 600 Euro liegt.[24] Je mehr Daten man verkauft, desto reicher wird man in den Begriffen des BIP, doch ist das wirklich ein Fortschritt? Dieser Wachstumssegen wird von den Unternehmen gefeiert, die ihn nutzen, um ihre Werbung zu verbessern (und damit zum Kauf von unwesentlichen Dingen zu verleiten), von den Nutzern, die nach und nach die Kontrolle über ihre Privatsphäre verlieren, jedoch bedauert. Noch einmal: Das BIP boomt, aber die Gesellschaft trübt sich ein.

Das ist das ganze Problem eines Wirtschaftssystems, das um die unterschiedslose Maximierung des Geldwerts herum organisiert ist. Wie ich bereits unterstrichen habe, unterscheidet das BIP nicht zwischen erwünschten und unerwünschten Aktivitäten, zwischen Aktivitäten, die tatsächliche Bedürfnisse befriedigen, und solchen, die durch Werbung, geplante Obsoleszenz und die Abhängigkeit von der bestehenden Infrastruktur einfach neue Bedürfnisse schaffen.

Wie viele Dinge produzieren und konsumieren wir heute, obwohl wir sie nicht wirklich brauchen? Wir produzieren Junkfood *und* bezahlen Ärzte für die Behandlung von Fettleibigkeit; SUVs, Ölheizungen, Flugreisen *und* Klimaanlagen, um uns an die immer häufigeren Hitzewellen anzupassen. Das BIP ist zu einem guten Teil ein blindes Treiben, das sowohl vom Zuwachs essenzieller Dinge als auch von der Anhäufung nutzloser Dinge angekurbelt wird.

## Was bedeutet Kommerzialisierung?

Man könnte meinen, dass der Abbau der sozialen Infrastruktur nicht unbedingt ein Problem darstellt, wenn sie durch kommerzielle Alternativen ersetzt werden kann. Schließlich bleibt eine Kindertagesstätte, egal ob sie selbstorganisiert, öffentlich, von einer Genossenschaft oder einem gewinnorientierten Unternehmen betrieben wird, eine Kindertagesstätte. Das Problem ist: Der Kapitalismus spricht nur eine Sprache, die des Geldes (und, wie wir gesehen haben, der schnellstmöglichen Akkumulation desselben). Dieser Imperativ verlangt eine spezifische Organisation der Wirtschaft, die alles in kapitalisierbare Waren verwandelt. Doch diese Form der wirtschaftlichen Organisation lässt sich auf bestimmte Waren und Dienstleistungen nur schlecht anwenden.

*Waren* sind Produkte, die auf einem Markt gehandelt werden, wie eine Zucchini in einem Laden, die Arbeitsstunde einer selbständigen Unternehmerin oder eine Wohnung, die Sie verkaufen möchten. Aber bevor sie eine Ware war, war diese Zucchini nur ein Gemüse, die Arbeitsstunde nur die Lebenszeit eines Menschen und diese Wohnung das Zuhause von jemandem, der keine Lust hatte, sie zu verkaufen. Anders gesagt bestanden diese Dinge außerhalb des Bereichs des Marktes.

Die *Kommerzialisierung* stellt ein soziales Protokoll dar, gemeinsame Regeln, die uns gestatten, die Allokation bestimmter Ressourcen zu handhaben. Konkret bedeutet sie, dass eine Sache in ein Produkt transformiert wird, das auf einem Markt gehandelt werden kann. Zucchini zu *kommerzialisieren* bedeutet, eine ganze soziale Infrastruktur aufzubauen, um Zucchini auf einem Markt tauschen zu können: einen Marktplatz, Preise, Tauschregeln, Qualitätsstandards etc.

Fassen wir diesen Prozess in vier Schritten zusammen, um ihn zu vereinfachen. Um etwas in eine Ware zu verwandeln, muss es standardisiert, quantifiziert, monetarisiert und privatisiert werden. Nehmen Sie zum Beispiel ein Kaninchen. Damit es zur Ware wird, muss es *standardisiert* werden, das heißt es muss mit anderen Kaninchen vergleichbar gemacht werden. Man könnte seine Spezies bestimmen und sagen, dass es sich um ein Normannenkaninchen handelt, das damit nun mit allen anderen Mitgliedern seiner Spezies vergleichbar wäre. Dann muss man es *quantifizieren*, es als die Einheit von etwas betrachten (ein Kaninchen, alleine) oder als 5 kg Kaninchenfleisch. Schließlich muss man es *monetarisieren* (das Kaninchen wird zu einem Kaninchen für 19 Euro pro Kilo) und privatisieren, so dass sein Eigentum jemandem zugeschrieben wird, der dieses Eigentumsrecht dann auf jemand anderen übertragen kann (das Kaninchen wird zu *meinem* Kaninchen).

Etwas, was nicht *vergleichbar*, *messbar*, *kommensurabel* und *appropriierbar* ist, kann nicht auf einem Markt getauscht werden. Damit das Kaninchen zu einer Ware wird, muss es zu *meinen* 5 kg normannischem Kaninchenfleisch werden, das Sie für 19 €/kg kaufen können. Das englische Wort für »Ware« macht dies deutlich: *commodity*. Waren sind insofern *commodities*, als ihre Existenz vereinfacht wird, um den wirtschaftlichen Tausch bequemer zu machen. Deshalb wird am Marktstand des Metzgers nicht »Kaninchen« stehen, sondern »Normannisches Kaninchen 19 €/kg«. Das ist ein wichtiger Punkt, den wir uns merken müssen: Die Kommerzialisierung ist eine Vereinfachung komplexer sozioökologischer Merkmale, die den Tausch erleichtern soll.

In der Theorie kann alles kommerzialisiert werden. In der

Praxis sind einige Dinge jedoch schwieriger zu kommerzialisieren als andere. Jack P. Manno bewertet das »Warenpotenzial« einer Sache anhand von sechzehn Attributen.[25] Güter und Dienstleistungen mit einem hohen Warenpotenzial sind »entfremdbar, ausschließbar, standardisiert, uniform, anpassungsfähig, entpersönlicht, anonym, mobil, übertragbar, international und unabhängig von einem bestimmten Kontext«. Und diejenigen mit einem geringen Warenpotenzial sind »offen zugänglich oder schwer zu bepreisen, kontextabhängig, integriert, personalisiert und lokalisiert«. Es wird leichter sein, ein Kilo Karotten oder ein Barrel Öl zu kommerzialisieren als ein Korallenriff oder eine Liebesbeziehung.

Man muss begreifen, dass die Kommerzialisierung die Produkte materiell nicht verändert. Ob man sie anbaut, um sie zu verkaufen oder um sie zu essen, die Zucchini bleibt die gleiche. Die Kommerzialisierung ist aber auch nicht neutral (das wird der Punkt des nächsten Abschnitts sein): Zucchini anzubauen, um sie zu verkaufen, bringt andere Zwänge mit sich, als sie für den eigenen Verbrauch anzubauen (unförmiges – sogenanntes »hässliches« – Obst und Gemüse kann nicht im Supermarkt verkauft werden, obwohl man es sehr wohl hätte essen können). Dasselbe gilt für die Arbeit. Sobald sie kommerzialisiert werden, hören einige zuvor nützliche Aufgaben auf, als solche anerkannt zu werden, wenn der Markt ihnen keinen Wert beimisst, und daher wird sich die Wirtschaft insgesamt auf Aufgaben mit einem hohen Marktwert ausrichten (deshalb die Zunahme an Business Schools).

Der Umfang der Kommerzialisierung ist also eine politische Entscheidung. In Frankreich ist der Verkauf von Zucchini erlaubt, nicht aber der von Organen. Als soziales Protokoll ist die Kommerzialisierung mehr oder weniger reguliert.

Man kann Zucchini am Samstagmorgen auf dem Marktplatz verkaufen, aber nicht in der Metro. Man kann seine Wohnung in Paris vermieten, aber nicht über die Vergleichsmiete hinaus. Man kann Arbeitszeit kaufen, aber nicht unterhalb des Mindestlohns. Eine der grundlegenden Aufgaben wirtschaftlicher Gouvernanz ist die Festlegung von Grenzen des Marktbereichs und die Regulierung seiner Funktionsweise.

## Die Korrumpierung von Waren

Dieses Protokoll mag banal erscheinen. Händler, halber Händler, Nicht-Händler – was spielt das für eine Rolle? Überhaupt wird die Wirtschaftsgeschichte oft als ein allmählicher Marsch in Richtung Kommerzialisierung zusammengefasst, was man implizit mit einem Fortschritt verbindet. Doch was wie ein Detail der volkswirtschaftlichen Gesamtrechnung aussieht, ist in Wirklichkeit eine Grundfrage der politischen Ökonomie, denn die Entscheidung für die (Ent)kommerzialisierung verändert die Beziehung, die wir zu der Welt um uns herum haben. Die Kommerzialisierung verändert nicht nur den Umgang mit einem Produkt, sondern auch seine Nutzer, die Bedingungen für den Zugang zu diesem Produkt und letztlich das Wesen der betreffenden Aktivität.

In *Die sozialen Grenzen des Wachstums* (1976) spricht Fred Hirsch von einem »Kommerzialisierungseffekt«: Etwas zur Ware zu machen, kann der Befriedigung, die man daraus zieht, abträglich sein. Die Dienste eines Schauspielers zu mieten, der vorgibt, für einen Nachmittag Ihr Freund zu sein, hat sicherlich nicht denselben Reiz wie eine echte Freundschaft.

Freundschaft ist eine Dienstleistung, die man schwer kommerzialisieren kann. Die Dienste von jemandem zu mieten, der einem beim Umzug hilft, hat nicht den gleichen sozialen Geschmack (noch die gleichen langfristigen Folgen), wie eine Gruppe von Freunden zu bitten, dies zu tun.

Für den Philosophen Michael Sandel wird eine Aktivität durch die Kommerzialisierung sogar »korrumpiert«, wenn sie uns dazu bringt, sie gemäß einer niedriger angesetzten Norm zu handhaben als der ihr angemessenen.[26] Kinder zu zeugen, um sie zu verkaufen und damit Geld zu verdienen, ist, so Sandel, eine Korruption der Elternschaft, weil Kinder wie Dinge behandelt werden, die man verkaufen kann, und nicht wie Wesen, die man lieben sollte.[27] Freunde zu finden, um ihnen Geld abzuknöpfen, wäre eine Korruption der Freundschaft, die per Definition nicht auf materielle und finanzielle Vorteile aus ist. Man würde es moralisch suspekt finden, wenn ein Arzt, ein Richter oder eine Ministerin nur von Habgier motiviert wären.

Manche könnten Airbnb als eine Korruption der Gastfreundschaft betrachten, die bei Couchsurfing vorhanden war. Und in der Tat kann das Bezahlen von etwas unsere Erfahrung mit einer Dienstleistung radikal verändern. Wir verhalten uns anders gegenüber einem Gastgeber, der uns großzügig beherbergt, als gegenüber jemandem, der dies für Geld tut. Die Gefahr der Kommerzialisierung besteht darin, dass die Reflexe des Teilens und der Gegenseitigkeit, die auf Vertrauen und Sympathie beruhen, durch die kalte, unpersönliche und berechnende Logik des kommerziellen Austauschs ersetzt werden.

In Begriffen der »finanziellen Anreize« zu denken, wie Mikroökonomen sagen, kann schnell dazu führen, andere Arten von Anreizen zu vergessen. Wenn ein Freund einen Geburtstagskuchen für Sie macht, werden es nur wenige wagen, sich zu beschweren, wenn der Kuchen nicht nach ihrem Geschmack ist. Wenn man aber für denselben Kuchen bezahlt, muss er gut sein, sonst wird man sich beschweren, weil man »für sein Geld nichts bekommen« hat. Der Kuchen ist genau derselbe, aber die soziale Beziehung ist eine andere: Sie interagieren nun mit der Person, die den Kuchen hergestellt hat, über das Medium des Preises. Und in manchen Situationen kann dieser Preis die Oberhand über die sozialen und moralischen Reflexe von Höflichkeit und guten Manieren gewinnen.

Nehmen wir die Blutspende. Man könnte glauben, dass eine finanzielle Entschädigung die Menschen dazu bringen würde, mehr zu spenden. Studien zeigen jedoch, dass das Gegenteil der Fall ist: Die Logik des Geldes korrumpiert die Logik der Nächstenliebe und hält die Menschen davon ab, zu spenden.[28]

Dieselbe Situation wurde in Kindertagesstätten in Israel beobachtet.[29] In Kindertagesstätten, die ein Bußgeld erheben, wenn Eltern ihre Kinder zu spät abholen, geschieht dies häufiger als in denen, die kein Bußgeld erheben. Wie der Titel des Artikels »Bußgeld ist ein Preis« andeutet, betrachten die Eltern das Bußgeld als Preis für eine Dienstleistung: die längere Betreuung für die Dauer ihrer Verspätung. Vor dem Bußgeld bot der Anstand einen Anreiz, pünktlich zu kommen. Nach dem Bußgeld hat der wirtschaftliche Anreiz den sozialen Anreiz korrumpiert.

Man könnte auch von »Kohlenstoffkompensation« sprechen. Für ein paar zusätzliche Euro räumt man sich ein Recht auf Verschmutzung ein und wäscht sich von der Verantwortung für die Auswirkungen seines Handelns auf das Klima rein.

## Die Kommerzialisierung als Auflösung des Sozialen

Die Korruption verdoppelt sich durch einen systemischen Effekt, wenn die Kommerzialisierung in der sozialen Organisation an Bedeutung gewinnt. Das Wirtschaftswachstum führt zum Verfall des sozialen Gefüges und nährt sich von dem, was Jacques Généreux als »Dissoziation« bezeichnet, der »Zentrifugalkraft, die die einstmals solidarischen Bestandteile der menschlichen Gesellschaft in rivalisierende Elemente aufspaltet«.[30]

Es ist ein Unterschied, ob man sein Gemüse am Samstagmorgen auf dem Dorfmarkt kauft, auf dem Flohmarkt um die Ecke Krimskrams feilbietet und die Nachbarin für Klavierunterricht bezahlt oder in einer Gesellschaft lebt, in der der Großteil der sozialen Beziehungen über den Markttausch erfolgt. Wenn die Kommerzialisierung eine gewisse kritische Masse erreicht, wird es unmöglich, seine Bedürfnisse außerhalb der Marktsphäre zu befriedigen. Das ist das Argument der zuvor erwähnten natürlichen Warenauswahl: Wenn Sie einen Wochenendausflug machen wollen, aber alle verfügbaren Wohnungen auf Airbnb sind, haben Sie keine Wahl, Sie müssen Ihre eigene Wohnung ebenfalls auf Airbnb einstellen, um Geld für die Anmietung der Wohnung verdienen zu können, die Sie mieten wollen. Dasselbe gilt für den Verkauf: Wenn die Immobilienpreise unverschämt hoch werden, kann man sich nicht individuell dafür entscheiden, zu einem annehmbaren Preis zu verkaufen, ohne das Risiko einzugehen, sich keine Wohnung mehr kaufen zu können.

Je mehr Märkte es gibt, desto mehr sieht man auch überall Märkte. Die Kommerzialisierung bringt eine Abhängigkeit von Waren und der ihnen eigenen Logik mit sich. Wir werden unfreiwillig zu Kapitalisten, da die Gier nach Profit zum vorherrschenden Motiv der sozialen Interaktion wird. Es war Karl Polanyi, der 1944 in *The Great Transformation* schrieb, »wenn man den Marktmechanismus als ausschließlichen Lenker des Schicksals der Menschen und ihrer natürlichen Umwelt [...] zuließe, dann würde dies zur Zerstörung der Gesellschaft führen«.[31] Bevor Polanyis Werk in *The Great Transformation* umbenannt wurde, lautete der ursprüngliche Titel übrigens *Freedom from Economics*.[32] Hier haben wir es mit der Kehrseite der Ware zu tun: Die Bequemlichkeit, ihre Stärke, ist auch eine Schwäche, denn manche Dinge lassen sich nur schwer vereinfachen. Deshalb spricht Polanyi von »Warenfiktion«, um Dinge zu bezeichnen, die als Waren behandelt werden, es aber nicht sein sollten, wie Arbeit, Boden und Geld.

Die Vorherrschaft des Markttauschs als Allokationsform verringert die Möglichkeit der Entwicklung von drei anderen Formen der Allokation: *Gabe*, *Reziprozität* und *Teilen*. In einer Welt, in der die Märkte allgegenwärtig sind, werden Haltungen wie Gastfreundschaft, großzügige Hilfe und Wohltätigkeit zu Dienstleistungen, die eine Vergütung erfordern. Das Stück Land, auf dem ich mit meinem Großvater fischen ging, wird zu einer Immobilie, und der wissenschaftliche Artikel, den ich schnell mit anderen teilen wollte, wird zu einem Produkt, das an den Meistbietenden verkauft werden muss.

Diese Obsession wird in einer Gesellschaft, in der alles käuflich ist, kollektiv. Wenn meine Kollegen anfangen, ihre Bücher zu verkaufen, die sie früher kostenlos geteilt haben, hätte ich keine andere Wahl, als meine eigenen zu verkaufen, um Zugang zu den ihren zu haben. Wenn wir diesen Verkauf über gewinnorientierte Verlage organisieren, erhalten wir nur einen geringen Teil des Verkaufspreises des Buches (in diesem Fall zwischen 9 % und 13 %), so dass wir mehr veröffentlichen müssen, und das nur, um das Geld zu verdienen, das uns den Zugang zu Dingen ermöglicht, die uns in einem nicht kommerziellen System der Reziprozität kostenlos zugänglich gewesen wären.

Wenn es, wie der Anthropologe David Graeber sagt, die nicht kommerziellen Beziehungen sind, die eine Gesellschaft zusammenhalten, wird die Kommerzialisierung problematisch, weil sie diesen sozialen Kitt erodiert.[33] Die Vielfalt der gegenseitigen Beziehungen (zwischen einem Gast und seinem Gastgeber, zwischen einem Studenten und seiner Professorin, zwischen dem Fahrgast und seinem Fahrer, zwischen einem Künstler und seinem Publikum) wird durch den kommerziellen Austausch reduziert oder sogar aufgehoben. Wenn ich ein Airbnb mieten, Privatstunden auf einer Online-Plattform bezahlen, eine Konzertkarte kaufen und ein Uber rufen kann, ersetzt der Akt der Zahlung eine nicht quantifizierbare und einzigartige soziale Schuld durch eine exakte und unpersönliche Geldschuld.

Die Gefahr liegt in der Genauigkeit. Ich gebe dir A, du gibst mir B – wir sind quitt. In der Logik der Gabe (geben, nehmen, zurückgeben), die Marcel Mauss in seinem Essai *Die Gabe* (1925; dt.: 1968, Anm. d. Übers.) beschreibt, ist es die Unmöglichkeit, das, was man schuldet, sofort und exakt zurückzuzahlen, die die sozialen Bindungen am Leben erhält. Die monetäre Logik des Marktes vereinfacht diese Beziehungen, um den Tausch bequemer zu machen, doch tut sie dies, indem sie die Sozialität der wirtschaftlichen Interaktionen opfert. *Bezahlen* wird zu einem Ersatz für andere soziale Beziehungen, wie *danken* und *zurückgeben zu müssen.* Das ist ein interessantes Paradoxon, das wir jeden Tag im Supermarkt erleben. Wenn er schließen würde, würde ich innerhalb von einigen Tagen verhungern. Und doch bringe ich all den Menschen, die dazu beitragen, mich zu ernähren, keinerlei Dankbarkeit entgegen. Ich bezahle sie und betrachte das als ausreichend.

Die Auswirkungen der omnipräsenten Kommerzialisierung des Sozialen gehen manchmal noch weiter, indem sie Verhaltensweisen rechtfertigen, die sonst als sozial inakzeptabel angesehen würden. Ich muss die Exkremente meines Hundes nicht aufsammeln, weil ich dafür Steuern zahle. Ich kann inmitten der Klimakrise ausgiebig fliegen, weil ich meine Emissionen ausgleiche. Ich weiß, dass die Verbraucherkredite nahe am Betrug sind, aber ich muss den Umsatz respektieren. Diese Leute mögen zwar stundenlang auf diese Attraktion gewartet haben, aber mein Premium-Pass gibt mir das Recht, an ihnen vorbeizugehen. Wie eine unsichtbare Matrix erstickt das Ökonomische hier unsere Reflexe des Anstands.

## Die Ökonomisierung der Mentalitäten

Die Kommerzialisierung hat nicht nur soziologische, sondern auch psychologische Auswirkungen. Vielleicht sind wir nicht die kalten, rational Rechnenden, die manche Ökonomen in ihren Modellen beschreiben (die Hypothese vom *Homo oeconomicus*), aber wir können es zweifellos werden.

Die Marktwirtschaft ist ein wenig wie ein lebensgroßes Videospiel. Sie ist eine vereinfachte Simulation des sozialen

Lebens. Ich gehe in den Supermarkt und kaufe meine Waren nach ihrem Preis; ich entscheide nach dem Gehalt, welchen Beruf ich ausüben möchte; ich wähle meine Projekte nach ihrer potenziellen Lukrativität aus. Losgelöst von ihrem kulturellen und ökologischen Kontext begegnen wir den Waren mit einer rein ökonomischen Mentalität. Wenn ich etwas kaufe, muss ich den Preis immer minimieren, und wenn ich etwas verkaufe, muss ich ihn immer maximieren. Egal, was und an wen verkauft wird, wird die Vielfalt der sozialen und moralischen Anreize auf ein rein monetäres rationales Kalkül reduziert.

Je mehr Zeit wir damit verbringen, das Spiel der Marktwirtschaft (man könnte auch das Spiel des Kapitalismus sagen) zu spielen, desto mehr wird die Mentalität der Geldgewinnmaximierung zum Gemeingut. Wenn man sich einmal daran gewöhnt hat, Miete für eine Wohnung zu kassieren, die man vermietet, ist es schwer, zu einer selbstlosen Beziehung der Gabe zurückzukehren – man wird immer die »Opportunitätskosten« im Hinterkopf haben, dass man die Wohnung nicht für Geld vermieten konnte. Wir entwickeln das, was Marx als »Warenfetischismus« anprangerte,[34] nämlich eine Obsession für das finanzielle Potenzial der Dinge.

Diese Kommerzialisierung verändert sogar unser Verhältnis zur Zeit. Wenn ich in Frankreich mit dem Mindestlohn bezahlt werde, ist eine Stunde meiner Zeit 8,59 € wert, und ich kann nun einfach verschiedene Aktivitäten monetarisieren, zum Beispiel das Zähneputzen (0,43 €), ein 20-minütiges Schläfchen machen (2,86 €) oder 45 Minuten in der Schlange stehen, um bei den Präsidentschaftswahlen zu wählen (6,44 €). Das ist ein auf die Spitze getriebener wirtschaftlicher Utilitarismus: Jede Wahl wird durch das Medium des Geldes mit allen anderen vergleichbar. Zeit wird zu einem Kapital, das man gewinnen, investieren oder verlieren muss. Und in Gesellschaften mit großer Ungleichheit ist die Zeit der Armen viel weniger wert als die Zeit der Reichen – daher das explosionsartige Wachstum von Plattformen wie AlloVoisins, TaskRabbit und Teepy Job, die es Personen mit einer großen Kaufkraft ermöglichen, andere, weniger vermögende Personen dafür zu bezahlen, dass sie für sie putzen, auf ihre Kinder aufpassen und sich an ihrer Stelle in die Schlange stellen.[35]

Kommen wir auf Adam Smith zurück, um dieses Kapitel abzuschließen. Jede Produktion hängt von einer reproduktiven Infrastruktur ab, die durch die Zeit, die man ihr gibt, begrenzt ist. So wie ein unendliches Wachstum auf einem endlichen Planeten unmöglich ist, ist ein unendliches Wachstum auch in einer Gemeinschaft unmöglich, deren Fähigkeit, sich selbst zu reproduzieren, endlich ist. Es ist wieder eine Frage der Proportionen. So wie ein Ast kaum schwerer werden kann als der Stamm, der ihn trägt, kann sich die Marktwirtschaft nie wirklich von dem sozialen Gefüge emanzipieren, das sie trägt. Das ist die erste soziale Grenze des Wachstums.

Das Wachstum des BIP ist also kein Überschuss von Zauberhand. Die Marktproduktion zu steigern ist immer ein bisschen so, als würde man aus der Wolle eines alten Pullovers einen neuen Pullover machen. Erstens wird es nie mehr Pullover geben, als es Wolle gibt (die ökologischen Grenzen im 2. Kapitel). Zweitens erfordert stricken Zeit, Zeit, die nicht damit verbracht werden kann, andere Dinge zu tun (die sozialen Grenzen in diesem Kapitel). In bestimmten Kontexten und unter bestimmten Schwellenwerten macht es Sinn, mehr zu produzieren und neue Märkte zu erschließen. Wir dürfen jedoch nicht vergessen, dass diese Expansion der Infrastruktur angemessen sein muss, die sie trägt. Ein zu intensives Wachstum des Marktes wird als Kraft zur Auflösung des Sozialen fungieren.

Die exponentielle Kommerzialisierung der sozialen Sphäre ist nicht nur langfristig unhaltbar (weil diese soziale Sphäre begrenzt ist), sondern zuweilen auch unerwünscht. Hier finden wir eine zweite soziale Grenze des Wachstums: Bestimmte Dinge können nicht kommerzialisiert werden, es sei denn, sie führen zu ihrer Verschlechterung. Buchhalterischer Reichtum und »Beziehungsarmut«[36] können sehr wohl nebeneinander existieren. Wenn man darauf beharrt, die Wirtschaft über einen bestimmten Punkt hinaus wachsen zu lassen, bedeutet dies, die kommerzielle Logik auf soziale Bereiche auszudehnen, die nicht mit ihr vereinbar sind.

4

# FALSCHE VERSPRECHEN

## Die politischen Grenzen des Wachstums

Gewiss, das Wirtschaftswachstum stößt an ökologische Grenzen. Zugegeben, es ist aus sozialer Sicht auf lange Sicht kaum haltbar. Aber ist es nicht, wie seine Befürworter sagen, ein notwendiges Übel? Sind diese Unannehmlichkeiten nicht einfach der »Preis, den wir zahlen müssen«, um von den Vorteilen des Wachstums zu profitieren: Beseitigung der Armut, Verringerung der Ungleichheiten, Senkung der Arbeitslosigkeit, Finanzierung der öffentlichen Haushalte oder Verbesserung unserer Lebensqualität?

Das sind die fünf Wünsche, die uns das geniale BIP laut den Apologeten des Wachstums zu erfüllen verspricht. Lasst uns mehr produzieren und konsumieren, die Wirtschaft ankurbeln, und der Rest wird folgen. Doch werden diese Versprechen tatsächlich gehalten? Wir werden sehen, dass dies nicht der Fall ist. Können die Probleme *ohne* Wachstum gelöst werden? Wir werden sehen, dass dies der Fall ist.

## Die Armut

Diese Logik scheint unaufhaltsam: Wenn Wachstum mit Überfluss einhergeht, dann würde Degrowth zu Mangel führen. Degrowth bedeutet Verarmung der Franzosen, sagt uns Bruno Le Maire: »Wenn Sie Degrowth haben, werden Sie weniger Reichtum haben und mehr Arme«.[1] Die Abkehr vom Wachstum wäre also »der Weg in die Armut«, um eine Formulierung von Jean-Philippe Delsol aufzugreifen.[2]

Und tatsächlich könnten wir auf den ersten Blick glauben, dass es an Mitteln fehlt. 2018 leben in Frankreich 5,3 Millionen Menschen von weniger als 885 Euro im Monat, 6,7 Millionen leiden unter armutsbedingter Energieknappheit, und 5 Millionen nehmen Nahrungsmittelhilfe in Anspruch.[3] Wenn man den Fokus erweitert, schätzt das Insee die Zahl der armen Menschen im französischen Mutterland auf 10 Millionen.[4] Dieses Elend ist sehr real, aber ist es in einer zu geringen Wirtschaft begründet? Anders ausgedrückt: Gibt es Obdachlose, weil es an Wohnungen fehlt, Menschen unter Energieknappheit, weil es an Energie fehlt, Unterernährung, weil es an Nahrung fehlt, und Geringverdiener, weil es an Einkommen fehlt?

Um diese Frage zu beantworten, sollten wir zunächst eine Bestandsaufnahme dessen machen, was wir brauchen, um der Armut in Frankreich ein Ende zu setzen. Eine Möglichkeit, dies zu tun, ist die Berechnung von »Referenzbudgets« nach dem Verfahren, das vom Observatoire national de la pauvreté et de l'exclusion sociale entwickelt wurde.[5] Um diese zu erstellen, werden Gruppen von Bürgern befragt, welche Güter und Dienstleistungen sie benötigen, um ein menschenwürdiges Leben zu führen. Diese »Referenzkörbe« werden dann unter Berücksichtigung ihrer Kosten ausgewertet, um schließlich ein Referenzbudget zu erhalten, das je nach Familienkonstellation und Ort variiert (zwischen 1424 Euro für eine alleinstehende erwerbstätige Person und 3284 Euro für ein Paar mit zwei Kindern, mit Anpassungen je nach Stadt).

Indem man die verschiedenen Referenzbudgets mit der Anzahl der betroffenen Personen multipliziert, kann man das Nationaleinkommen schätzen, das notwendig ist, um der gesamten Bevölkerung zu erlauben, ihre Bedürfnisse zu befriedigen. So definiert man einen Mindestwert für das Nationaleinkommen, eine Art wirtschaftliche Untergrenze. Zuletzt vergleicht man dieses Mindestniveau mit dem aktuellen Nationaleinkommen, um zu beurteilen, ob ein Land genug Wohlstand erzeugt oder nicht.

Gemäß den Berechnungen von Pierre Concialdi, einem Wirtschaftswissenschaftler am Institut de recherches économiques et sociales, war dieser makroökonomische Überschuss nach dem Zweiten Weltkrieg gleich null, so dass fast das gesamte Nationaleinkommen notwendig gewesen sei, um die Bedürfnisse der Franzosen zu befriedigen.[6] In dieser Situation hätte jede Verringerung des Nationaleinkommens einen Teil der Bevölkerung in die Armut getrieben.

Seit den 1960er Jahren hat sich die Situation jedoch grundlegend geändert. Bis Mitte der 1970er Jahre bildete sich ein makroökonomischer Überschuss heraus, der fast die Hälfte des Gesamteinkommens ausmachte. 2013 erreichte dieser Überschuss 42 % des Nationaleinkommens, das heißt etwa 900 Milliarden Euro, und diese Größenordnung hat sich seitdem kaum verändert (der Überschuss lag 2021 nach den jüngsten Schätzungen von Pierre Concialdi bei 44 %). Diese Zahl ist äußerst wertvoll: Sie zeigt, dass es theoretisch möglich ist, dass alle menschenwürdig leben können – wir haben dafür genug Wohlstand. Folglich ist das Wirtschaftswachstum keine notwendige Bedingung mehr, um die Armut in Frankreich zu beseitigen.

Wir haben genug Einkommen, aber es ist schlecht verteilt, und einige sehen eine Umverteilung kritisch. Das Wirtschaftswachstum sei daher die bessere Lösung, da es die Einkommen der Mittellosesten erhöhen könnte, ohne die Einkommen der Reichsten zu senken, und somit ein heikles politisches Thema umgehen würde. Allerdings müsste das Wachstum auch die Einkommen der ärmsten Haushalte ansteigen lassen, was in der Realität nicht oft der Fall ist.

Zwischen 1983 und 2015 haben die ärmsten 50 % der Franzosen nur 20 % des Gesamtwachstums auf sich vereint, ein Anteil, der dem des reichsten 1 % entspricht.[7] Dieser Trend steht stellvertretend für die allgemeinere Tendenz einer Zunahme der Ungleichheiten, die wir im nächsten Abschnitt erläutern werden. Was den unteren Teil der Pyramide betrifft, ist das Ergebnis eindeutig: Die Armut (gemessen an 60 % des Medianeinkommens) ist in Frankreich im letzten Jahrzehnt von 13,8 % im Jahr 2013 (8,5 Millionen Menschen) auf 14,8 % im Jahr 2018 (9,3 Millionen Menschen) gestiegen, und das trotz eines Wachstums des BIP.[8]

Das Wachstum verringert nicht nur die Armut nicht, sondern es ist auch möglich, diese ohne Wachstum zu beenden. Wie Denis Colombi in *Où va l'argent des pauvres* erinnert, besteht die einfachste Lösung für die Armut darin, den Menschen Geld zu geben, die keines haben. Heute machen die Umverteilungsleistungen zur Reduzierung der Armut ein Viertel aller Sozialleistungen aus, und die Sozialhilfeleistungen (27,2 Milliarden Euro) machen 1,2 % des BIP von 2019 aus.[9] Erinnern wir uns an den makroökonomischen Überschuss von 900 Milliarden: Es ist nicht nötig, das gesamte BIP zu erhöhen, um diese Leistungen anzuheben, es genügt, lediglich den bereits vorhandenen Wohlstand umzuverteilen.

Es gibt zahlreiche Optionen: die Umwandlung des RSA (Revenu de solidarité active) in ein bedingungsloses »garantiertes soziales Mindesteinkommen«, das an das Medianeinkommen gekoppelt und ab 18 Jahren zugänglich ist; die Anhebung der Mindestrente auf 1000 Euro; die Neubewertung des aktuellen Mindestlohns nach oben, indem er beispielsweise an »Referenzbudgets« gekoppelt wird, um sicherzustellen, dass er für ein menschenwürdiges Leben ausreicht (das Konzept des *real living wage*),[10] was im Falle Frankreichs einer Erhöhung um 20 bis 30 % entspräche.[11] Es wird Meinungsverschiedenheiten über die Form geben, auf die wir in Kapitel 7 eingehen werden, aber was an dieser Stelle wichtig ist, ist die Erkenntnis, dass es nicht notwendig ist, das Gesamtvolumen der Einkommen zu steigern, um die Geldarmut zu beenden.

Eine weitere Möglichkeit, Armut ohne Wachstum zu beseitigen, ist die teilweise Entkommerzialisierung der Wirtschaft. In einer Gesellschaft, in der alles käuflich ist, ist jeder Verlust an Kaufkraft ein Verlust an *Lebenskraft*, an unserer Fähigkeit, für unseren Lebensunterhalt aufzukommen. In einer Gesellschaft, die einen kostenlosen Zugang zur Grundversorgung gewährleistet, ist dies jedoch nicht der Fall. Das zeigt sich im Übrigen bereits bei einigen öffentlichen Dienstleistungen. 2018 machten Sachtransfers den Gegenwert von 28 % des verfügbaren Haushaltseinkommens aus.[12] Die sogenannten inkompressiblen Kosten (Kosten, denen sich ein Haushalt nicht entziehen kann, wie Miete, Wasser, Strom, Versicherungen usw.) machen einen unverhältnismäßig großen Teil des

Budgets von Geringverdienern aus. Während diese Kosten in Frankreich bei den ärmsten 10 % der Haushalte von 24 % im Jahr 1979 auf 48 % im Jahr 2005 anstiegen, stiegen sie bei den wohlhabendsten 10 % der Haushalte nur von 20 % auf 27 % an.[13] Investitionen in öffentliche Dienstleistungen stellen also einen echten Umverteilungskanal dar.

Auch hier gibt es zahlreiche Vorschläge: Die Einführung einer »Sozialversicherung für die Ernährung« mit 150 Euro, die auf der Krankenversicherungskarte für den Kauf von konventionellen Lebensmitteln gutgeschrieben werden; die Ausweitung der Logik des »Energie-Schecks« (zwischen 48 Euro und 277 Euro für die einkommensschwächsten Haushalte) und des »Kulturpasses« (300 Euro für 18-Jährige) auf andere Güter und Dienstleistungen (dies wird einer der Vorschläge in Kapitel 6 sein); ein »allgemeines Grundeinkommen für Autonomie« von 600 bis 1000 Euro für Studierende;[14] die kostenlose Bereitstellung der ersten Kubikmeter Wasser und einer Mindestmenge an Strom; und ein völlig kostenloser Nahverkehr, wie dies bereits in Dünkirchen sowie in mehr als 60 weiteren Städten in Frankreich der Fall ist.

Umverteilen reicht nicht. Es muss auch dafür gesorgt werden, dass der Mehrwert der Produktion von Anfang an gerechter verteilt wird. In der Liste der zehn am schlechtesten bezahlten Berufe in Frankreich finden sich 227 001 Hausangestellte (39 % der armen Arbeitenden), 369 574 Reinigungskräfte (42 % der der armen Arbeitenden) und 465 512 Tagesmütter, von denen 35 % arme Arbeitende sind.[15] Das ist doppelt paradox, da diese Berufe unverzichtbar sind. Wenn man die Wahl hätte, würde man dann lieber in einem Land ohne Fußballnationalmannschaft (jährliche Kosten: 220 Millionen Euro) oder ohne Müllmänner (jährliche Kosten: 138

Millionen Euro) leben? Die Frage der Umverteilung (die Fußballer besteuern, um den Müllmännern zu geben) ist nur eine kurative Lösung. Wäre es nicht besser, dafür zu sorgen, dass jede Tätigkeit anständig bezahlt wird und dass diejenigen, die nicht erwerbstätig sind, ein garantiertes Mindesteinkommen erhalten, damit niemand in die Armut abrutscht?

Um es noch einmal zu sagen: Armut ist in Frankreich keine Frage der Produktion (der Reichtum ist bereits vorhanden, und zwar im Überfluss), sondern lediglich der Allokation, das heißt des Teilens. Die Armut durch die Ankurbelung des BIP-Wachstums beseitigen zu wollen ist so, als würde man hoffen, die Fahrtrichtung eines Autos zu ändern, indem man Benzin in einen bereits vollen Tank nachfüllt.

Um die Armut in Frankreich zu beseitigen, muss man nicht »den Kuchen vergrößern«, sondern nur die Art und Weise ändern, wie er geschnitten wird (es stellt sich auch die Frage nach den Zutaten, aus denen er besteht, ein Thema, das uns im Laufe dieses Buches noch beschäftigen wird). Doch Vorsicht: *Teilen* bedeutet nicht *Wohltätigkeit*. Die Fußballspieler zu besteuern, um die Löhne der Müllmänner zu erhöhen, ist kein Akt der Großzügigkeit der Ersteren gegenüber den Zweiteren, sondern – für ein System, das die Augen auf die Tauschwerte richtet und allmählich vergessen hat, woher der Wohlstand der Nationen kommt – eine Rückkehr zur Vernunft.

## Die Ungleichheiten

Es gab eine Zeit, in der die Ökonomen auf die »Kuznets-Kurve« schworen. 1955 veröffentlichte der Wirtschaftswissenschaftler Simon Kuznets eine empirische Studie über den Zusammenhang von Wirtschaftswachstum und Lohnungleichheit. Anhand von statistischen Daten für die USA, England und Deutschland von 1913 bis 1948 entdeckte Kuznets jene glockenförmige Kurve, die heute als »Kuznets-Kurve« bezeichnet wird. Wenn ein Land industrialisiert wird, erklärt uns der Autor, hat nur eine Minderheit der Bevölkerung Zugang zu den neuen Industriezweigen. Da das Einkommen pro Erwerbstätigem im traditionellen Sektor niedriger ist als in den neuen Sektoren, steigt die Lohnungleichheit. Mit fortschreitender Industrialisierung wandern die übrigen Erwerbstätigen jedoch in die neuen Sektoren ab, und ab einer bestimmten Schwelle sinkt das Gesamtniveau der Lohnungleichheit.

Diese Theorie suggeriert, dass das Wachstum der hohen Einkommen langfristig nach unten »durchrieselt«, wie es in den 1980er Jahren hieß. Heute findet sich derselbe Gedanke in der Analogie der »ersten Seilschaft« wieder, die man unterstützen sollte, um die gesamte Gesellschaft nach oben zu ziehen. Man spricht auch von »inklusivem Wachstum«, um einen Anstieg des BIP zu beschreiben, der den ärmsten Haushalten zugutekomme. Das Wachstum der Gesamtgröße der Wirtschaft würde zu einer Angleichung der Einkommen *nach oben* führen, was den Armen erlauben würde, schneller reich zu werden als die Reichen und damit die Ungleichheiten zu verringern. »Solange es Wachstum gibt, gibt es Hoffnung, und das macht die großen Einkommensunterschiede erträglich«, sagte einer der Präsidenten der amerikanischen Federal Reserve.

Das Problem ist: Die Hypothese vom Durchrieseln ist ein Märchen ohne jeglichen theoretischen oder empirischen Unterbau. Um zu verstehen, warum das so ist, wollen wir das Nationaleinkommen aufschlüsseln. In Kapitel 1 haben wir gesehen, dass das BIP verschiedene Einkommensarten addiert, die zu einer synthetischen Zahl aggregiert werden: dem *Pro-Kopf*-BIP. Das Wachstum dieser Zahl sagt uns nicht, ob es die Löhne und Gehälter (die einzige Einkommensquelle der ärmsten Haushalte) oder die Einkommen aus Vermögen in Form von Dividenden, Mieten, Zinsen, Gewinnen, Kapitalgewinnen etc. (die nur von den wohlhabenden Haushalten bezogen werden) sind, die das Wachstum antreiben. Dennoch ist dies eine wichtige Information, denn es macht den Unterschied aus zwischen einem BIP-Wachstum, das die Ungleichheit verringert (ein *inklusives* Wachstum, bei dem die Löhne schneller steigen als die Vermögenseinkommen), und einem Wachstum, das sie verschärft (ein *exklusives* Wachstum, bei dem die Kapitaleigner schneller reich werden als die Erwerbstätigen).

Das Wachstum einer kapitalistischen Wirtschaft ist von vornherein exklusiv. Das zeigt Thomas Piketty in *Das Kapital im 21. Jahrhundert*. Nur durch staatliche Eingriffe (die den Reichtum umverteilen) sowie Kriege und Rezessionen (die einen Teil des Eigentums der Rentiers zerstören) konnte der Trend umgekehrt werden. Das Wirtschaftswachstum ist kein allgemeines Einkommenswachstum, sondern ein Wachstum in mehreren Geschwindigkeiten: die einer Schildkröte für die Ärmsten, die nur ihre Löhne als Einkommen haben, und die eines Hasen für die Reichsten, die ihr Vermögen vermehren (zusätzlich zu ihren Löhnen).

Diese Disparitäten springen sofort ins Auge, wenn man den Unterschied zwischen der Ungleichheit der Einkommen (Löhne plus Kapitaleinkünfte) und des Vermögens vergleicht. 2018 verdienten die 10 % der am schlechtesten bezahlten Erwerbstätigen weniger als 1282 Euro pro Monat (monatliche Nettolöhne im Vollzeitäquivalent), während man mindestens das 2,9-fache verdienen musste, also mehr als 3776 Euro (die Reichtumsgrenze laut Observatoire des inégalités),[16] um zu den 10 % der am besten bezahlten Erwerbstätigen zu gehören. Mit anderen Worten: Wenn Sie 3776 Euro oder mehr im Monat verdienen, bedeutet dies, dass mindestens 89 % der Erwerbstätigen in Frankreich weniger verdienen als Sie.[17]

Die Einkommensungleichheit ist hingegen mehr als doppelt so groß wie die Lohnungleichheit: Das durchschnittliche Jahreseinkommen des obersten Dezils beträgt 61 100 Euro, das 7,1-fache des durchschnittlichen Einkommens der ärmsten 10 % (8600 Euro), und das nach Steuern und Sozialleistungen. In Bezug auf das Vermögen wachsen die Raten der Ungleichheit ins Uferlose. Die 10 % mit dem geringsten Vermögen besitzen weniger als 3800 Euro (Bruttovermögen, Schulden nicht abgezogen), und die 10 % mit dem höchsten Vermögen verfügen im Durchschnitt über 1 280 000 Euro, das heißt über 336-mal mehr.[18]

Das BIP ist ein Fluss, und das Wachstum ist die Vergrößerung dieses Flusses (Kapitel 1). Damit wäre das Wachstum so etwas wie der Anstieg eines Flusses, wobei der Wasserstrom das BIP insgesamt darstellt. Dieser Fluss richtet sich nach den Felsen, die im Flussbett liegen. Es sind die Felsen (das Vermögen), die die Richtung des Wasserflusses (die Einkommen) bestimmen. Heute ist die Ungleichheit des Reichtums so groß, dass das Vermögen der Oberschicht einen Damm bildet, der den allergrößten Teil des Wasserflusses in ihre Bankkonten umleitet und nur ein dünnes Rinnsal für den Rest der Bevölkerung durchlässt.

Dieser Damm ist kolossal: Die reichsten 10 % der Franzosen (zwischen 3 und 6,5 Millionen Personen) besitzen mehr als die Hälfte des nationalen Reichtums, was ihnen erlaubt, ein Drittel des Gesamteinkommens vereinnahmen zu können – fast das gleiche Einkommen wie die mittellosesten 40 %.* Das reichste Prozent (630 000 Personen) verfügt über 7,2 % des Gesamteinkommens, das ist 7,2-mal mehr, als sie bei einer Aufteilung des Einkommens zu gleichen Teilen erhalten würden, und das reichste Tausendstel (63 000 Personen) verfügt über 2,2 % des Gesamteinkommens, das ist 22-mal zu viel im Vergleich zu einer Aufteilung des Einkommens zu gleichen Teilen.[19] Zum Vergleich: Die ärmere Hälfte der Franzosen besitzt nur 4,9 % des Gesamtvermögens und erhält 23 % des Nationaleinkommens (hauptsächlich über ihre Löhne).

Die Ungleichheiten verstärken sich von selbst. Je reicher die Reichen werden, desto mehr können sie ihre Ersparnisse anlegen oder Aktien und Immobilien kaufen und desto hö-

---

* Die reichsten 10 % (durchschnittliches Jahreseinkommen: 116 900 €; durchschnittliches Vermögen: 1 355 800 €) besitzen 59,5 % des Vermögens aller Haushalte, was ihnen laut dem »World Inequality Report« des World Inequality Lab (2022, S. 193) erlaubt, 32,2 % des Einkommens zu vereinnahmen. Laut dem »Rapport sur les riches en France« des Observatoire des inégalités (2022, S. 12–13) besitzen die reichsten 10 % (monatliches Mindesteinkommen: 3673 €; Mindestvermögen: 607 700 €, Durchschnittsvermögen: 1 280 000 €) 46 % des nationalen Vermögens, was ihnen gestattet, 28 % des gesamten Einkommens vor Steuern einzunehmen. Die »Palma-Ratio« liegt 2019 bei 1,06, das heißt, die reichsten 10 % erhalten das 1,06-fache dessen, was die ärmsten 40 % erhalten (*Rapport sur les riches en France*, 2022, S. 49).

her steigt ihr Einkommen in Form von Zinsen, Dividenden, Mieten und Gewinnen. Ungleichheiten beim Wohlstand erzeugen Ungleichheiten beim Einkommen, die wiederum Ungleichheiten beim Wohlstand verstärken. Im Laufe der Zeit wird der Damm immer höher und ein immer größerer Teil der Wertschöpfung entfällt auf diejenigen, die bereits reich sind.

Ein positiver Kreislauf für die Rentiers und ein Teufelskreis für die Erwerbstätigen, denen das Wasser nach und nach abgegraben wird. Zwischen 1983 und 2015 hat das reichste 1 % alleine 21 % des Gesamtwachstums vereinnahmt, die ärmsten 50 % hingegen 20 %.[20] Seit 1999 ist der durchschnittliche jährliche Lebensstandard der reichsten 10 % um 9100 Euro gestiegen, ein Wachstum, das dreimal so hoch ist wie das der Mittelschicht (nur um 3300 Euro).[21] Da die Ungleichheiten allen schaden (selbst den Reichen, wie uns Studien sagen,[22] da sie zahlreiche Probleme der öffentlichen Gesundheit verursachen, die sich auf die Gesellschaft insgesamt auswirken) und da der Reichtum nicht nach unten durchsickert, hätten wir sehr gut auf 21 % des Wachstums seit den 1980er Jahren verzichten können (der Teil des Einkommenswachstums, der von den bereits Reichen abgeschöpft wurde).

Theoretisch könnte man die Ungleichheiten sehr wohl ohne Wachstum verringern. Bei einem konstanten BIP würde es reichen, den Anteil der Renten (Gewinne, Mieten, Dividenden, Zinsen, Kapitalgewinne usw.) zu senken und den Anteil der Löhne am Nationaleinkommen zu erhöhen. Hier geht es nicht um die Frage, wie man das am besten macht (darauf kommen wir in Kapitel 7 zurück), sondern lediglich darum, die Vorstellung zu entmystifizieren, dass Wachstum notwendig ist, um Ungleichheiten zu bekämpfen. Während wir auf weitere Details warten, wollen wir dennoch einige mögliche Strategien durchgehen.

Um die Lohnquote zu erhöhen, müssen arbeitsintensive Tätigkeiten gefördert werden. Ein glücklicher Zufall, denn genau diese Tätigkeiten werden sich mit dem ökologischen Wandel entwickeln. Die Landwirtschaft ist heute stark intensiviert, industrialisiert, mechanisiert und von Importen abhängig. Wenn man Arbeit durch Kapital ersetzt (zum Beispiel durch Automatisierung), sinkt der Anteil der Löhne am Gesamteinkommen und umgekehrt. Denselben arbeitsplatzvernichtenden Effekt hat man, wenn man arbeitsintensive Aufgaben ins Ausland verlagert. Insofern würde eine Rückverlagerung der Produktion diese wieder mit Arbeit anreichern, und zwar doppelt, wenn sie (um bei dem Beispiel der Landwirtschaft zu bleiben) nach dem Modell der Agrarökologie erfolgt, das heißt einer Produktion, die mit Maschinen und Inputs sparsam umgeht und arbeitsintensiv ist.

Diese Strategie stößt jedoch sofort auf ein Hindernis. Heute verdient ein Landwirt mit seiner Tätigkeit 17 700 Euro netto im Jahr, und 18 % der Landwirte in Frankreich leben unter der Armutsgrenze (gegenüber 13 % aller Haushalte).[23] Sie können nicht von ihrer Tätigkeit leben, und sie sind nicht die einzigen. 2017 gab es in Frankreich 1,2 Millionen »arme Erwerbstätige«, die von weniger als 885 Euro im Monat leben (das entspricht 4,7 % der Erwerbstätigen).[24] Geht man weiter bis zur Schwelle der Einkommensarmut, die bei 60 % des mittleren Lebensstandards (1041 Euro im Jahr 2017) angesetzt ist, hat man mehr als 2,1 Millionen Erwerbstätige, darunter 1,6 Millionen Arbeitnehmer.[25]

Um die Ungleichheiten ohne Wachstum zu verringern, müssen die Löhne erhöht werden, das heißt, die Aufteilung der Wertschöpfung muss neu bestimmt werden. 2014 gehen von 100 Euro Nahrungsmittelausgaben nur 6,50 Euro an die Landwirte, das sind 30 % weniger als 1999.[26] Anstatt das Gesamtvolumen der landwirtschaftlichen Lebensmittel zu erhöhen, sollten wir den Anteil der großen Einzelhandelsketten und der Zwischenhändler reduzieren, um die Wertschöpfung gerechter zu verteilen. Auch hier gibt es viele Instrumente. Man könnte mit der Einführung eines Höchstgehalts beginnen, wie der Gesetzesvorschlag »für eine menschenwürdige Begrenzung der Einkommensunterschiede« anregt,[27] und hohe Gehälter auf das Zwölffache des Durchschnittslohns des am schlechtesten bezahlten Dezils der Arbeitnehmer begrenzen oder sogar noch weiter gehen und das Lohngefälle auf 1 zu 4 begrenzen, wie *Les économistes atterrés* vorschlagen.[28]

Wenn die Ungleichheiten bei Vermögen und Einkommen viel größer sind als bei den Löhnen (das ist der Fall), ist die Umverteilung von Vermögen und Einkommen ein viel effektiverer Weg, um die Ungleichheiten zu verringern. Um das Vermögen zu dekonzentrieren, wird eine stärkere Besteuerung des Reichtums erforderlich sein. Auch hier gibt es mehrere Optionen. Man könnte die progressive Vermögensteuer (ISF) wiederbeleben, die durch die leichtere und weniger progressive Steuer auf Immobilienvermögen (IFI) ersetzt wurde.[29] Man könnte die Erbschaftssteuer grundlegend reformieren, um die zahlreichen Freibeträge, Steuerbefreiungen und Steuerschlupflöcher zu beseitigen, die den wohlhabendsten Haushalten zugutekommen. Man könnte auch den Grundbesitz (derzeit besitzen 24 % der Haushalte 68 % aller Wohnungen)[30] durch eine Besteuerung der Anhäufung von Immobilien und eine Deckelung der Mieten und Gewinne regulieren. Es gibt auch noch die Option einer progressiven

Sondersteuer auf hohe Vermögen, die einmalig erhoben wird, um zum Beispiel die Bekämpfung des Klimawandels zu finanzieren.[31] All dies muss natürlich parallel zur Bekämpfung der Steuerhinterziehung und Steuervermeidung erfolgen.

Bei den Einkommen könnte man mit einem stark progressiven Steuersystem eine Obergrenze festlegen. Dies ist der Vorschlag von Thomas Piketty: sieben Stufen von 10 % bis 90 %, die im Verhältnis zum Durchschnittseinkommen festgelegt werden. Beispielsweise würde jedes Einkommen, das das Zehnfache des Durchschnittseinkommens übersteigt, mit 60 % besteuert und jedes Einkommen, das oberhalb des 10 000-fachen des Durchschnittseinkommens liegt, mit 90 % besteuert, aber es ist durchaus möglich, nach derselben Logik die Ungleichheiten durch eine Senkung der Verhältniszahlen drastischer zu begrenzen.[32] (Zur Erinnerung: Der Höchstsatz der Einkommensteuer liegt heute in Frankreich bei 45 %).

Hier geht es nicht darum, einen perfekten Plan zur Verringerung der wirtschaftlichen Ungleichheiten zu entwerfen. Meine These ist viel einfacher: Um die Ungleichheiten zu verringern, hilft es nicht, die Wirtschaft in ihrer Gesamtheit wachsen zu lassen, man muss einfach teilen.* Zunächst den vorhandenen Wohlstand über eine Umverteilung des vorhandenen Vermögens teilen; aber auch den künftigen Wohlstand

---

* Es sei darauf hingewiesen, dass wir hier nur von wirtschaftlichen Ungleichheiten (Lohn, Einkommen und Wohlstand) gesprochen haben und dass es noch viele andere Ungleichheiten gibt, angefangen bei den intergenerationellen Ungleichheiten, über die ökologischen Ungleichheiten bis hin zu denen zwischen den Lebewesen. In Anbetracht dessen, was ich im 2. Kapitel dargelegt habe, muss man feststellen, dass das Wachstum (in einem bereits so reichen Land wie Frankreich) diese ökologischen und zoologischen Ungleichheiten noch verschärft.

besser verteilen, indem bei der Verteilung der Wertschöpfung der Anteil der Löhne (und vor allem der der niedrigsten Löhne) erhöht und der Anteil der Renten verringert wird – dies wird eine der zentralen Fragen in Kapitel 7 sein.

## Die Beschäftigung

Im Oktober 2020 ereiferte sich der Unternehmer Denis Payre bei dem Sender Europe 1: »Die Ökologie des Degrowth vergisst vor allem, dass bei einem Wachstum von unter einem Prozent die Arbeitslosigkeit sehr schnell ansteigt«.[33] Das *Godwin's Law*: Wenn man das Wachstum in Frage stellt, ist man früher oder später mit der Apokalypse der Massenarbeitslosigkeit konfrontiert. Diese Verbindung von Beschäftigung und Wachstum ist in der kollektiven Vorstellung so prägnant, dass beide zu einem der Ziele der Vereinten Nationen für nachhaltige Entwicklung zusammengefasst wurden: »Menschenwürdige Arbeit und dauerhaftes Wachstum«.

Doch der Zusammenhang zwischen Wachstum und Arbeitslosigkeit ist komplexer, als man denkt, und die Frage der Arbeit geht weit über die Frage des BIP und der Beschäftigung hinaus. Das »Okunsche Gesetz« argumentiert, dass sich die Beschäftigung immer in die gleiche Richtung entwickelt wie das Wachstum.* Doch so einfach ist es nicht. Die Beschäf-

---

* Das Okunsche Gesetz geht auf eine empirische Studie des amerikanischen Ökonomen Arthur M. Okun von 1962 zurück (»Potential GNP: Its measurement and significance«), in der er beobachtete, dass ein Wachstum des realen BIP um 3 % mit einem Rückgang der Arbeitslosigkeit um 1 % einhergeht.

tigung hängt von der Produktion, der Stundenproduktivität und der Arbeitszeit ab. Wenn man 1 % mehr produziert, aber die Arbeitsproduktivität pro Stunde ebenfalls um 1 % steigt, wird sich die Beschäftigungsquote nicht ändern. Wenn man 1 % weniger produziert, aber die Arbeitsproduktivität um mehr als 1 % sinkt oder die Arbeitszeit pro Arbeitnehmer um mehr als 1 % abnimmt, erfordert das gleiche Produktionsvolumen mehr Arbeitsstunden und schafft damit potenziell *mehr* Arbeitsplätze.

Es gibt also mindestens drei Möglichkeiten, Arbeitsplätze zu schaffen: mehr produzieren, langsamer arbeiten und weniger lang arbeiten. Die Option *mehr produzieren* eignet sich für Sektoren, die man gerne wachsen sehen würde, aber nicht für solche, die man gerne schrumpfen sehen würde. Die zweite Strategie *(langsamer arbeiten)* kann in Sektoren sinnvoll sein, in denen die Verlangsamung mit einer Verbesserung der Arbeitsbedingungen einhergehen würde (zu denken ist vor allem an den Übergang von der Industrie zum Handwerk). Und *weniger lang arbeiten* wird eher in Sektoren geschätzt, in denen die Beschäftigten unter ihrem Arbeitsplatz leiden, oder in Sektoren, die schrumpfen und / oder verschwinden werden.

Was die Interaktion zwischen diesen Faktoren anbelangt, könnte man hier Seiten füllen, um die Debatte zu beschreiben, die die Ökonomen zu diesem Thema umtreibt, doch das würde uns nicht sehr weit bringen. Einige sind der Ansicht, dass die Produktion die Nachfrage ankurbelt und Wachstum somit für Beschäftigung sorgt, während andere meinen, dass die Beschäftigung die Nachfrage ankurbelt und die Beschäftigung somit für Wachstum sorgt. Die Debatten über die Arbeitszeit und die Stundenproduktivität sind mindestens ebenso lebhaft und polar. Einige werden auf Perioden hinweisen, in denen die Schaffung von Arbeitsplätzen mit dem BIP-Wachstum zusammenfällt, und andere werden andere Perioden aufzeigen, in denen man das Gegenteil beobachtet. Letztendlich ist die Frage falsch gestellt, und die Debatte versinkt schnell in der Abstraktion, begrenzt durch eine zu enge Definition von Wohlstand (BIP) und Arbeit (abhängige Beschäftigung).[34]

Hier wird ein anderer Ausgangspunkt vorgeschlagen: Welche Tätigkeiten brauchen wir? Oder allgemeiner, indem wir das Konzept der Arbeit erweitern: Was wollen wir produzieren und wie? So wie die Rezession als negatives Wachstum definiert wird, wird Arbeitslosigkeit oft auf fehlende Beschäftigung reduziert – eine Art *negative Beschäftigung*. Aber welchen Mangel drückt die Arbeitslosigkeit aus?

Das Ziel der *Vollbeschäftigung* ist sinnlos, wenn es nicht mit den Bedürfnissen in Verbindung gebracht wird, die bei der Arbeit (als soziale Teilhabe und Gelegenheit zur persönlichen Entwicklung) und durch die Arbeit (als Produktionsform nützlicher Güter und Dienstleistungen) befriedigt werden. Wie im 1. Kapitel ausführlich dargelegt, ist das Ziel einer Volkswirtschaft die sparsame Organisation von Zufriedenheit. Wie viele andere Fragen in der Ökonomie ist auch die der Arbeit eine Frage der Suffizienz und Autonomie: gerade genug Arbeit, um das zu produzieren, was wir brauchen, und eine Arbeit unter angenehmen Bedingungen.

Beginnen wir mit dem, was durch Arbeit produziert wird. Nicht jede Schaffung von Beschäftigung ist wünschenswert, da eine Beschäftigung nicht zwangsläufig eine sinnvolle Arbeit leistet. Am äußersten Rand des Spektrums befindet sich das, was der britische Anthropologe David Graeber als »*Bull-*

*shit Jobs*« bezeichnet: »eine Form der bezahlten Beschäftigung, die so nutzlos, überflüssig oder schädlich ist, dass selbst der Beschäftigte ihre Existenz nicht rechtfertigen kann«.[35] Anhand zahlreicher Erfahrungsberichte entwickelt Graeber eine Typologie dieser »Vollzeitbetrüger«:[36] Analysten, die dafür bezahlt werden, Berichte zu schreiben, die niemand liest, Firmenanwälte, die nur existieren, weil es andere Firmenanwälte gibt (dieselbe Logik in der Werbeindustrie), Assistenten von Assistenten von Assistenten etc., sowie eine ganze Managerklasse, die ohne große nennenswerte Veränderungen morgen in der Gesellschaft verschwinden könnte.

Unter dem Strich lautet der ultimative Test für den sozialen Nutzen einer Beschäftigung: Was würde passieren, wenn ich morgen nicht mehr arbeiten würde? Der Müllmann würde die Mülltonnen überquellen sehen und die Krankenschwester Patienten, die ungeduldig werden; aber was würde der Telefonverkäufer, der Klick-Booster von Posts oder der Spezialist für Suchmaschinenwerbung sehen?

Hier haben wir eine der wertvollsten Lektionen der Pandemie: Die Nützlichkeit der Arbeit ist nicht proportional zum Gehalt, wie manche Ökonomen meinen. Häufig ist sogar das Gegenteil der Fall: Die unter dem Gesichtspunkt des Bedarfs nützlichsten Beschäftigungen – Pflegehelfer (Bruttomonatsgehalt: 2292 €), Polizisten (1921 €), Lehrer (2075 €) und Müllmänner (2433 €) – werden schlechter bezahlt als Immobilienmakler (5282 €), Broker (9375 €), Mitarbeiter von Beratungsfirmen (4999 €) und Investmentbanker (5834 €).[37] Es ist offensichtlich, dass die Bezahlung der Letzteren nicht aus einem Nutzen resultiert, der höher ist als der der Ersteren, sondern lediglich das Ergebnis eines »Arbeitsmarktes« ist, der die Löhne nach dem Potenzial der Lukrativität bestimmt und dazu beiträgt, unsere Wahrnehmung dessen zu pervertieren, was wirklich zählt.

Mehr als nur unnötig können einige Beschäftigungen makroökonomisch kontraproduktiv sein. Die Schaffung von Stellen in der Automobilindustrie beispielsweise fördert die Produktion von Autos und die damit verbundenen ökologischen Beeinträchtigungen. Das schafft heute Einkommen, aber es schafft auch viel Arbeit im anthropologischen Sinne des Wortes, das heißt Tätigkeiten, die in Zukunft Zeit und Anstrengung erfordern werden. Ich denke dabei vor allem an all die zusätzlichen Anstrengungen, um sich an die Auswirkungen des Klimawandels und den Kollaps der Artenvielfalt anzupassen. Dieselbe Situation herrscht, wenn eine Beschäftigung unter so prekären Bedingungen erfolgt, dass sie den Einzelnen zerstört (Arbeitsunfälle, Muskel-Skelett-Erkrankungen, soziale Ausgrenzung, Burnout etc.), was wir zuvor als *Wertminderung der Arbeit* bezeichnet haben. Wozu soll es gut sein, Beschäftigungen für Essenslieferanten unter Bedingungen zu schaffen, unter denen diese ihre Gesundheit für eine magere Entlohnung und für eine meist unwesentliche Dienstleistung opfern?

Manche werden sagen, dass diese unnützen oder kontraproduktiven Beschäftigungen zumindest einigen Menschen erlauben, »ihren Lebensunterhalt zu verdienen«. Hier wird klar, dass die Frage der Beschäftigung nie von der Frage der Armut und der Ungleichheiten losgelöst ist. In einer Gesellschaft, in der alles käuflich ist (und in der wir ständig dazu angehalten werden, mehr zu kaufen), sind diejenigen, die keinen Zugang zu Eigentum und den damit verbundenen Renten haben, vom Lohn abhängig, daher die panische Angst vor Arbeitslosigkeit.

Aber ist die bloße Tatsache, dass eine Beschäftigung einem gestattet, seine Rechnungen zu bezahlen, eine notwendige Bedingung, um zu sagen, dass wir sie brauchen? Würde man diese absurde Logik noch etwas weiter treiben, würde man sich, wie John Maynard Keynes in den 1930er Jahren im Kontext eines von der Vollbeschäftigung besessenen Aufschwungs formulierte, darin wiederfinden, die eine Hälfte der Bevölkerung dafür zu bezahlen, Löcher zu graben, und die andere Hälfte dafür, sie wieder zu füllen. Heute finden wir dieselbe Logik in der Art und Weise, wie wir den ökologischen Wandel denken: Einen Teil der Bevölkerung dafür zu bezahlen, SUVs zu bauen, Werbespots zu entwerfen und Öl zu fördern, und einen anderen Teil dafür, Krankheiten zu behandeln, die mit der Luftverschmutzung zusammenhängen, Niedergeschlagenheit zu therapieren und Löschflugzeuge zu bauen, um Waldbrände zu bekämpfen.

Eine Einzelperson oder ein Unternehmen kann befürchten, nicht genug Geld zu haben, um das Monatsende zu überstehen, aber das ist in einer Volkswirtschaft nicht der Fall. Auf der makroökonomischen Ebene gibt es immer genug Einkommen, um das zu kaufen, was produziert wird, da das Einkommen direkt aus der Produktion stammt; das ist übrigens auch der Grund, weshalb das BIP, das anhand der Summe der Preise der Endprodukte gemessen wird, gleich dem BIP ist, das anhand der Summe aller Einkommen gemessen wird. Das soll nicht heißen, dass das Angebot automatisch seine Nachfrage schafft, sondern dass Armut in einem Land wie Frankreich ein Verteilungsproblem ist. Die (oftmals erduldete) Abhängigkeit von abhängiger Beschäftigung und die damit verbundene Pflicht, lebenslang Vollzeit zu arbeiten, ergibt sich aus einer spezifischen Wahl der Organisation der Wirtschaft: der Kommerzialisierung der Beschäftigung in einem kapitalistischen System mit einer neoliberalen Gouvernanz.

Diese Abhängigkeit ist jedoch nicht unvermeidlich. In einer Wirtschaft mit einer ausgewogeneren Verteilung des Mehrwerts, einer demokratischen Kontrolle der Preise und einer Kultur der Suffizienz könnten wir alle zu »Rentiers« werden, und der Lohn wäre dann nur noch ein kleiner Teil unseres Reichtums. Ein garantiertes Mindesteinkommen, kostenlose öffentliche Dienstleistungen, soziale Sicherheit bei der Ernährung, sozialer Wohnungsbau, Preisobergrenzen, Umverteilung von Erbschaften – das ist ein ganzes Programm, das erlauben würde, die Lebenskraft von der Kaufkraft und damit für viele von der abhängigen Beschäftigung zu entkoppeln.

Sprechen wir nun über die Qualität der Arbeit als soziale Aktivität. Arbeitslosigkeit ist eine Prüfung, nicht nur wegen der unsicheren Situation, die sie mit sich bringt, sondern auch, weil sie ein Ausgrenzungsfaktor ist, insbesondere in einer Gesellschaft, deren Ethik die Arbeit verherrlicht. Arbeitslosigkeit ist ein Trauma, weil sie uns isoliert und uns das Recht auf Teilhabe am gesellschaftlichen Leben nimmt. Da dies ein Grundrecht ist, ist es mehr als riskant, es dem »Arbeitsmarkt« anzuvertrauen (wie wir im vorigen Kapitel gesehen haben, ist Arbeit etwas, das durch seine Kommerzialisierung beschädigt werden kann). Man vertraut die Justiz nicht einem »Justizmarkt« an, oder Transplantationen einem »Organmarkt«. Der Grund ist einfach: Diese Güter und Dienstleistungen sind zu wichtig, als dass ihre Handhabung stürmischen Märkten überlassen werden sollte. Für die Arbeit gilt das Gleiche: Es handelt sich um eine Aktivität, die viel zu zentral ist, um kommerzialisiert zu werden.

Was wäre, wenn die Lösung für die Massenarbeitslosigkeit nicht die Schaffung massenhafter Beschäftigung wäre, sondern vielmehr die Neuorganisation der Art und Weise, wie wir alle zur Wirtschaftstätigkeit beitragen? Diese Beiträge sind zahlreich, und viele nützliche Aktivitäten werden heute nicht als Arbeit anerkannt, die eine Entlohnung verdient. Kinder erziehen, einen Sportverein organisieren, ehrenamtlich Sprachunterricht geben, ein Wirtschaftsbuch über Degrowth schreiben und all die informellen Solidaritäten im Alltag; diese Aktivitäten produzieren Nutzen (Gebrauchswerte), ohne jedoch als Quelle von Tauschwert verbucht und somit als Reichtum anerkannt zu werden.

Anstatt Beschäftigung um der Beschäftigung willen zu schaffen, sollten wir damit beginnen, bestimmte Formen der Arbeit als entlohnungswürdig anzuerkennen. Einige fordern ein »*Care Income*«, um die unbezahlte reproduktive Arbeit zu entlohnen, die heute überwiegend von Frauen geleistet wird.[38] Andere empfehlen ein »Einkommen für den ökologischen Übergang«, um Menschen und Initiativen zu unterstützen, die bereits in den Bereichen des Übergangs aktiv sind oder aufkommen,[39] ein »lebenslanges Gehalt«,[40] das die Entlohnung entsprechend dem Qualifikationsniveau und unabhängig von der tatsächlichen Produktion an die Person bindet, eine »bedingungslose Ausstattung mit Autonomie«,[41] die die nicht-kommerzielle Arbeit und die Beteiligung aller am vielfältigen Reichtum einer Gesellschaft anerkennt, und »Gebiete ohne Langzeitarbeitslose«,[42] die die Idee einer Beschäftigungsgarantie umsetzen.[43]

Und vergessen wir nicht, dass das Ziel einer Volkswirtschaft darin besteht, mit den verfügbaren Ressourcen sparsam umzugehen, angefangen bei der Mühsal der Arbeit. Wie wir im vorigen Kapitel gesehen haben, sind wir ebenso endliche Ressourcen mit Schwellen, die nicht überschritten werden dürfen. Eine erfolgreiche Wirtschaft sollte logischerweise Arbeitszeit *vernichten* (zumindest die, die niemandem Spaß macht), das heißt Freizeit freisetzen. Das BIP zu maximieren, um »Beschäftigung zu schaffen«, ist genauso absurd wie die Maximierung der Hektik beim Kochen, um »Zeit zum Kochen zu schaffen«. Das Ziel der Wirtschaft besteht nicht in einem hektischen Treiben, sondern in der Optimierung der Bedürfnisbefriedigung. Das komplexe Problem der Arbeitslosigkeit (wie auch der Armut und der Ungleichheiten) lässt sich nicht einfach durch eine Steigerung des BIP lösen, sondern vielmehr durch eine grundlegende Reform der gesellschaftlichen Organisation der Arbeit.

## Der öffentliche Haushalt

Auf dem Weltwirtschaftsforum in Davos 2020 erklärte der österreichische Bundeskanzler Sebastian Kurz als Antwort auf wachstumskritische Äußerungen, dass »Glück keine Renten finanziert«. Derselbe Gedanke findet sich bei Emmanuel Macron, der sich gegen Degrowth ausspricht, da dies die Finanzierung des Vorsorgestaates gefährden würde.* Das ist ein weiteres Versprechen des Wachstums: Wenn die Staatskassen

---

* »Wir produzieren, um ein Sozialmodell und einen Vorsorgestaat zu finanzieren. Und so sage ich all jenen, die sagen, dass das Klima dringlich ist und dass man daher alles, was die Umwelt verschmutzt, stoppen müsste [...], ich sage ihnen, sehr gut, was ist Ihr Sozialschema? Wer finanziert Ihnen das hohe Alter? Wer finanziert Ihnen die Krankheit? Wer finanziert

leer sind, kann uns allein das Wachstum des BIP vor der Austerität retten.

Und in der Tat hängt der öffentliche Haushalt von einer Reihe von Steuern ab, ein Teil davon auf die Markttätigkeit. 2019 beliefen sich die Brutto-Steuereinnahmen in Frankreich auf 414,6 Milliarden Euro: 45 % entfielen auf die Mehrwertsteuer (186 Mrd.), 21 % auf die Einkommensteuer (87 Mrd.), 16 % auf die Körperschaftssteuer (67 Mrd.), 4 % auf die innere Verbrauchssteuer auf Energieprodukte (17 Mrd.) und die restlichen 14 % auf verschiedene Steuern wie die auf Immobilienvermögen oder Erbschaften. Bei sonst gleichen Bedingungen würde eine Schrumpfung der Marktwirtschaft also die Einnahmen aus diesen Steuern und damit den öffentlichen Haushalt schrumpfen lassen, der dann nicht mehr für die Qualität der öffentlichen Dienstleistungen bürgen könnte.

Die erste Grenze dieser Argumentation besteht darin, öffentliche Dienstleistungen als einen unproduktiven Luxus anzusehen, der durch Abgaben auf private Aktivitäten ermöglicht wird. Das ist falsch.[44] Öffentliche Dienstleistungen sind vollwertige Produktionen. Ein privates Unternehmen leiht sich Geld, das meist von den Banken *ex nihilo* geschaffen wird, um die Kosten einer Produktion zu decken, die es dann teurer verkauft. Der Staat tut genau das Gleiche, wenn er Gesundheits- oder Bildungsdienstleistungen produziert. Diese Dienstleistungen werden den Bürgerinnen und Bürgern jedoch mehr oder weniger kostenlos zur Verfügung gestellt und kollektiv durch Steuern finanziert.

---

Ihnen die Bildung? Niemand. Weil man produzieren muss.« (Emmanuel Macron in Pau gegenüber den Lesern von *Sud Ouest*, 18. März 2022)

Einige Länder finanzieren Dienstleistungen kollektiv und andere privat, aber in beiden Fällen wird ein Mehrwert geschaffen. Anders ausgedrückt, ist die Finanzierung staatlicher Aktivitäten nicht stärker vom Wachstum abhängig als die privater Aktivitäten. Man könnte sogar behaupten, dass staatliche Produktionen effizienter sind, da ihre Kosten im Vergleich zu privaten geringer sind – keine Vergütung von Aktionären, Werbung, Vertriebsmitarbeitern etc.

Nehmen wir ein konkretes Beispiel: die Renten. In einem umlagefinanzierten Rentensystem wie in Frankreich zahlen wir während unseres Arbeitslebens Beiträge ein (und ermöglichen so die Bezahlung der gegenwärtigen Rentner), um später eine Rente zu erhalten (die Frucht der Beiträge zukünftiger Arbeitnehmer). Eine Volkswirtschaft muss nicht wachsen, um ihre Renten zu finanzieren, sie muss lediglich für ein Gleichgewicht zwischen den Generationen und für eine ausreichende Beitragsquote sorgen.[45] Diese Beiträge hängen hauptsächlich von den Löhnen ab, also nur von einem Teil des Wachstums. Die Erhöhung der Dividenden der Aktionäre erhöht nicht die Rentenbeiträge. Auch hier ist die Wahl des Mindestrentenbetrags keine Frage der Produktion, sondern eine Frage der Verteilung des Mehrwerts. Im jüngsten Bericht des Orientierungsrats für Renten findet sich sogar ein Abschnitt mit der Überschrift »Eine geringere Abhängigkeit vom Wirtschaftswachstum«, in dem die Veränderung der Rentenausgaben bis 2070 unter verschiedenen Wachstumshypothesen geschätzt wird.[46] Der Unterschied zwischen den beiden Extremszenarien (Wachstumsprognose von 1 % gegenüber 1,8 %) beträgt nur zwei Prozentpunkte (von 12 % des BIP, die für Rentenausgaben aufgewendet werden, bis 14 % bei der niedrigsten Wachstumsrate).

Die zweite Grenze der Argumentation betrifft die Nettosteuerbelastung des Wachstums. Wie wir in den vorangegangenen Kapiteln gesehen haben, verursacht das Wachstum des Marktes auch soziale und ökologische Kosten. Jedes Jahr belaufen sich die von der Krankenversicherung in Frankreich erstatteten Gesundheitskosten für die Behandlung von Krankheiten, die der Luftverschmutzung zuzuschreiben sind, auf 3 Milliarden Euro,[47] und laut dem Institut für die Gesundheitsüberwachung liegen die Kosten für die 30 000 Burn-out-Erkrankungen, die jedes Jahr in Frankreich auftreten, etwa in derselben Höhe.[48] Die Produktion von *mehr* Autos ist keine Garantie für ein Nettoeinkommen des Staates, wenn diese Aktivität mehr Kosten als Nutzen verursacht. Wenn dies der Fall ist, würde eine geringere Autoproduktion die öffentlichen Haushalte entlasten.

Hinzu kommt, dass einige öffentliche Ausgaben nicht mit der Wirtschaftstätigkeit selbst, sondern mit der Art und Weise verbunden sind, wie diese organisiert ist. Nehmen wir zum Beispiel die wissenschaftliche Forschung. Ein Teil der öffentlichen Forschungsfinanzierung bezahlt Unternehmen, die sich um die Veröffentlichung in akademischen Zeitschriften kümmern. »Kümmern« ist ein großes Wort, da fast alle Aktivitäten dieser Zeitschriften – die Forschungsarbeit, die Peer-Review und die redaktionelle Arbeit – von den Forschern ehrenamtlich erbracht werden, was die außergewöhnlichen Gewinnspannen eines Unternehmens wie Elsevier erklärt: 40 %, das ist fast das Vierfache der durchschnittlichen Gewinnmarge einer traditionellen Zeitschrift.[49]

Wenn sich die französischen Universitäten ab morgen weigern würden, die Zugangsgebühren von Elsevier zu bezahlen, und stattdessen dafür sorgen würden, dass die Forscher in anderen Zeitschriften ohne Zugangsbeschränkungen veröffentlichen können, würden die Kosten für die Forschung in Frankreich sinken. Am Produktionsvolumen hätte sich nichts geändert, aber der öffentliche Haushalt wäre von zusätzlichen Kosten entlastet worden, die nicht notwendig sind. Anstatt sich darum zu bemühen, den öffentlichen Haushalt zu vergrößern, um mehr veröffentlichen zu können, würde es genügen, private Unternehmen zu enteignen, die ungerechtfertigterweise von einer Monopolstellung profitieren. Ähnlich verhält es sich im Gesundheitswesen mit Medikamenten, deren Preise fast immer die Produktionskosten übersteigen,[50] oder selbst bei der Herstellung von Windkraftanlagen, die bis zu 65 % weniger kosten würden, wenn sie von gemeinnützigen Genossenschaften produziert würden.[51]

Manche werden sagen, dass selbst nach einer teilweisen Entkommerzialisierung die Erhöhung der Produktion von Artikeln (oder Medikamenten) zusätzliche Kosten verursachen wird, die finanziert werden müssen. Hier kommen wir wieder auf den ersten Denkfehler zurück, dass öffentliche Dienstleistungen von einem privaten Geldsegen abhängen. Das ist nicht der Fall. Die Produktion, sei sie öffentlich oder privat, wird durch zwei grundlegende Produktionsfaktoren begrenzt: die verfügbare Zeit und die natürlichen Ressourcen.

Wenn wir *mehr* Forschung (oder mehr von was auch immer) wollen, werden wir mehr Arbeitsstunden und mehr Energie und Materialien aufbieten müssen. Geld ist nur eine Zwischenstufe des Werts, und das Argument, dass wir Grenzen ausgesetzt sind, weil es nicht genug Geld gibt, ist ein Hirngespinst. Solange reale Produktionskapazitäten existieren und mobilisierbar sind, ist es möglich zu produzieren. Es gibt viele Möglichkeiten, diese Kapazitäten zu mobilisieren, sei es durch Markt- oder Nichtmarktbeziehungen, durch den Einsatz von Geld oder nicht, und durch verschiedene institutionelle Ausgestaltungen.

Und dann die Schulden? Ist das Wirtschaftswachstum nicht das einzige Mittel, um die Staatsschulden zurückzuzahlen? Auch hier liegt ein Denkfehler vor. Häufig wird die Staatsverschuldung als Verhältnis von Staatsverschuldung zu BIP gemessen, zum Beispiel 118 % des BIP Ende des ersten Quartals 2021, was den Eindruck erweckt, dass ein Anstieg des BIP erforderlich ist, um die Schulden zu senken.

Dies ist aus mehreren Gründen irreführend. Beginnen wir mit der Feststellung, dass Staatsschulden niemals in ihrer Gesamtheit zurückgezahlt werden müssen. Der Staat ist kein Wirtschaftsakteur wie jeder andere, denn er kann seine Schulden »weiterrollen« lassen, das heißt er kann neue Schuldtitel ausgeben, um die Zahlung der alten zu begleichen. Sobald ein Schuldtitel fällig wird (das heißt, wenn er zurückgezahlt werden muss), genügt es, ihn einfach mit der Ausgabe eines neuen Schuldtitels zurückzuzahlen. Die wahren Kosten der Schulden sind die Zinsen, die der Staat während der Laufzeit des Kredits zahlen muss – man spricht von der »Schuldenlast«.

Das BIP ist ein Strom, und die Schulden sind ein Bestand. Um die Schuldenlast zu messen, muss man somit die *Schuldenlast des Staates* (den jährlichen Geldfluss, der für die Zahlung der Schulden aufgewendet wird) mit dem BIP (dem gesamten Geldfluss) oder dem Betrag der Staatseinnahmen vergleichen.[52] So lässt sich der Anteil des BIP ermitteln, der für die Schuldenlast aufgewendet werden muss (die Logik ist die gleiche wie bei einem Unternehmen, das seine Schuldenlast misst, indem es die jährlichen Kosten für die Rückzahlung seiner Schulden schätzt). Die Kosten der französischen Staatsverschuldung beliefen sich 2020 auf rund 33,2 Milliarden Euro, was 2,5 % der Staatseinnahmen oder 1,5 % des BIP entspricht. Letztendlich sind diese Kosten eine öffentliche Ausgabe wie jede andere, eine Ausgabe, die von den Zinssätzen abhängt, zu denen der Staat Kredite aufnimmt, und allgemeiner gesagt von der Art und Weise, wie das Geldsystem organisiert ist.

Wir sehen, dass der Staat sich heute über Finanzintermediäre bei wohlhabenden Haushalten finanziert. Auch wenn sich schwer sagen lässt, wer genau die französischen Staatsschulden hält, wissen wir, dass die Mehrheit der Finanzanlagen (einschließlich der Titel der Staatsschulden) von den reichsten Haushalten gehalten wird, deren Gesamtvermögen zu 50 bis 90 % aus Finanzanlagen besteht.[53] Diese Art der Finanzierung hat einen Preis – die Rente, die diejenigen erhalten, die dem Staat leihen. Dasselbe Geld, das nicht besteuert wurde (zum Beispiel nach der Abschaffung der Vermögenssteuer oder der Senkung der Progression der Einkommensteuer), wird also gespart und in Staatsschulden investiert, die eine Vergütung verlangen. Hier sieht man gut, dass der Imperativ der Schuldentilgung kein unvermeidlicher technischer Mechanismus ist, sondern sehr wohl das Ergebnis einer steuerlichen Entscheidung und damit einer Umverteilungspolitik.

Laut einer Berechnung des Collectif pour un audit citoyen de la dette publique von 2014 wäre die aktuelle Staatsverschuldung um 29 BIP-Punkte niedriger, wenn der Staat zu einem realen Zinssatz von 2 % (der der Wachstumsrate und einem langfristigen Zinssatz entspricht) direkt bei Haushalten und Banken Kredite aufgenommen hätte, anstatt sich auf den Finanzmärkten zu finanzieren.[54] Warum sollte man sich um

Wachstum um jeden Preis bemühen, wenn es reichen würde, die Finanzierung des Staates anders zu organisieren? Auch auf die Gefahr hin, sich zu wiederholen, bleibt das Argument dasselbe: Die Nachhaltigkeit der Staatsverschuldung und allgemeiner die Frage der öffentlichen Haushalte ist keine Frage des BIP-Volumens, sondern vielmehr eine Frage der Verteilung der Wertschöpfung.

## Lebensqualität

Wachstum ist »absolut notwendig, damit der Lebensstandard steigt«, sagt uns Anne-Laure Delatte, stellvertretende Direktorin des Centre d'études prospectives et d'informations internationales.[55] Denn auch wenn man mit Geld kein Glück kaufen kann, erlaubt es doch, all die Dinge zu kaufen, die dazu beitragen: gute Bildung, eine angemessene Wohnung, Zugang zur Gesundheitsversorgung, gesunde Ernährung, die Möglichkeit zu reisen etc. Es wird nicht umsonst »Kaufkraft« genannt – in einer Wirtschaft, in der man seine Bedürfnisse durch den Kauf von Dingen befriedigt, bedeutet reich zu sein, vor Bedürftigkeit geschützt zu sein.

Nach dieser Hypothese müsste eine starke Korrelation zwischen BIP und Glück zu beobachten sein, was in der Realität jedoch nicht der Fall ist. Diese Beobachtung ist nicht neu. Man findet sie in einer umfangreichen Literatur, die auf die Arbeiten des amerikanischen Ökonomen Richard Easterlin in den 1970er Jahren zurückgeht. In einem Artikel von 1974 stellte Easterlin rund 30 Untersuchungen aus 19 verschiedenen Ländern über den Zusammenhang zwischen BIP und Glück vor.[56]

Das Ergebnis lautete: Obwohl es eine positive Korrelation zwischen den beiden Variablen gibt, lässt dieser Zusammenhang ab einer bestimmten Höhe des Pro-Kopf-Einkommens nach. Daher wird heute auf das »Easterlin-Paradox« verwiesen, eine Situation, in der Gesellschaften weiterhin »reicher« werden, ohne dass ihr Wohlbefinden deshalb steigt.

Die Studien haben sich seitdem stark weiterentwickelt und berücksichtigen nicht nur Indikatoren des subjektiven Wohlbefindens wie Glück, sondern auch Indikatoren des objektiven Wohlbefindens wie die Lebensdauer, das Bildungsniveau, den Zugang zu Energie und die Qualität der Demokratie. Eine der wichtigsten Studien zu diesem Thema, die im November 2021 in der renommierten Zeitschrift *Nature Sustainability* veröffentlicht wurde, vergleicht die soziale Leistungsfähigkeit von über 140 Ländern in Verbindung mit ihrem ökologischen Fußabdruck.[57]

Dabei erfährt man, dass Costa Rica (mit einem Pro-Kopf-BIP von 12 140 €), Frankreich (39 030 €), Finnland (48 773 €) und die USA (63 413 €) eine ähnliche Lebensqualität bei einem BIP-Niveau aufweisen, das im Verhältnis 1:5 variiert. Dasselbe gilt für die neueste Rangliste des »World Happiness Report«: Finnland und Dänemark führen die Liste mit einem BIP pro Kopf an, das deutlich niedriger ist als das anderer Länder, die viel weniger gut eingestuft wurden.[58]

In den letzten 15 Jahren erklären für die 149 Länder der Rangliste nicht-wirtschaftliche Variablen 74 % des Glücksniveaus, während das Pro-Kopf-BIP nur 26 % ausmacht.[59] Wir finden hier die von Easterlin entdeckte Sättigungshypothese wieder: Ab einer bestimmten Schwelle des Geldvermögens ist die (in Geld bewertete) Produktion von Waren, nicht mehr das, was zählt.

Dieses Ergebnis steht in Einklang mit dem, was uns die Sozialwissenschaften über das Glück sagen. Eine Studie, die 724 Amerikaner ab den 1930er Jahren ihr ganzes Leben lang begleitet hat, um die Determinanten von Glück und Gesundheit besser zu verstehen, kommt zu dem Schluss, dass das, was am meisten zählt, die menschlichen Beziehungen sind: Liebe, Freundschaft und Familie.[60] Eine australische Palliativkrankenschwester nannte die fünf häufigsten Bedauernsäußerungen von Sterbenden: nicht seine Träume verfolgt zu haben, zu viel gearbeitet zu haben, nicht den Mut gehabt zu haben, seine Gefühle auszudrücken, nicht genug Zeit mit seinen Freunden verbracht zu haben und sich nicht die Gelegenheit gegeben zu haben, wirklich glücklich zu sein.[61] Niemand wird auf dem Sterbebett bedauern, nicht genug zum BIP beigetragen zu haben.

Nehmen wir die Gesundheit. Bereits 1975 zeigte der Wirtschaftswissenschaftler Samuel Preston ein weiteres Paradoxon auf, diesmal zwischen dem BIP und der Lebenserwartung.[62] Das Wachstum eines armen Landes ging mit einem deutlichen Anstieg der Lebenserwartung einher, während dieser in einem reichen Land niedrig oder gleich null war. Einige werden sagen, dass die Lebenserwartung aufgrund biologischer Grenzen eine natürliche Obergrenze erreicht, doch das BIP hört lange, bevor dieser Höchststand erreicht ist, auf, die Gesundheit zu beeinflussen. Portugal zum Beispiel hat eine Lebenserwartung von 81,1 Jahren, 2,4 Jahre mehr als der Durchschnittsamerikaner, und das mit 65 % weniger Pro-Kopf-Einkommen.[63] Das amerikanische BIP ist achtmal so hoch wie das französische und wächst seit fast vierzig Jahren schneller als dieses,[64] und trotzdem ist die Gesundheit in Frankreich viel besser.

Es wäre falsch zu glauben, dass man für eine bessere Gesundheit das BIP steigern muss. Wenn man bedenkt, dass in Frankreich die reichsten 5 % der Menschen (durchschnittliches Monatseinkommen 5800 Euro) 13 Jahre länger leben als die ärmsten 5 % der Menschen (470 Euro),[65] wäre die Verringerung der Ungleichheiten eine weitaus wirksamere Strategie zur Verbesserung unserer Lebenserwartung als die Steigerung des BIP.

Diese Sachlage findet man auch bei den meisten Indikatoren für Gesundheit und soziales Wohlbefinden wieder. Wie der britische Epidemiologe Richard Wilkinson zeigt,[66] leben die Einwohner von egalitären Ländern länger, sind gesünder, haben weniger ungewollte Schwangerschaften sowie eine geringere Kindersterblichkeit und vertrauen einander mehr. Sie haben niedrigere Kriminalitäts- und Gefängnisraten, konsumieren weniger Drogen und Alkohol, weisen höhere Bildungsabschlüsse und eine bessere soziale Mobilität auf. Laut Wilkinson[67] könnte das Vereinigte Königreich, wenn es die Einkommensunterschiede um die Hälfte reduzieren würde, seine Kriminalitäts- und Fettleibigkeitsraten halbieren, zwei Drittel aller psychischen Erkrankungen loswerden, die Inhaftierung und Schwangerschaften von Jugendlichen um 80 % reduzieren und das Vertrauensniveau um 85 % erhöhen – und das alles ohne Wachstum des Nationaleinkommens.

Nicht das Geld bestimmt das Wohlbefinden, sondern das, was man damit kaufen kann, sagt man uns. Zunächst ist dazu anzumerken, dass das Wachstum nicht die Kaufkraft ausmacht: Diese hängt mehr von der Verteilung des Mehrwerts als vom Produktionsniveau ab (siehe den Abschnitt über die Ungleichheiten). Eine von vielen Zahlen: Das amerikanische BIP ist zwischen 1967 und 2013 von 4 auf 16 Billiarden US-Dollar gestiegen, während im gleichen Zeitraum das reale

Medianeinkommen der US-Haushalte bis 1999 nur um 19 % gewachsen ist und seither stagniert.[68] Das BIP *pro Kopf* steigt, aber das ist nur ein statistisches Trugbild, da das Medianeinkommen der Haushalte stagniert.

Dann ist festzuhalten, dass die Kaufkraft (der Lebensstandard) nur ein Mittel ist, um die »Lebenskraft«[69] (das heißt die Lebensqualität) oder das, was der indische Wirtschaftswissenschaftler Amartya Sen als »Fähigkeiten« bezeichnete,[70] zu erhöhen. Ich befriedige mein Bedürfnis zu verstehen, indem ich ein Buch lese, das ich in einer Buchhandlung gekauft habe, aber andere könnten das Gleiche tun, indem sie es in der Bibliothek ausleihen.

Die Stadt London deckt den Wohnungsbedarf ihrer Einwohner über einen überwiegend privaten Immobilienmarkt und die Stadt Wien über einen überwiegend öffentlichen und genossenschaftlichen Markt. Das Londoner Wohnungswesen ist mehr vom Einkommen abhängig als das Wiener Wohnungswesen, da es die Rente derjenigen, die die Wohnungen besitzen, in seine Kosten einbezieht, was bei den in Wien vorherrschenden gemeinnützigen Immobilien nicht der Fall ist (die gleiche Logik gilt für den öffentlichen Nahverkehr, die Gesundheit, die Bildung, die Energie, die Telekommunikation etc.). Das hat nichts mit der Wohn- und Lebensqualität zu tun, denn diese ist laut der jüngsten Rangliste des *Mercer Quality of Living* in Wien (auf Platz 1) wesentlich besser als in London (auf Platz 41). Die Bedürfnisse sind dieselben, aber die wirtschaftliche Organisation ihrer Befriedigung unterscheidet sich. Die Londoner Ungleichheiten beim Grundbesitz begründen die Abhängigkeit von einem wachsenden Einkommen, während die Wiener Nicht-Gewinnorientierung eine Unabhängigkeit vom Wachstum schafft.

Die eigentliche Frage lautet: Ist es sinnvoll, die Befriedigung von Bedürfnissen als etwas zu behandeln, das man endlos wachsen lassen sollte? Das hieße, Anhäufung mit Überfluss zu verwechseln. Die Befriedigung von Bedürfnissen folgt nicht der Logik der Unendlichkeit. Grundbedürfnisse wie Subsistenz, Schutz und Freiheit folgen *Untergrenzen der Suffizienz*: genug Nahrung, um gesund zu sein, genug Lebensraum, um zu Hause glücklich zu sein, genug Mobilitätsmöglichkeiten, um sich frei zu fühlen, etc. Niemand braucht ein unendliches Wachstum an Medikamenten oder Ärzten; wir brauchen lediglich Zugang zu der Menge und Qualität an Versorgung, die wir benötigen, um gesund zu bleiben. Menschen, die kein Fahrrad haben, brauchen *ein* Fahrrad, nicht einen jährlichen (und ständigen) Anstieg der Fahrradproduktion um 3 %. Und sobald dieses Fahrrad produziert ist, hängt der Mobilitätsbedarf von unserer Fähigkeit ab, es zu warten und zu reparieren, Bedürfnisse, die entweder kommerzialisiert werden (BIP-Punkte) oder kollektiv über nicht kommerzielle Netzwerke der Gegenseitigkeit, wie selbstverwaltete Fahrradwerkstätten, geregelt werden können (kein BIP-Punkt).

Ein Teil unseres materiellen Komforts hängt von den Dingen ab, die wir bereits besitzen. Ich muss keine Waschmaschine *kaufen* – ich muss *Zugang zu einer Waschmaschine haben*, wenn ich meine Wäsche waschen möchte. In Schweden haben die meisten Gebäude eine »*tvättstuga*« (Gemeinschaftswaschküche), während in Frankreich mehr als 96 % der Haushalte über eine eigene Waschmaschine verfügen. Durch die Vergemeinschaftung des Eigentums an Waschmaschinen werden weniger Waschmaschinen gekauft, wodurch das BIP und die Abhängigkeit von der Kaufkraft sinken, während die Lebenskraft steigt (hier die Fähigkeit, seine Wäsche zu geringen Kosten zu waschen). Die benötigte Produktion wird statisch, gerade genug, um die vorhandenen Maschinen zu ersetzen und zu reparieren, mit leichten Schwankungen nach oben und unten, je nachdem, wie sich die Bedürfnisse entwickeln.

Ein anderer Teil unseres Komforts hängt von Dingen ab, die beim BIP nicht gezählt werden. Entscheidend für unser Wohlbefinden ist die Zeit, die wir in Kontakt mit der Natur verbringen. Dafür braucht man aber Zeit und Natur, zwei Wohlfühlfaktoren, die vom Wirtschaftswachstum oft beeinträchtigt werden. Was nützt es, mehr zu produzieren (zum Beispiel Waschmaschinen) und die Umwelt mehr zu verschmutzen, wenn wir bei gleicher Endleistung weniger produzieren könnten, indem wir bestimmte Nutzungen mutualisieren? Das würde uns erlauben, weniger zu arbeiten, und so Freizeit schaffen, die wir angenehm in einer Natur verbringen könnten, die nicht durch unsere produktiven Aktivitäten verwüstet wurde.

Wenn man den Soziologen glauben darf, machen uns nicht die Arbeit oder das Einkaufen glücklich. Wenn man alle unsere täglichen Aktivitäten nach dem Grad der Zufriedenheit aufschlüsselt, den sie uns verschaffen, erreicht die Arbeit Platz 21, gleich nach den Einkäufen.[71] Ganz oben auf der Liste findet man Aktivitäten, die eher qualitativ als quantitativ sind: ins Kino, in die Bibliothek und ins Museum gehen, den Spaziergang, Zeit mit seinen Lieben verbringen, Sport treiben, Lesen, das Nickerchen.

Es gibt noch einen weiteren Grund, der erklärt, weshalb eine Zunahme der Gesamtgröße einer Volkswirtschaft nicht das Wohlbefinden aller steigern wird. Ein kleiner theoretischer Umweg: In der *Theorie der feinen Leute* behauptete

Thorstein Veblen (1857–1929), der Begründer der Institutionenökonomik, etwas, das heute selbstverständlich erscheint: Wir konsumieren nicht nur, um direkte Bedürfnisse zu befriedigen (Wohnen, Essen, Fortbewegung usw.), sondern auch, um unseren sozialen Status zu zeigen, um uns zu unterscheiden.

Einst wurde diese Unterscheidung durch den Besitz getroffen: Die einen besaßen ein Auto, einen Fernseher oder fuhren in den Urlaub, während andere keinen Zugang dazu hatten. Heute ist der Zugang zu diesen Gütern demokratischer geworden, und die Hierarchien zwischen den Verbraucherklassen sind subtiler geworden. Die einen haben einen Renault und die anderen einen Porsche, die einen tragen H&M und die anderen Lacoste, die einen machen Urlaub in Lozère und die anderen auf Tahiti. Der Status wird nicht mehr durch den Besitz definiert (etwas zu haben oder nicht zu haben), sondern durch den Vergleich (das Prestige dieser Sache im Vergleich zu anderen).

Die Attraktivität dieser Produkte beruht nicht vornehmlich auf der ihnen innewohnenden Qualität (oder zumindest ist dies nicht der entscheidende Aspekt), sondern vielmehr auf dem Prestige, das sie verschaffen. Der Nobelpreis ist nur deshalb eine Prestigequelle, weil er wenigen Personen verliehen wird und damit erlaubt, sich über andere erhaben zu fühlen. Wenn ihn jeder hätte, wäre er wertlos. Dasselbe gilt für eine Rolex und eine Handtasche von Prada. James Duesenberry spricht von einem »Demonstrationseffekt«: Wir konsumieren auf eine bestimmte Art und Weise, um unseren sozialen Status zur Schau zu stellen.[72]

Es gibt also eine kollektive Dynamik des Konsums. Wenn die Menschen, die ich anhimmle, ihren Konsum steigern, werde ich mich gezwungen fühlen, den meinen zu erhöhen, um mich nicht minderwertig zu fühlen. Das ist der »Modeeffekt«. Man kann auch mehr (oder anders) konsumieren wollen, um sich von einer Klasse zu unterscheiden, die man als minderwertig ansieht – dann spricht man vom »Snobismus-Effekt«. Je höher die Ungleichheiten, desto stärker sind diese Effekte, die zu dem führen, was Robert H. Frank als »kaskadenhafte Ausgaben« bezeichnet: Der Anstieg des Konsums einer bestimmten Klasse führt zu einem höheren Konsum bei der darunterliegenden Klasse, die wiederum von der nächsten Klasse nachgeahmt wird.[73] In einer materialistischen Gesellschaft drängen diese Phänomene dazu, mehr zu kaufen, aber es ist klar, dass die dem zugrunde liegende Logik des Wettlaufs um Prestige den gegenteiligen Effekt hätte. In einer Gesellschaft, in der der Minimalismus Prestige eintragen würde, würde es einen Druck zum Konsumverzicht geben.

Der zentrale Punkt ist hier, dass niemand wirklich weiterkommt, wenn alle ihren Konsum erhöhen. Diese These vertritt der österreichische Wirtschaftswissenschaftler Fred Hirsch in *Die sozialen Grenzen des Wachstums* (1976). Der Genuss, den eine Person aus einem »positionalen« Gut ziehen kann, hängt nicht von ihrem eigenen Konsumniveau ab, sondern von dem der anderen. Das ist ein Nullsummenspiel, da sich jeder Einzelne bemüht, einen Vorteil zu erlangen, da aber alle dies versuchen, bleiben alle in der gleichen relativen Position – daher die Metapher des »positionalen Laufbands«.[74] Hirsch formuliert es so: »Wenn sich alle auf die Zehenspitzen stellen, kann keiner besser sehen.« Welchen Sinn hat es, dass wir alle unsere Arbeitszeit verdoppeln, um uns einen Ferrari leisten zu können, wenn der Zweck, einen Ferrari zu besitzen, nur darin besteht, andere zu beeindrucken (die sich nicht beeindrucken lassen werden, weil auch sie einen haben). Um sich von der Masse abzuheben, muss man nun zwei Ferraris besitzen, und so weiter. Letztendlich wird die Zunahme der Ferraris den Wohlstand nicht erhöhen.

Das Versprechen vom glücklich machenden Wachstum ist ein leeres Versprechen. Zu glauben, dass das BIP das Wohlbefinden steigert, ist so, als würde man den Finger betrachten, der auf den Mond zeigt, und nicht den Mond selbst. Für eine Wohlfahrtsökonomie sollten wir aufhören, über quantitative Lebensstandards zu sprechen, und uns stattdessen auf die Lebensqualität konzentrieren, das heißt auf die Lebenskraft, den Sinn und die Geselligkeit, und nicht auf die Kaufkraft. Wenn Bedürfnisse nicht befriedigt werden, sollten wir das produzieren, was nötig ist, um sie zu befriedigen, und dann aufhören. Das Wachstum muss neu betrachtet werden als eine Strategie zur vorübergehenden Anpassung an eine Mangelsituation und nicht als standardmäßige Funktionsweise einer entwickelten Wirtschaft.

Wachstum ist das falsche Heilmittel, ein »trügerisches Elixier für unmögliche Träume«.[75] Die Hoffnung, komplexe Probleme wie Arbeitslosigkeit, Armut, Ungleichheiten, Austerität und Unbehagen zu lösen, indem man auf den BIP-Knopf drückt, ist in etwa so, als würde man hoffen, einen Computer zu reparieren, indem man mit dem Hammer darauf einschlägt. Die Beseitigung von Armut, die Verringerung von Ungleichheiten, Beschäftigung, öffentliche Dienstleistungen und Wohlbefinden lassen sich nicht durch die buchhalterische Erhöhung eines abstrakten Indikators erreichen. Die Frage, *wie man das BIP steigern kann*, ist ein armseliger Ersatz für eine viel grundlegendere Frage: Was brauchen wir wirklich? Wie wollen wir leben? Und was wollen wir produzieren?

Manche werden diese Ausführungen nuancieren: Wenn das Wachstum nicht ausreicht, um die Probleme zu lösen, ist es zumindest notwendig – das ist das »Theorem des Wachstums als Vorbedingung«, das der Wirtschaftswissenschaftler Jean Gadrey schon vor über zehn Jahren kritisierte.[76] Wenn man zugibt, dass Wachstum die Ungleichheiten nicht verringert, wird man sagen, dass es zumindest das Einkommensspektrum nach oben verschiebt und somit die Armut verringert. Und wenn man eingesteht, dass das Wachstum die Armut nicht reduziert hat, wird man sagen, dass dies daran liegt, dass das Wachstum ungleich verteilt ist. Wenn man akzeptiert, dass Wachstum nicht notwendig ist, um Beschäftigung zu schaffen, wird man sagen, dass das Problem in unserer Fähigkeit liegt, diese neuen Beschäftigungen zu entlohnen. Und wenn man einräumt, dass es möglich ist, Aktivitäten ohne Wachstum zu finanzieren, wird der Mangel an Beschäftigung eine Grenze sein. Diese Argumentationen sind vollkommen zirkulär und im Rahmen der herrschenden Wirtschaftstheorien unlösbar.

Die letzte Verteidigungslinie wird darin bestehen, zu sagen, dass all diese Dinge theoretisch möglich, aber politisch nicht machbar sind. Ja, wir könnten die Armut beseitigen und die Ungleichheiten verringern, indem wir den vorhandenen Reichtum umverteilen; ja, es ist möglich, für jeden Arbeitssuchenden eine Arbeit zu finden, ohne zwangsläufig die materielle Produktion zu steigern, und so weiter, aber die Politik wird dies nicht tun. Wenn die Debatte bis hierhin gelangt, dann hat dieses Kapitel sein Ziel erreicht: zu zeigen, dass die Barrieren für das Handeln nicht wirtschaftlicher, sondern politischer, moralischer und kultureller Natur sind.

5

# KLEINE GESCHICHTE DES DEGROWTH

## Von der Wachstumsverweigerung zum Postwachstum

Degrowth ist ein komplexerer Gegenstand, als man denkt, und das Ergebnis mehrerer Generationen von Konzepten, die mindestens bis in die 1960er Jahre zurückreichen. Ausgehend von der einfachen *Wachstumsverweigerung* in den 1970er Jahren entwickelte sich der Begriff in den 2000er Jahren weiter zu *Degrowth* und *Postwachstum*.

Die Geschichte, die ich hier nachzeichnen werde, ist die Geschichte dieser Begriffe, die viel kürzer und jünger ist als die Archäologie der Ideen, die zu ihrer Entstehung beigetragen haben.* Der Einfachheit halber werde ich sie in drei Phasen unterteilen, die sich in die Vorgeschichte, die Entstehung und den Aufstieg gliedern. In den 1970er Jahren schufen ein

---

* Seit Anfang der 2010er Jahre hat sich Serge Latouche, einer der ersten Theoretiker der *décroissance* in Frankreich, dieser Herkulesaufgabe in Form einer Buchreihe mit dem Titel *Les précurseurs de la décroissance* (Die Vorläufer des Degrowth) gestellt. Diese Reihe umfasst bereits 32 Bücher und enthält eine Vielzahl von Ideen und Persönlichkeiten, wie den Ökofeminismus von Françoise d'Eaubonne, den libertären Munizipalismus von Murray Bookchin, die konvivialen Werkzeuge von Ivan Illich, die Ökopsychologie von Theodore Roszak und die radikale Autonomie von Cornelius Castoriadis.

paar vereinzelte Intellektuelle die konzeptionellen Grundlagen, indem sie die *Wachstumsverweigerung* entwickelten. Ab 2002 tauchte der Begriff der *décroissance* in Frankreich auf und fing an, sich in Europa und Quebec zu verbreiten. Nach der ersten internationalen Konferenz zu diesem Thema 2008 wurde *décroissance* zu *degrowth* und eroberte den englischsprachigen Raum und den Rest der Welt, die Phase, die uns in die Gegenwart führen wird.

## Die Vorgeschichte von Degrowth

Der Begriff »*décroissance*« ist nicht wie von Zauberhand 2002 aufgetaucht. Seine Herausbildung ist das Ergebnis eines langen Gärungsprozesses, der in den 1960er Jahren begann. In der Tradition der Hippie-Gegenkultur und am Ende der *Trente Glorieuses* machte die Revolution des Mai 68 eine gegen das System gerichtete Kritik populär, die sich aus der politischen Ökologie, dem Feminismus, der Dritte-Welt-Bewegung, dem Anarchismus und Antikapitalismus speiste. Die Graffiti dieser Zeit sprechen Bände: »Nieder mit der Konsumgesellschaft«, »Die Wirtschaft ist verwundet – ich hoffe, sie stirbt!« oder noch besser: »Man verliebt sich nicht in eine Wachstumsrate«. Die Gesellschaft war in Bewegung, und diesen ersten Funken verdanken wir die Anfänge von Degrowth. Ich werde hier drei beachtenswerte Nennungen des Begriffs nachzeichnen.

Das Wort »*décroissance*« hatte einen seiner ersten bemerkenswerten Auftritte bei einer öffentlichen Debatte am 13. Juni 1972, bei der André Gorz,[1] ein Mitbegründer des *Nouvel Observateur* und einer der Gründerväter der politischen Ökologie, es im Munde führte. In einem Kommentar zu den Schlussfolgerungen des Meadows-Berichts stellte Gorz folgende Frage: »Ist das globale Gleichgewicht, für das das Nicht-Wachstum – um nicht zu sagen, die *décroissance* – der materiellen Produktion eine Bedingung ist, ist dieses globale Gleichgewicht mit dem Überleben des [kapitalistischen] Systems vereinbar?« In dieser Zeit und in diesem speziellen Kontext bezog sich die Schrumpfung nur auf das Phänomen der Verringerung der Produktion als solches, eine »produktive Verkleinerung«, wie André Gorz zuweilen in seinen Texten schrieb.[2]

Um diese erste Erwähnung des Begriffs *décroissance* zu verstehen, müssen wir auf zwei Werke zurückgreifen, die die Begriffe der damaligen Debatte aufstellten. Das erste stammt von Nicholas Georgescu-Roegen (1906–1994),[3] einem rumänischen Mathematiker und Wirtschaftswissenschaftler mit amerikanischer Staatsbürgerschaft. In *The Entropy Law and the Economic Process* (1971) war er einer der Ersten, der die Naturwissenschaften mit der Ökonomie verknüpfte und einen neuen Ansatz für die Wirtschaft vorlegte, den er *Bioökonomie* nannte und der später das Aufkommen der Strömung der *Ökologischen Ökonomie* nähren sollte. Ihm zufolge muss die wirtschaftliche Produktion als eine Erweiterung des biologischen Prozesses betrachtet werden und als solche den Prinzipien der Thermodynamik und Evolution gehorchen. So kann der Wirtschaftsprozess als ein Stoffwechsel verstanden werden, der sich von der Natur entnommener hochwertiger Energie und Materie ernährt, während er dieselben Ressourcen in Form von Abfällen wieder ausstößt. Die Produktion geht mit einer irreversiblen Dissipation von Energie und Materie einher. Nichts geht verloren, nichts wird geschaffen, und alles wird umgewandelt (das erste Prinzip der Thermodynamik), und wenn diese Umwandlung die Qualität der Ressourcen, die sie verbraucht, verschlechtert (das zweite Prinzip, das sogenannte Entropieprinzip), bedeutet dies, dass es in einer endlichen Welt kein unendliches materielles Wachstum geben kann.

*Die Grenzen des Wachstums* ist übrigens der Titel des zweiten Buches, ohne das wir sicher nie von Degrowth gesprochen hätten (*The Limits to Growth* auf Englisch, damals ins Französische übersetzt mit *Halte à la croissance?*). Das Buch, ein echter Bestseller (über 12 Millionen verkaufte Exemplare, in 37 Sprachen übersetzt), ist das Ergebnis der mehrjährigen Arbeit eines kleinen Teams von Modellentwicklern am Massachusetts Institute of Technology (MIT) unter der Leitung von Dennis und Donella Meadows.[4] Unter Anwendung einer neuen Modellierungstechnik (der Dynamik der Systeme) erstellten sie »World3«, ein Computermodell, das sie benutzten, um zwölf Zukunftsszenarien zu simulieren, die sich mit der Entwicklung der Industrieproduktion, dem Bevölkerungswachstum, der Nahrungsmittelproduktion, der Ressourcenknappheit und der Umweltverschmutzung befassten. Ihre Ergebnisse waren unmissverständlich: Jedes exponentielle Wachstum der Produktion und Bevölkerung überschreitet früher oder später die ökologischen Grenzen des Planeten. Die Gesundheit des Planeten verlangt folglich, dass die menschlichen Gesellschaften ein »globales Gleichgewicht« wahren.

Nicholas Georgescu-Roegen lieferte die Theorie (kein unendliches Wachstum in einer endlichen Welt) und die Meadows den Versuch eines empirischen Nachweises* (wenn

---

* Die Sorge der Meadows ist heute mehr als berechtigt. Seit der ursprünglichen Studie (1972) wurde das Buch zweimal (1992 und 2004) neu aufgelegt

das Wachstum weitergeht, wird es schließlich auf ökologische Hindernisse stoßen). Aus der Verbindung dieser beiden Arbeiten ging eine neue Idee hervor: die der *Wachstumsverweigerung*. Wachstumsverweigerer zu sein bedeutet, bei den Wachstumskurven alarmiert zu sein, die bald die natürlichen Ressourcen erschöpfen, die Ökosysteme gefährden und das Zusammenleben beeinträchtigen werden. In Anlehnung an die *Verweigerer aus Gewissensgründen* stellen sich die Wachstumsverweigerer gegen die ständige Steigerung von Produktion und Konsum.

1973 verwendete die Zeitschrift *La Nef* zum ersten Mal diesen Ausdruck und widmete den Wachstumsverweigerern eine ganze Ausgabe, in der zum zweiten Mal von *décroissance* gesprochen wurde. André Amar, ein Philosoph und Absolvent der École normale supérieure, schreibt dort in einem Artikel mit dem Titel »La croissance et le problème morale«: »Wenn *décroissance*, zumindest in bestimmten Formen, heute als notwendig erscheint, kann man die wirtschaftlichen und politischen Probleme, die sie hervorruft, im Gegenzug nicht oberflächlich behandeln.« Er definiert Wachstum nicht nur als ein reales Phänomen (die industrielle Produktion von Gorz und den Meadows), sondern auch als eine Ideologie. Für ihn ist das »Phänomen des Wachstums« im »Geist der modernen westlichen Zivilisation« verwurzelt, was ihn dazu

---

und von den Autoren aktualisiert. 2008 veröffentlichte der australische Forscher Graham Turner einen wissenschaftlichen Artikel, der den »*standard run*« der Meadows für den Zeitraum von 1970–2000 bestätigte (»A comparison of *The Limits to Growth* with 30 years of reality«). In jüngerer Zeit führte Gaya Herrington die Berechnung im Jahr 2020 erneut durch und bestätigte die Genauigkeit einiger Szenarien bis 2019 (»Update to limits to growth: Comparing the World3 model with empirical data«).

veranlasst, »eine tiefgreifende Veränderung unseres Denkens« zu fordern – ein Vorschlag, der dem nahe kommt, was Serge Latouche später als *Dekolonisierung der Vorstellung vom Wachstum* bezeichnen sollte.

Die dritte Nennung des Begriffs »*décroissance*« stammt von Bernard Charbonneau,[5] einem weiteren Pionier der Politischen Ökologie. Ein Jahr nach der Veröffentlichung des Buches *Le Système et le Chaos. Critique du développement exponentiel* publizierte er im März 1974 in der protestantischen Zeitschrift *Foi & vie* einen dreiseitigen Text mit dem Titel »Coûts de la croissance et gains de la décroissance«.

Folgende kurze Passage nimmt meiner Meinung nach die Idee in ihrer heutigen Komplexität am treffendsten vorweg: »Es stellte sich heraus, dass das exponentielle Wachstum, so sehr es auch Probleme löste, Probleme aufwarf; dass es Kosten aller Art mit sich brachte: wirtschaftliche, ökologische und soziale. Man entdeckte, dass, da jede Handlung zwei Seiten hat, die Produktion auch als Zerstörung der Rohstoffe bezeichnet werden kann: Wer Holz produziert, holzt einen Wald ab, das Gleiche kann auf zwei Arten gesagt werden.«[6] Charbonneau fährt fort: »Doch wenn das Wachstum ein Phänomen mit zwei Seiten ist, dann ist es die *décroissance* ebenfalls, und ihre Kosten beinhalten auch Gewinne. Wenn die arabischen Staaten weniger Öl produzieren, schonen sie ihre Reserven und die Übergangszeit für den Tag, an dem sie erschöpft sein werden. Und wenn man auf die Concorde verzichten muss, wird die Produktion von sauberer Luft und Stille steigen, die pro Kubikmeter teuer ist. Statt einer 40-seitigen Zeitung werden wir einen klareren Fluss haben; und die Umwelt wird besser geschützt werden [...]. Wenn das Wachstum zu sozialer Mobilität führt, fördert *décroissance* die Stabilität, also das soziale

Gleichgewicht, das ebenfalls eine Quelle des Glücks sein kann; und ebenso sehr wie auf die Produktion wird sich die Untersuchung auf ihre Formen und ihre Verteilung erstrecken.«

Wenig überraschend reichte dieses seltene Auftreten des Begriffs »*décroissance*« nicht, um eine öffentliche Debatte zu entfachen, vielleicht mit einer Ausnahme. 1972 schrieb Sicco Mansholt, Vizepräsident der Europäischen Kommission, an ihren Präsidenten Franco-Maria Malfatti, um ihm vorzuschlagen, das Streben nach Wirtschaftswachstum durch das nach einem Wachstum des »Bruttonationaleinkommens« zu ersetzen. Wir hätten sicherlich nie von diesem Brief gehört, wenn sein Verfasser nicht einen Monat später nach dem Rücktritt Malfattis zum Präsidenten der Kommission ernannt worden wäre. So wiederholte Mansholt, der nur sechs Monate im Amt blieb, seinen Appell in einem dem *Nouvel Observateur* gegebenen Interview. »Die Frage lautet: Ist es angesichts der Grenzen, die uns langfristig bei der Produktion von Energie, Nahrungsmitteln, Eisen, Zink, Kupfer, Wasser etc. gesetzt sind, möglich, unsere Wachstumsrate ohne tiefgreifende Veränderungen in unserer Gesellschaft aufrechtzuerhalten? Bei einer nüchternen Betrachtung des Problems wird klar, dass die Antwort nein lautet. Dann geht es nicht einmal mehr um Nullwachstum, sondern um ein Wachstum unterhalb von Null. Sagen wir es geradeheraus: Wir müssen unser Wirtschaftswachstum, unser rein materielles Wachstum, reduzieren und durch die Vorstellung von einem anderen Wachstum – der Kultur, des Glücks, des Wohlbefindens – ersetzen.«[7] Hier finden wir *décroissance* sowohl als eine Reduzierung der materiellen Produktion als auch als ein Gesellschaftsprojekt, das auf neue Werte ausgerichtet ist.

Auch wenn das Wort selten erwähnt wurde, entfaltete

sich die Idee unter anderen Bezeichnungen. Pierre Kende malte sich bereits 1971 in *L'abondance est-elle possible?* einen nicht-produktivistischen Sozialismus aus. In *Small is beautiful. A human-sized society* (1973) verbreitete Ernst Friedrich Schumacher buddhistische Weisheiten und schlug vor, die Wirtschaftssphäre zu verkleinern. Richard Easterlin veröffentlichte 1974 einen empirischen Artikel über den Zusammenhang zwischen BIP und subjektivem Wohlbefinden und zeigte zum ersten Mal, dass Wachstum nach der Überschreitung einer bestimmten Schwelle des Pro-Kopf-BIP nicht zu mehr Glück führt. Der Zusammenhang zwischen Wachstum und Wohlbefinden wurde zwei Jahre später von Fred Hirsch in *Social Limits to Growth* und Tibor Scitovsky in *The Joyless Economy* eingehender untersucht, mit demselben Ergebnis: Geld – und sein Wachstum – macht nicht glücklich. Zu erwähnen ist auch *If Women Counted* (1988) von der Neuseeländerin Marilyn Waring, die als eine der Ersten eine antikapitalistische Kritik der volkswirtschaftlichen Gesamtrechnung ausgearbeitet hat.

Diese Liste könnte noch mehrere Seiten lang fortgesetzt werden, doch wollen wir Prioritäten setzen und bei dem amerikanischen Ökonomen Herman Daly verweilen,[8] einem Schüler von Nicholas Georgescu-Roegen und dem Gründungsvater der Ökologischen Ökonomie,[9] einer heterodoxen Denkschule, die Konzepte für die Wirtschaft in ihren Interaktionen mit der Natur erarbeitet. 1973 veröffentlichte er *Toward a Steady-State Economy*, eine Anthologie von Texten, die die Thesen einer Reihe von Pionieren der Wachstumskritik aufgreifen, darunter N. Georgescu-Roegen, E. F. Schumacher, die Meadows und andere wie der Wirtschaftswissenschaftler Kenneth Boulding und der Theologe John B. Cobb. Einige Jahre später erschien *Steady-State Economics* (1977), ein Buch, in dem er ein Konzept entwickelt, das auch heute noch verwendet wird: die »stationäre Ökonomie«. Im Anschluss an John Stuart Mills optimistische Intuition in einem Kapitel seiner *Grundsätze der politischen Ökonomie* (»Über den stationären Zustand«, 1848) argumentiert Daly, dass Wachstum als eine temporäre Etappe auf dem Weg zu Reife und Suffizienz betrachtet werden muss. Ab einer bestimmten Schwelle wird weiteres Wirtschaftswachstum kontraproduktiv, was Daly später als »antiökonomisches Wachstum« bezeichnete.

Daly war nicht ganz alleine. In den 1970er Jahren gab es eine Fülle von Werken, die sich zeitgenössische Autoren später aneigneten, um die Idee von einer schrumpfenden Wirtschaft zu vertreten. André Gorz und seine Kritik der Arbeit, Ivan Illich hinsichtlich der Werkzeuge für die Konvivialität, Françoise D'Eaubonne und der Ökofeminismus, Cornelius Castoriadis und seine Dialektik von Autonomie und Heteronomie, Jacques Ellul und seine Technikkritik, Murray Bookchin und seine libertäre soziale Ökologie, René Dumont und seine radikale Ökologie, Bernard Charbonneau hinsichtlich der Kritik der Entwicklung und François Partant hinsichtlich des Postdevelopment.[10]

Man könnte auch die Erklärung von Cocoyoc nennen, das Ergebnis eines Kolloquiums in Mexiko 1975, das, auch wenn es den Begriff nicht verwendet (der in den damaligen Kreisen verbreitete Begriff war »nachhaltige Entwicklung«), sehr klar die Konturen herausarbeitet: »Ein Wachstumsprozess, der nur einer sehr kleinen Minderheit zugutekommt und der die Ungleichheiten zwischen und innerhalb der Länder aufrechterhält oder vergrößert, ist keine Entwicklung. Das ist Ausbeutung […]. Der Überkonsum, der die Ressourcen monopolisiert und Abfälle anhäuft, muss eingeschränkt werden, während die Produktion von Gütern, die für die ärmsten Bevölkerungsgruppen essentiell sind, gesteigert werden muss.«

Doch kommen wir zurück zum Begriff »*décroissance*«, genauer gesagt auf das erste Mal, als er im Titel eines Werkes in französischer Sprache verwendet wurde. 1979 übersetzten der französische Philosoph Jacques Grinevald und der belgisch-schweizerische Jurist und Historiker Ivo Rens vier Essays von Nicholas Georgescu-Roegen und veröffentlichten sie in einem Band mit dem Titel *Demain la décroissance* (der Titel wurde in Reaktion auf *Demain le capitalisme* gewählt, ein Werk, das ein Jahr zuvor von dem Wirtschaftswissenschaftler Henri Lepage veröffentlicht worden war und heute mit dem Neoliberalismus in Verbindung gebracht wird). Das Wort wurde dabei in Absprache zwischen dem Autor (der Französisch las) und den beiden Herausgebern gewählt, um die Begriffe *decline* und *declining state* zu übersetzen, die in Georgescu-Roegens Texten häufig zu finden sind. Über die einfache Sammlung hinaus erweckt die Auswahl der Texte hier eine Idee zum Leben, die in Georgescu-Roegens Werken nie wirklich entwickelt wurde. Für den Historiker Timothée Duverger ist dieses Buch die eigentliche Geburtsstunde des Konzepts der *décroissance*.[11]

## Die Geburt von Degrowth

In den 1970er Jahren waren manche besorgt über hypothetische ökologische Grenzüberschreitungen. Dreißig Jahre später lagen die ökologischen Grenzen nicht mehr vor, sondern hinter uns. Der IPCC informierte über den besorgniserregenden Zustand des Klimas, Energieexperten kündigten einen bevorstehenden »Peak Oil« an[12] – die Umweltschützer schlugen Alarm. Daher kam es zu folgender konzeptioneller Entwicklung: Die *Wachstumsverweigerung* (die Angst vor einem potenziell zerstörerischen Wachstum) transformierte sich in Degrowth (die Erkenntnis, dass nicht nur das Wachstum gestoppt, sondern auch die Wirtschaft verkleinert werden muss). Zwei Jahrzehnte »nachhaltige Entwicklung« hatten keinen nennenswerten Einfluss auf unseren Kurs, und die von den Meadows angekündigte albtraumhafte Zukunft ist im Begriff, Wirklichkeit zu werden. Von »Grenzen des Wachstums« zu sprechen, reicht nicht mehr, um uns aufzurütteln. Man muss weiter gehen und ein Schock-Konzept finden, um das Bewusstsein zu wecken: *Degrowth*.

Nach einem zwei Jahrzehnte währenden Entstehungsprozess brachten 2002 zwei parallele Ereignisse das Konzept des Degrowth, wie wir es heute kennen, zum Vorschein. Im Februar 2002 veröffentlichte das militante Umweltmagazin *Silence* eine Sondernummer mit dem Titel »Décroissance soutenable et conviviale«, die Aufmerksamkeit erregte, weil im selben Monat in *Le Monde* ein Artikel von Hervé Kempf erschien: »Sauver le monde par la ›décroissance‹ soutenable«. Der Eröffnungsartikel der Sondernummer, der von Bruno Clémentin und Vincent Cheynet unterzeichnet war, stellt zum ersten Mal das »nachhaltige Degrowth« als Alternative zum Oxymoron der »nachhaltigen Entwicklung« auf, eine Entwicklung, die ohne eine Überwindung des Kapitalismus und seiner Wachstumsobsession niemals nachhaltig sein kann.

Während dieser erste Artikel lediglich die aus den 1970er Jahren übernommene Definition von *décroissance* (Gorz' produktives Schrumpfen) übernimmt, geht ein anderer Text der Zeitschrift weiter. Verfasst hat ihn Mauro Bonaiuti, einer der ersten italienischen Intellektuellen, der den Begriff verwendete. Er forderte eine »tiefgreifende Transformation der wirtschaftlichen und produktiven Vorstellungswelt«, in der sich die »materielle Schrumpfung« in ein »relationales und spirituelles Wachstum« verwandeln könnte. Hier findet sich der Ursprung von »weniger Güter, mehr Bindungen«, das später zu einem der Slogans der Bewegung werden sollte. Degrowth bedeutete nicht mehr nur weniger (Produktion), sondern auch mehr (soziale Beziehungen, Resonanz, Glück etc.).

Noch innovativer fügte der Artikel von Serge Latouche dem eine radikal neue Dimension hinzu: Degrowth als »Dekolonisierung der Wachstumsvorstellungen«. Unter dem Titel »À bas le développement durable! Vive la décroissance conviviale!« forderte er, »sich der Entwicklung und dem Ökonomismus zu entziehen«, und verband Degrowth mit der Preisgabe der »ökonomischen Vorstellungswelt«, das heißt des Glaubens, dass *mehr* immer gleichbedeutend ist mit *besser*. Davon ausgehend begann Serge Latouche, Degrowth als »Ausstieg aus der Wirtschaft« zu konzeptualisieren, das heißt als Abkehr von einer utilitaristischen Weltsicht, die durch eine extraktivistische Beziehung zur Natur, blinden Produktivismus, Omnikommerzialisierung der sozialen Beziehungen, grenzenlosen Konsumtrieb und eine Besessenheit vom Geld und seiner Akkumulation gekennzeichnet ist.

Die *Dekolonisierung der Wachstumsvorstellung* ist übrigens zu einem der berühmtesten Schlagwörter des Degrowth-Korpus geworden. Es erfasst gut die zentrale Idee des Konzepts: sich von einer monomanischen Denkweise zu lösen, die auf den Geldwert und seine Akkumulation fixiert ist. Der Begriff mag abstoßend wirken, doch handelt es sich unbestreitbar um einen gegenkulturellen Slogan, eine Kritik des Kapitalismus als Ideologie. Daher das phonetische Bonmot von Serge Latouche: Bevor man *abnehmen* kann, muss man zuerst *abfallen*, sich von der Religion des Wachstums befreien.*

Während das Schlüsselwort der Wachstumsverweigerung der 1970er Jahre »Reduktion« war, lautete das Schlüsselwort der Degrowth-Bewegung der 2000er Jahre »Emanzipation«. Das neue Projekt des Degrowth zielte darauf ab, die große Erzählung vom Wachstum sowie die Subideologien, die sie nähren, zu zerstören: den *Ökonomismus*, der alles der Wirtschaft opfert, den *Neoliberalismus* und seine Steuerung durch die Märkte, den *Extraktivismus* und die endlose Ausbeutung der Natur, den *Utilitarismus* als Kult der Maximierung, den *Kapitalismus* und seine Hingabe an die Kapitalakkumulation, den *Kommerzialismus* als Verwandlung der Welt in Waren, den *Konsumismus* und seine grenzenlosen Bedürfnisse, die *Technik- und Wissenschaftsgläubigkeit* als Ablehnung von Grenzen. In dieser Zeit war die Schrumpfung vor allem eine kritische Theorie, die Ablehnung eines bestimmten Entwicklungsmodells und eine Strategie, um sich davon zu lösen, aber noch kein Entwurf einer idealen Gesellschaft (was ich alsbald als *Postwachstum* beschreiben werde).

Nach diesem ersten Text stand Serge Latouche[13] im Rampenlicht. Als emeritierter Professor der Universität Paris-Sud mit einem Studium der Rechts-, Politik- und Wirtschaftswissenschaft galten seine ersten Arbeiten der Armut (er verfasste

---

* Serge Latouche erinnert gerne daran, dass die Schrumpfung vor allem ein »A-Wachstum« ist, das heißt ein Wachstumsatheismus, eine Kritik der ökonomistischen Ideologie, die im Wachstum der Geldaggregate eine neue Definition des Fortschritts sieht.

eine Dissertation in Wirtschaftswissenschaften – »La paupérisation à l'échelle mondiale«, 1966 – auf der Grundlage einer Feldstudie in der Demokratischen Republik Kongo) und der auf den Bereich der Wirtschaft angewandten Epistemologie (er legte 1974 eine weitere Dissertation vor, dieses Mal in Philosophie, mit dem Titel »Essai sur l'épistémologie de l'économie politique«). Ausgehend von seinen Erfahrungen in Afrika und Laos legte Latouche eine Kritik der Entwicklung und des Wachstums vor als Strategien, die die Ausbeutung der Länder des Südens legitimieren. In *La Planète des naufragés* (1991) stellt er eine Verbindung zwischen Wachstum und Umweltzerstörung her und legte damit den Grundstein für die Theorie des Degrowth, die er zehn Jahre später entwickeln sollte.

Einige Tage nach der Veröffentlichung der Sondernummer von *Silence* fand in Paris eine Konferenz statt mit dem Titel »Défaire le développement, refaire le monde«. Sie wird von Latouche als Gründungsakt der Degrowth-Bewegung betrachtet; denn es war das erste Mal, dass sich eine Gruppe von Menschen physisch um diese Idee versammelte. Auch wenn der Begriff nicht im Titel des Kolloquiums vorkommt, stand das Thema sehr wohl auf der Tagesordnung. Im Zuge dieser Veranstaltung entstand das »Netzwerk der Wachstumsverweigerer für das Postdevelopment«, dessen von Serge Latouche verfasstes Manifest für »eine Gesellschaft, in der die wirtschaftlichen Werte ihre Zentralität verloren haben«, und für eine »Dekolonisierung unserer Vorstellungswelt und Entökonomisierung des Geistes« plädiert.

Dieses neue Konzept des *nachhaltigen Degrowth* inspirierte einige Wissenschaftler und Aktivisten, doch die Begeisterung hielt sich in Grenzen, da die tonangebenden Medien nur wenig Interesse an diesem Begriff zeigten, der damals auf militante Kreise beschränkt war. Pierre Rabhi[14] machte den Begriff bei seinem Wahlkampf für die Präsidentschaftswahlen 2002 zu seinem Lieblingsthema. Der in den Cevennen lebende Landwirt und Schriftsteller aus der Sahara legte sein politisches Programm in Form eines *Appells für einen Aufstand des Gewissens* dar, in dem er gleich zu Beginn erklärte: »Wachstum ist nicht die Lösung: es ist das Problem [...] Die Zeit für ein nachhaltiges Wachstum ist gekommen.« Sein Denken setzt die Tradition der *freiwilligen Einfachheit* fort und ist von einer Spiritualität durchdrungen, die Mäßigung und Gewaltlosigkeit miteinander verbindet. Um aus der »Gesellschaft des Überkonsums« auszubrechen, fordert er jeden auf, *seinen Teil beizutragen*. Aus der letzten Idee entstand 2007 die Kolibri-Bewegung in Anlehnung an die Legende der Native Americans von einem Kolibri, der Tropfen für Tropfen seinen Beitrag leistete, um einen riesigen Waldbrand zu löschen. Rabhi verwendete das Wort »Degrowth« bis 2005 weiter, bevor er es zugunsten von »glückliche Genügsamkeit« aufgab.

Das erste Buch zu Degrowth erschien im September 2003: *Objectif décroissance. Vers une société harmonieuse.* Dieses von Vincent Cheynet, Michel Bernard und Bruno Clémentin herausgegebene Werk war ein großer Erfolg. Es wurde über 8000-mal verkauft, dreimal nachgedruckt und ins Italienische, Spanische und Katalanische übersetzt. Dieses seltsame Konzept weckte die Neugier von *Le Monde diplomatique*, die zum ersten Mal einen Beitrag von Serge Latouche zu diesem Thema veröffentlichte: »Pour une société de décroissance«. Darin schreibt er: »Es ist also Degrowth, an dem wir arbeiten müssen: an einer Gesellschaft, die mehr auf Qualität als auf Quantität beruht, auf Kooperation statt auf Konkurrenz, an einer vom Ökonomismus befreiten Menschheit, die sich die soziale Gerechtigkeit zum Ziel setzt.« Man beachte, dass nicht mehr nur von einer Gesellschaft *im* Degrowth (Gorz' produktives Schrumpfen) die Rede ist, sondern von einer Gesellschaft *des* Degrowth, das heißt von einer Gesellschaft, die von bestimmten Werten geleitet wird. Nach der unumgänglichen Schrumpfung der 1970er Jahre entwickelte sich das Projekt weiter und wurde zu einer *konvivialen* Schrumpfung, zur Utopie einer anderen Art von Wohlstand.

Im März 2004 wurde die Monatszeitschrift *La Décroissance, le journal de la joie de vivre* unter der Leitung von Vincent Cheynet und Bruno Clémentin, den beiden Schöpfern des Konzepts des »nachhaltigen Degrowth«, gegründet. Auch hier ist im Vergleich zu den 1970er Jahren eine Entwicklung festzustellen. Mehr als nur eine einfache ökologische Strategie wurde Degrowth zu einer Philosophie, die um Werte wie Autonomie, Kooperation, Suffizienz, Teilen, Konvivialität und Fürsorge zentriert ist. Nach fast 200 Ausgaben gibt es die Zeitung noch heute. Ihre satirischen Titelseiten sind oft umstritten, selbst innerhalb der Degrowth-Bewegung, die bereits mehrfach gegen ihre Kolumnen opponiert hat.

Der Slogan vom *nachhaltigen Degrowth* verbreitete sich schnell in anderen Ländern. Er erreichte Belgien bereits 2004, das einige Jahre später den Mouvement politique des objecteurs de croissance bildete. In Italien wurden zwei Bewegungen gegründet: die Associazione per la Decrescita, die sich 2004 auf die Forschung konzentrierte, und etwas später die Movimiento per la Decrescita Felice, die sich eher auf den Aktivismus und lokale Initiativen konzentrierte. 2006 tauchte Degrowth in Quebec bei Diskussionen zwischen Forschern und Aktivisten der freiwilligen Einfachheit um Serge Mongeau auf und führte zur Gründung des Mouvement québécois pour une décroissance conviviale. Ebenfalls 2006 wurde in Katalonien die Entesa pel Decreixement gegründet, die erste Degrowth-Bewegung auf der Iberischen Halbinsel. In Deutschland gibt es seit den 1970er Jahren eine breite Bewegung von Wachstumskritikern, doch der eigentliche Auftakt war die von Attac 2011 in Berlin organisierte Konferenz »Jenseits des Wachstums!?«.

Degrowth reiste also, verbreitete sich aber in Frankreich am stärksten. Es weitete seinen Aktionsradius aus: Kolloquien, eine Demonstration gegen die Formel 1, eine einjährige Reise des Hochschullehrers François Schneider, der mit einer Eselin unterwegs war, um die Idee des Degrowth zu verbreiten, ein »Marche pour la décroissance«, reiche und intensive Debatten auf der Website decroissance.info, Tagungen zur Vorbereitung einer Kampagnenstrategie für die Präsidentschaftswahlen 2007 und eine Kampagne zu den Europawahlen 2009. Die Degrowth-Bewegung organisierte sich um zwei Gruppen: den Parti pour la décroissance, eine politische Partei mit Wahlambitionen, und den Mouvement des objecteurs de croissance, eine Bewegung ohne Wahlambitionen.

Degrowth ist jedoch nicht nur ein Aktionsfeld, sondern auch ein Studienfeld, das zu der Zeit von zwei Denkern beherrscht wurde, Serge Latouche und Paul Ariès. 2005 schrieb Paul Ariès, ein Politikwissenschaftler aus Lyon, *Décroissance ou barbarie*, in dem er Degrowth als »Kampfbegriff« bezeichnet, um »die Ideologie des Wachstums zu vernichten«,[15] und ihm damit einen Beigeschmack verleiht, der politischer ist als das einfache produktive Schrumpfen der 1970er Jahre. Nach dem *nachhaltigen Degrowth* von Cheynet und Clémentin und dem *konvivialen Degrowth* von Latouche spricht Ariès von einem »gerechten Degrowth«, das die Ökologie und die Bekämpfung der Ungleichheiten miteinander verbindet. Er unterteilt es in dreizehn Bereiche: Zerstörung der Ideologie des Fortschritts, des Konsumismus und des Labourismus; Relokalisierung, kostenlose Bereitstellung grundlegender Güter, Respektierung der Natur, Zurückfinden zu einem authentischen Lebensstil in Verbindung mit dem Körper, der Zeit und dem Raum; Gewährleistung von Autonomie, Resymbolisierung der Gesellschaft und Entwicklung einer Bewegung für Degrowth.

2006 veröffentlichte Serge Latouche das französischsprachige Standardwerk zu diesem Thema. Darin beschreibt er unter dem Titel *Le Pari de la décroissance* Degrowth als einen positiven Kreislauf, der aus acht miteinander verbundenen Veränderungen besteht: Neubewertung, Neukonzeptionierung, Umstrukturierung, Umverteilung, Relokalisierung, Reduzierung, Wiederverwendung und Recycling. Alles beginnt (1) mit der Veränderung der mit der Wachstumsökonomie verbundenen Werte, indem man zum Beispiel Konkurrenz durch Kooperation, Eigeninteresse durch Altruismus und Plünderung durch Sorge ersetzt. Die Werte zu verändern bedeutet notwendigerweise, (2) die Konzepte, mit denen die Realität interpretiert wird, wie Reichtum, Nüchternheit, Überfluss und Knappheit, in Frage zu stellen. Die Infragestellung dieser Konzepte würde (3) zu einer Veränderung der Produktions- und Konsumformen sowie (4) zu einer Verteilung von Bodenrechten, natürlichen Ressourcen, Beschäftigung und Wohlstand führen. Als unverzichtbare Säule der acht Veränderungen muss (5) die Relokalisierung wirtschaftlich, kulturell und politisch sein. Diese Veränderungen werden (6) dazu führen, dass eine Reihe von unerwünschten Produkten der neoliberalen kapitalistischen Gesellschaft reduziert werden, vor allem der ökologische Fußabdruck, der Überkonsum, der Abfall und die Arbeitszeit. Um den ökologischen Fußabdruck zu verringern, müssen (7) Gegenstände wiederverwendet und (8) recycelt werden. Während sich Ariès auf politische Strategien konzentriert, lehnt Latouche die Idee einer Machtübernahme durch Wahlen ab und setzt auf eine Transformation der Zivilgesellschaft.

Begleitend zu diesen Versuchen der Theoretisierung wurde im selben Jahr die halbjährlich erscheinende Zeitschrift *Entropia. Revue d'étude théorique et politique de la décroissance* gegründet. Ihr Anspruch lautete: dem Konzept ein theoretisches Fundament zu geben. Bis dahin war Degrowth hauptsächlich ein Slogan von Aktivisten, der von Wissenschaftlern und Entscheidungsträgern selten ernst genommen wurde (erst in den 2010er Jahren entstand eine echte wissenschaftliche Literatur zu diesem Thema). Die Zeitschrift veröffentlichte 16 Nummern zu verschiedenen Themen (Arbeit, Utopie, Kollaps, Gegenkräfte, das Heilige, die Rolle des Staates etc.), an denen 174 Autoren beteiligt waren, bis sie 2014 eingestellt wurde.

In den 2000er Jahren verzeichnete die Degrowth-Bewegung einen enormen Zuwachs. Die Ideen häuften sich an, so dass man leicht den Überblick verlor. Fabrice Flipo, ein Wissenschafts- und Technikphilosoph an der Universität Paris-Diderot, veröffentlichte 2007 einen wissenschaftlichen Artikel mit dem Titel »Voyage dans la galaxie décroissante« mit dem Ziel, den Bereich des Degrowth zu kartographieren.*

---

* Es wird hierzu noch weitere geben. Der griechische Forscher Giorgos Kallis gliedert die Schrumpfung in seinem Buch *Degrowth* von 2018 in neun

Ihm zufolge befindet sich das Degrowth am Zusammenfluss von fünf Denkströmen oder »Quellen«. Die *Ökologie* beschreibt die durch das Wachstum verursachten Schäden; die *Bioökonomie* zeigt dessen biophysikalische Grenzen auf; die sogenannte *kulturalistische* Quelle lehnt eine bestimmte, auf das Wachstum ausgerichtete Sicht der Entwicklung ab; die *Demokratie* widersetzt sich einem überhandnehmenden Ökonomismus; und die *spirituelle* Quelle betont, dass Wachstum nicht zum Glück beiträgt. Degrowth als Konzept wurde verfeinert und präzisiert.

## Degrowth heute

Nach einem langsamen Start in den 1970er Jahren und einem ungeordneten Boom zu Beginn der 2000er Jahre verbreitete sich Degrowth in Frankreich und im Ausland immer weiter. Obwohl das Konzept bereits seit 2002 relativ erfolgreich war, öffnete es sich erst ab 2008 für breitere Kreise, vor allem durch eine Reihe von Konferenzen, wissenschaftliche Literatur, Bücher, Zeitschriften, Vorlesungen, Manifeste, Arbeits-

---

Prinzipien auf (Ende der Ausbeutung, direkte Demokratie, lokale Produktion, Teilen und Wiederaneignung von Gemeingütern, Beziehungsgüter, unproduktive Ausgaben und Verausgabung, *Care*, Diversität und Entkommerzialisierung). 2019 fasst der Quebecer Yves-Marie Abraham die Idee mit dem Slogan zusammen: weniger produzieren, mehr teilen, gemeinsam entscheiden. 2022 schlägt das *Maison commune de la décroissance* eine Auswahl von 16 Deklinationen der Schrumpfung vor, wie Entschleunigung, Renaturierung der Natur, Ökofeminisierung, Arbeitszeitverkürzung oder Demobilität.

und Aktionsgruppen und politische Programme. Was nur ein provokanter Slogan war, wurde zu einer echten Bewegung. Angesichts dieses so breit gefächerten Spektrums lassen wir die Chronologie der Ereignisse beiseite und versuchen eine Kartographie des Degrowth heute.

## Degrowth als Forschungsfeld

Es gibt mittlerweile fast 600 wissenschaftliche Artikel in englischer Sprache zum Thema Degrowth,[16] der erste stammt von 2007. Die untersuchten Themen sind vielfältig. Es gibt mindestens sechs große Forschungsbereiche: die historischen Ursprünge der Wachstumsideologie, die Ökologische Ökonomie und die Grenzen des grünen Wachstums, die wirtschaftlichen Auswirkungen von Degrowth, die Untersuchung von Gesellschaften und Organisationen, die ohne Wachstum prosperieren, Untersuchungen der Technologie und einen letzten Bereich, der mit der Politik verbunden ist und sich um die Frage der Demokratie und des Übergangs dreht.[17]

Immer mehr Forscher – aus immer unterschiedlicheren Fachgebieten und zu immer mehr Themen – interessieren sich für Degrowth. Von den Wirtschaftswissenschaften über die Anthropologie, Wissenschafts- und Technikstudien, Managementstudien, die Tourismuswissenschaft, Geographie und Marketing gibt es mittlerweile rund 15 Sonderhefte wissenschaftlicher Zeitschriften. Seit Januar 2022 hat sich sogar eine neue akademische Zeitschrift (das *Degrowth Journal*) auf das Thema spezialisiert. Sie wurde von einer internationalen Gruppe von sieben Forschern (darunter der Autor dieses Buches) ins Leben gerufen und hat sich das Ziel gesetzt, die

Untersuchung von Praktiken und Ideen des Degrowth zu verfolgen und dabei eine Gegenkultur zum akademischen Publizieren nach den Prinzipien der *slow science*[18] und des *Open Access* zu schaffen.

Diese Literatur wäre ohne die Organisation einer Reihe von internationalen Konferenzen nicht so umfangreich gewesen. Die erste mit dem Titel »International Conference on Economic De-Growth for Ecological Sustainability and Social Equity« brachte im April 2008 rund 100 Forscher an der Telecom SudParis zusammen. Dieser Zusammenkunft ist die erste offizielle Definition des Begriffs des Degrowth zu verdanken: ein »freiwilliger Übergang zu einer gerechten, partizipativen und ökologisch nachhaltigen Wirtschaft«. Danach folgten ein Dutzend Veranstaltungen* in mehreren Ländern und zu unterschiedlichen Themen.

Zusätzlich zu den Konferenzen werden allmählich auch Vorlesungen über Degrowth angeboten. Die allererste, »Théories et politiques de la décroissance«, wurde 2011 an den Sciences Po Paris im Masterstudiengang Umweltwissenschaften und -politik auf Initiative des Politologen Luc Semal und der Umweltjournalistin Agnès Sinai, die 2011 das Momentum-Institut mitbegründete, organisiert. Unter vielen anderen[19] ist auch die von Yves-Marie Abraham an der HEC Montreal über »La décroissance soutenable: théorie et pratiques« zu erwähnen, die seit 2013 jeden Herbst gehalten wird, sowie seit 2014 die Sommeruniversität zu Degrowth an der Autonomen Universität Barcelona (wo ich persönlich das Konzept ent-

* Paris (2008), Barcelona (2010), Berlin (2011), Montreal (2012), Venedig (2012), Leipzig (2014), Budapest (2016), Malmö (2018), Brüssel (2018), Mexico City (2018), Wien (2020), Manchester (2021) und Den Haag (2021).

deckt habe), der ersten Universität, die (seit 2018) über einen Masterstudiengang zu diesem Thema verfügt.

Wer von Vorlesungen spricht, muss auch von den Abschlussarbeiten und Dissertationen sprechen. Ich habe 112 in Englisch und Französisch verzeichnet: 79 Abschlussarbeiten und 33 Dissertationen. Die Themen sind breit gefächert und vielfältig. Genannt sei die von Luc Semal über den Degrowth-Aktivismus (die erste zu diesem Thema in Frankreich), von Dan O'Neill über die stationäre Wirtschaft, von Iana Nesterova über mit Degrowth kompatible Unternehmensmodelle, die Dissertation von Inês Cosme und ihre Bestandsaufnahme der Vorschläge zu Degrowth, Matthias Schmelzer und die Geschichte der »Hegemonie des Wachstums«, Steffen Lange, François Briens und Antoine Monserand über die Makroökonomie des Degrowth, Viviana Asara über Demokratie, Jennifer Hinton über die Rolle der Profitorientierung der Unternehmen, Aaron Vansintjan über Grundbesitz, Kristofer Dittmer über Geld, Jonas Van der Slycken über die volkswirtschaftliche Gesamtrechnung, Samuel Alexander über Eigentum.[20] Und natürlich meine eigene von 2019: »The political economy of degrowth«, meines Wissens die erste Dissertation zu diesem Thema, die in Frankreich an einem Fachbereich für Wirtschaft verteidigt wurde.

Heute gibt es zahlreiche Bücher zu diesem Thema. Es ist schwierig, einen vollständigen Überblick zu geben, doch sollen einige genannt werden, angefangen bei dem ersten englischsprachigen Werk, das 2008 veröffentlicht wurde: *Managing without Growth* des kanadischen Ökonomen Peter Victor. Der Autor entwickelt hier ein makroökonomisches Modell der Dynamik von Systemen (dieselbe Methode, die 1972 von den Meadows verwendet wurde), das er zur Untersuchung eines Degrowth-Szenarios für Kanada benutzt.

Auf der anderen Seite des Atlantiks veröffentlichte der britische Ökonom Tim Jackson im Januar 2009 *Prosperity without Growth* (2013 ins Deutsche übersetzt), die Buchadaption eines Berichts der britischen Kommission für nachhaltige Entwicklung.[21] Das Buch wurde schnell zum Bestseller; es wurde 2016 neu aufgelegt, in 17 Sprachen übersetzt und 2010 von der *Financial Times* zum Buch des Jahres gewählt.

Zurück nach Frankreich mit *Adieu à la croissance: bien vivre dans un monde solidaire* (2010) von Jean Gadrey, Professor für Wirtschaftswissenschaften an der Université des sciences et technologies de Lille. Das neuartige Konzept des Buches ist die »Postwachstumsgesellschaft«, »eine nachhaltige Gesellschaft der Genügsamkeit und Vollbeschäftigung, die vom Wachstumszwang befreit ist und eine starke Verringerung der Ungleichheiten einschließt«. Für Gadrey, der den Begriff »Degrowth«* nicht verwendet, wäre diese Gesellschaft von mehr qualitativ hochwertigen Sozialwohnungen, mehr Nachhaltigkeit der Güter, mehr freier Zeit, mehr sinnvoller Arbeit, mehr Solidarität und sozialen Bindungen, mehr Demokratie etc. gekennzeichnet.

Auf einer Linie damit veröffentlichte die Soziologin Dominique Méda 2013 *La Mystique de la croissance*, eine Kritik der »Pathologie des Unbegrenzten«,[22] jenes maßlosen Wachs-

* »Ich verwende den Begriff ›Degrowth‹ nicht, denn für Normalsterbliche ist schrumpfen das Gegenteil von wachsen. Es ist daher schwer zu verstehen, dass Degrowth für seine Befürworter nicht negatives Wachstum bedeutet. [...] Man könnte von ›A-Wachstum‹, Postwachstum oder Anti-Wachstum sprechen, so wie man von Atheismus, Anti-Werbung oder Postkapitalismus spricht. Die Wahl des Schlagworts ›Degrowth‹ scheint mir die Verbreitung der starken Ideen zu begrenzen, die es zusammenfasst« (S. 120–121).

tums, das gegen die Natur erfolgt ist, und ihres BIP, das die sozialen und ökologischen Kosten des Wachstums unsichtbar macht. Seit *Qu'est-ce que la richesse?* von 1999 kritisiert Dominique Méda aktiv das Paradigma des Wachstums und hat parallel zu der Literatur zu Degrowth ein Denken des »Postwachstums« entwickelt, das darauf abzielt, jegliche Bezugnahme auf die Metrik des BIP aufzugeben.[23]

2014 wurde ein Buch veröffentlicht, das zu einem der populärsten Bücher zu diesem Thema werden sollte: *Degrowth. A Vocabulary for a New Era.* Das von drei Forschern der in Barcelona ansässigen Gruppe Research & Degrowth herausgegebene Buch ist in Form einer Enzyklopädie mit 51 Konzepten aufgebaut, die jeweils von verschiedenen Autoren erforscht werden. Man findet hier die Bestandteile des Degrowth-Korpus: den Anti-Utilitarismus, die Bioökonomie, die Kommerzialisierung, das Jevons-Paradoxon, die sozialen Grenzen des Wachstums, das Grundeinkommen, die Beschäftigungsgarantie, die Arbeitszeitteilung, die feministische Ökonomie und viele andere. Es wird in Seminaren zu diesem Thema oft als Handbuch des Degrowth verwendet und wurde in zehn Sprachen übersetzt, darunter 2015 ins Französische und 2016 ins Deutsche.[24]

Es gibt immer mehr Bücher. 2019 verfasste Serge Latouche *La Décroissance* in der Reihe »Que sais-je?«. In Quebec schlägt der Soziologe Yves-Marie Abraham, Professor an der HEC Montréal, in *Guérir du mal de l'infini* (2019) eine elegante Synthese vor: Weniger produzieren, mehr teilen, gemeinsam entscheiden. Giorgos Kallis und einige seiner Kollegen synthetisieren Degrowth in einem Buch, das bis heute als einführendes Standardwerk gilt: *The Case for Degrowth*, 2020. Im selben Jahr publizierte der Anthropologe Jason Hickel den

Bestseller: *Less is More. How Degrowth Will Save the World* (2022 ins Französische und ins Deutsche übersetzt unter dem Titel *Weniger ist mehr*[25]), eines meiner Lieblingsbücher.

Ich schließe mit meinem Favoriten, *The Future is Degrowth: A Guide to a World beyond Capitalism* (Juni 2022) von Matthias Schmelzer, Andrea Vetter und Aaron Vansintjan. Als wahre Enzyklopädie der Degrowth-Bewegung findet man hier die gesamte Literatur (nahezu hundert Konzepte), die sorgfältig in Typologien gegliedert ist: sieben Kritiken des Wirtschaftswachstums (ökologisch, sozioökonomisch, kulturell, antikapitalistisch, feministisch, antiindustrialistisch und internationalistisch), fünf Strömungen des Degrowth, die aus verschiedenen Blickwinkeln betrachtet werden (den Institutionen, der Suffizienz, den alternativen Ökonomien, dem Feminismus sowie dem Postkapitalismus und der Alter-Globalisierung), drei Prinzipien des Degrowth (ökologische Gerechtigkeit; soziale Gerechtigkeit, Selbstbestimmung und das gute Leben; Unabhängigkeit von Wachstumsimperativen) und sechs Gruppen von Vorschlägen (Demokratisierung, solidarische Wirtschaft und Gemeingüter; soziale Sicherheit, Umverteilung und Grenzen der Akkumulation von Reichtum; konviviale und demokratische Technologien; Aufwertung und Umverteilung der Arbeit; Demokratisierung des sozialen Stoffwechsels; internationale Solidarität). Schon dieses Buch alleine fasst das umfangreiche Studiengebiet perfekt zusammen, zu dem sich Degrowth entwickelt hat.

## Degrowth als Handlungsfeld

Degrowth ist mehr als ein akademisches Konzept, es ist zu einem breiten Handlungsfeld geworden. Natürlich ist dieses »Handeln« noch sehr hypothetisch und bleibt im Wesentlichen auf den Bereich der Kommunikation beschränkt. Aber dies ist dennoch eine wichtige Entwicklung: Degrowth verbreitet sich über die wissenschaftlichen und aktivistischen Kreise der bereits Überzeugten hinaus, um neue Debatten zu provozieren, von denen manche zu neuen Praktiken führen.

All diese Debatten kann man in drei Grundstufen der Radikalität unterteilen. Viele sprechen von *Wachstumsverweigerung* (die erste Stufe, das heißt die am wenigsten radikale Idee), zunehmend von Postwachstum (das oft über die bloße Verweigerung hinausgeht), und eine wachsende Minderheit spricht von Degrowth (die subversivsten Debatten zu diesem Thema).

Beginnen wir mit der ersten Stufe. Die Wachstumsverweigerung ist nicht mehr so marginal wie in den 1970er Jahren. Auch wenn die Doxa des grünen Wachstums omnipräsent bleibt, glauben immer mehr von uns nicht mehr an das »Märchen vom ewigen Wirtschaftswachstum«, eine berühmt gewordene Formulierung der schwedischen Aktivistin Greta Thunberg. António Guterres, Generalsekretär der Vereinten Nationen, verkündet auf Twitter, dass »das derzeitige Modell des unendlichen Wachstums in einer Welt mit endlichen natürlichen Ressourcen zu Inflation, Klimachaos und Konflikten führen wird«.[26] 2016 wurde im britischen Parlament eine Gruppe zum Thema »Die Grenzen des Wachstums« gebildet, und im April 2022 veröffentlichte der spanische Verbraucherminister Alberto Garzón einen Text mit dem Titel »The

Limits to Growth: Eco-socialism or barbarism«,[27] in dem er sogar die Verwendung des Begriffs »Degrowth« verteidigt. Selbst manche Akteure in Unternehmen wachen auf. Für den Direktor für nachhaltige Entwicklung von Bouygues, Fabrice Bonnifet, existiert »das Gleichgewicht der drei Säulen der nachhaltigen Entwicklung nicht«.[28]

Repräsentativ für diese zunehmende Aufgabe der Entkopplungshypothese hat eine Studie vom Februar 2022 gezeigt, dass nur noch 1 % der Experten des deutschen Umweltbundesamtes an grünes Wachstum glaubt.[29] Diese Desavouierung bestätigt der jüngste Bericht des IPCC, der nach meiner Analyse den Mythos von einer ausreichenden Entkopplung von BIP und Umweltbelastung ein für alle Mal begräbt.[30] Die weltweiten Experten auf diesem Gebiet beschreiben hier die Entkopplung als »unzureichend« mit »viel zu geringen« Reduktionsraten und das grüne Wachstum als eine »irreführende« und »verfehlte« Strategie, die »zum Teil auf dem Glauben beruht«. Das ist eine Wahrheit, die immer schwerer zu leugnen ist: Das Wirtschaftswachstum macht die Reduzierung von Emissionen riskant oder sogar unmöglich, während sie in einem Degrowth-Szenario, in dem das Volumen der Produktion und des Konsums sinkt, viel leichter zu erreichen ist.[31]

2022 blickte der Meadows-Bericht auf sein fünfzigjähriges Bestehen zurück. Damals extrem umstritten, sind sich heute fast alle über die Idee des Berichts einig. Nein, wir können nicht unbegrenzt mit Ressourcen produzieren, die selbst endlich sind. *Die Grenzen des Wachstums* ist laut dem Ökonomen Gilles Raveaud[32] »das wichtigste Buch, das in den letzten Jahrzehnten weltweit geschrieben wurde«. Im Juni 2022 wurde Dennis Meadows zusammen mit Kate Raworth, Tim

Jackson, Ida Kubiszewski und Robert Costanza ins Europäische Parlament eingeladen. Dort wiederholte er die gleiche Botschaft wie 1972: Das Wachstum der Produktion zerstört den Planeten, wobei er hinzufügte, dass er kein Anhänger des Begriffs »Degrowth« ist, den er für zu negativ hält; er zieht es vor, von einer »reifen Gesellschaft« zu sprechen.

Andere gehen über die Wachstumsverweigerung hinaus und sprechen von *Postwachstum.* Dies ist bei mehreren großen Namen wie Kate Raworth, Tim Jackson, Isabelle Cassiers in Belgien und Dominique Méda in Frankreich der Fall. *Postwachstum* ist ein vagerer und damit weniger anspruchsvoller Begriff – worin sein Vorteil liegt. Man kann ihn verwenden, um die Grenzen des BIP zu kritisieren (ohne den Kapitalismus in Frage zu stellen) oder um über eine alternative Wirtschaft zu sprechen (ohne die schwierige Frage des Übergangs zu behandeln).

Bereits 2013 veröffentlichte eine Forschungseinrichtung der Sciences Po unter der Leitung von Lucas Chancel einen Bericht mit dem Titel »Une société post-croissance pour le XXI^e^ siècle: Peut-on prospérer sans attendre le retour de la croissance?« (»Eine Postwachstumsgesellschaft für das 21. Jahrhundert: Können wir prosperieren, ohne auf die Rückkehr des Wachstums zu warten?«; die Autoren bejahen dies). Das Europäische Parlament organisierte im September 2018 eine Konferenz zum Postwachstum (»Post-growth«) und eine weitere ist für 2023 geplant*. Im Februar 2022 veröffentlichte Luca Cigna, ein Doktorand am Europäischen Hochschulinstitut, auf dem Blog der London School of Economics

* Sie fand vom 15.–17. Mai 2023 unter dem Titel »Beyond Growth 2023 Conference« in Brüssel statt, Anm. d. Übers.

(LSE) einen Artikel, in dem er bekräftigt, dass »die politische Ökonomie die Debatte über das Postwachstum ernst nehmen sollte«.[33] Das damit befasste Unternehmen Prophil veröffentlichte einen langen Bericht über »Unternehmen und Postwachstum«,[34] und Agnès Sinai koordinierte zusammen mit Mathilde Szuba eine Reihe von drei Werken, darunter eines über »L'économie de l'après-croissance«.

2017 wurde innerhalb der Partei *Europe Écologie Les Verts* (EELV) ein Antrag zur Bildung einer Kommission »Postwachstumsgesellschaft« eingereicht; diese hätte das Ziel, »eine Gesellschaft zu untersuchen, die nicht mehr das Wachstum des BIP anstrebt, sondern ein dynamisches Gleichgewicht der menschlichen Aktivität mit den Rhythmen der Natur«.[35] Eine der Säulen eines Programms der EELV von 2017 (»Bien Vivre«) trägt den Titel »Vers une société de post-croissance«, wo sie schreiben, dass Ökologen »dem Dogma des unendlichen Wachstums« »ein Degrowth der Exzesse« entgegensetzen – die einzige Erwähnung des Begriffs in dem Programm.*

Es gibt keinen wirklichen theoretischen Unterschied zwischen den beiden Konzepten. Das Konzept des »Postwachstums« wird weitaus seltener verwendet als das des »Degrowth« (wenige Akademiker gebrauchen das Konzept des *Postwachstums*) und häufig, um in etwa die gleichen Ideen zu beschreiben. In allen Texten zu diesem Thema ähnelt die »Degrowth-Gesellschaft« in Bezug auf die Werte und Institu-

* Keinerlei Erwähnung von »Degrowth« oder »Postwachstum« in ihrem Programm für 2022 (»Vivant«), auch wenn die Wachstumsverweigerung im Raum steht: »Wir können unser Wirtschaftsmodell nicht mehr als ein Modell des Wachstums um jeden Preis betrachten« (*Vivant: liberté, égalité, fraternité, biodiversité, Les Écologistes*, 2022, S. 9).

tionen der von anderen Autoren beschriebenen »Postwachstumsgesellschaft«.

Trotz dieser Kontinuität zwischen den beiden Konzepten werden diejenigen, die von »Degrowth« sprechen, überwiegend als radikaler angesehen. Totzdem werden sie immer zahlreicher. Der Titel eines Beitrags in *Télérama* Ende 2021 fängt diese Tendenz gut ein: »La décroissance, une idée en pleine croissance«.[36] Schon 2010 schlug das Wörterbuch *Larousse* sogar eine Definition vor: »Eine Politik, die im Hinblick auf eine nachhaltige Entwicklung für eine Verlangsamung der Wachstumsrate eintritt«. Einige Jahre später folgte eine weitere Definition, die in *Le Robert* vorgeschlagen wurde: »Ein politisches Projekt, das das Wirtschaftswachstum in Frage stellt.« Auch wenn diese Definitionen recht vereinfachen,* wird hier deutlich, dass Degrowth nicht nur ein Übergang oder selbst ein Phänomen ist, sondern vielmehr ein umfassenderes Paradigma, das sowohl eine Übergangsstrategie als auch ein *politisches Projekt* darstellt.[37]

Und das ist sicherlich der Grund, weshalb es Neugierde weckt. TV24 widmete dem Thema eine kurze Sendung mit dem Titel: »Décroissance: le yoga de l'économie«. Das Medium *Blast* lud Vincent Liegey ein, um »mit den vorgefassten Meinungen zu Degrowth aufzuräumen«. Der TV-Sender Public Sénat richtete eine Debatte aus mit dem Titel »Decroissance: la seule solution à la crise écologique?« (Schrumpfung: die einzige Lösung für die ökologische Krise?). *Franceinfo*

---

* Die Definition des *Larousse* setzt zwei antagonistische Konzepte (Degrowth und nachhaltige Entwicklung) miteinander in Beziehung, und die des *Robert* beschränkt sich auf die Wachstumsverweigerung, ohne auf die Reduzierung der Größe der Wirtschaft einzugehen.

veröffentlichte seinerseits »einen Artikel, um alles über Degrowth zu erfahren«, der *Obs* fragt, ob man »vor Degrowth Angst haben muss«, und *Le Monde*: »Woher kommt das politische Konzept, das bei der Vorwahl von den Grünen diskutiert wird?«[38] Die Medien wachen auf und entdecken, dass im Schatten eines angeblich grünen, aber in Wirklichkeit nicht grün zu machenden Kapitalismus Wissenschaftler und Aktivisten seit zwei Jahrzehnten einen Plan B ausgearbeitet haben.

Diese Betriebsamkeit ist zu relativieren: Die Popularität, die dieses Konzept in Frankreich erfährt, ist nicht vergleichbar mit der im Ausland, insbesondere in der englischsprachigen Presse (206 Artikel auf Englisch im Jahr 2020, 182 im Jahr 2021 und bereits über 100 in der ersten Hälfte von 2022).[39] Im Allgemeinen steht diese dem Konzept weniger ablehnend gegenüber: *Low-Cost*-Kritiken sind in der Regel auf kleine Medien beschränkt, und die Artikel in den großen Zeitungen sind meist recht ausgewogen. Dies ist in Frankreich nicht der Fall, wo gewisse Medien weiterhin fröhlich darauf *eindreschen*,[40] indem sie Redakteure und Pseudo-Experten zu Wort kommen lassen, die ihre Ellenbogen ausfahren und ihre völlige Unkenntnis des Themas zur Schau stellen (und die keinen der 600 wissenschaftlichen Artikeln zu Degrowth gelesen haben). Es ist paradox: Das Land, in dem das Konzept geboren wurde und in dem man daher erwarten könnte, dass es in den Genuss hochqualifizierter Diskussionen kommen würde, ist bis heute in denselben unwürdigen Klischees stecken geblieben, die die Debatte bereits Anfang der 2000er Jahre belasteten.

Trotzdem beginnt selbst der IPCC, den Begriff zu verwenden.[41] Er taucht im Bericht der Gruppe 2 über die Anpassung an den Klimawandel fünfzehnmal auf. Degrowth / Postwachstum wird nicht nur als eine Alternative zum grünen

Wachstum, sondern als ein neues Entwicklungsparadigma vorgestellt. »Degrowth geht über die Kritik am Wirtschaftswachstum hinaus und untersucht die Schnittmenge von ökologischer Nachhaltigkeit, sozialer Gerechtigkeit und Wohlstand.«[42] Der Begriff wird im dritten Teil sieben Mal verwendet, als Einwand gegen die Assoziierung von Wachstum mit Wohlstand: »Die Literatur zu Degrowth, Postwachstum und Post-Development stellt die Nachhaltigkeit und den Imperativ des zunehmenden Wachstums, insbesondere in den bereits industrialisierten Ländern, in Frage und macht geltend, dass Prosperität und ein ›gutes Leben‹ nicht unabänderlich mit Wirtschaftswachstum verbunden sind.«[43] Man spricht hier auch von »der Annahme von Werten, die mit Post-Development, Degrowth und Nicht-Materialismus verbunden sind und die kohlenstoffintensiven Lebensweisen und Entwicklungsmodelle in Frage stellen«.[44]

Der Begriff findet sich auch im jüngsten Bericht des IPBES, dem »IPCC für biologische Vielfalt«, der Degrowth als einen der Wege in eine nachhaltigere Zukunft betrachtet. »Der Weg des ›Degrowth‹ setzt den Schwerpunkt auf Strategien, die den Materialdurchsatz der Gesellschaft verringern, indem das menschliche Wohlbefinden durch eine gerechte Verteilung des materiellen Wohlstands statt durch Wachstum geschützt wird und indem der Energie- und Ressourcenverbrauch in den hochindustrialisierten Ländern reduziert wird, um inter- und intragenerationelle Gerechtigkeit und eine gute Lebensqualität für alle zu erreichen.«[45]

Neue Degrowth-Gruppen kommen auf. »Polémos-decroissance« in Montreal, »DegrowNYC« in New York, »Degrowth Switzerland« in der Schweiz, das »Réseau étudiant pour la décroissance« in Lyon, eine Forschungseinrichtung zum

Thema »Postwachstumsinnovation« an der Universität Vigo in Galizien, das »Observatoire de la post-croissance et de la décroissance« an der Universität Clermont-Auvergne und ein weiteres zu »Postgrowth welfare systems« an der Universität Lund in Schweden. Seit 2017 ist die »Maison commune de la décroissance« die aktivste Vereinigung zu diesem Thema in Frankreich, mit regelmäßigen Versammlungen, einer pädagogischen Website und einem großartigen Überblickswerk zu diesem Thema.[46]

Andere Organisationen beginnen zaghaft, sich in dieser Frage zu positionieren. Anfang 2021 nannte die Europäische Umweltagentur (EUA) den Begriff zum ersten Mal in einem Bericht mit dem Titel »Croissance sans croissance économique«,[47] in dem es heißt: »Postwachstum und Degrowth sind Alternativen zu den klassischen Konzepten des Wirtschaftswachstums, die interessante Perspektiven bieten«. Der Präsident des Naturkundemuseums in Paris, Bruno David, sprach sich in dem Radiosender France Inter für »Genügsamkeit und eine Verlangsamung unseres Konsums« aus.[48] Im Juni 2022 veröffentlichte das Weltwirtschaftsforum einen recht positiven Artikel zu diesem Thema, der Degrowth als eine »heute wichtige Wirtschaftstheorie« ansieht.[49]

Dennoch gibt es nur wenige, die den Begriff in der Politik verwenden, sowohl in Frankreich als auch im Ausland. Bruno Clémentin und Vincent Cheynet riefen 2005 eine Degrowth-Partei ins Leben, die jedoch eher einer einfachen Vereinigung als einer echten Partei glich. Seit 2009 hat die politische Gruppierung Europe décroissance an allen Europawahlen teilgenommen, und eine Handvoll Einzelpersonen kandidieren regelmäßig unter dem Banner der *décroissance* bei den Parlamentswahlen.

Einige politische Persönlichkeiten greifen den Begriff hier und da auf. 2004 vertrat der kommunistische Abgeordnete Patrick Braouezec in der Nationalversammlung erstmals ein »nachhaltiges und solidarisches Degrowth«. Jean-Luc Mélenchon erwähnt ihn manchmal, wie 2012 bei den Assises de l'écosocialisme, wo er bekräftigte, dass »Degrowth keine Option, sondern eine Notwendigkeit« sei. In jüngerer Zeit, 2020, verkündete der irische Präsident Michael D. Higgins in einer Rede, dass »Degrowth die einzige nachhaltige Strategie für das Überleben des Planeten ist«.[50]

Andere sind vorsichtiger: Der sozialistische Präsidentschaftskandidat Benoît Hamon bezeichnete sich 2016 als »Laie in Sachen Wachstum«; dasselbe gilt für François Ruffin, der sich in einem Interview mit France Info als »a-croissant« definierte. Wenn Politiker Degrowth erwähnen, dann oft, um sich davon zu distanzieren, wie Emmanuel Macron, der strikt dagegen ist und Degrowth als »Amish-Modell« bezeichnet, oder der ehemalige Premierminister Edouard Philippe, der kein »Verfechter des Degrowth« ist, sowie sein Nachfolger Jean Castex, der nicht an »grünes Degrowth« glaubt, aber auch Elisabeth Borne, die in ihrer Grundsatzrede beteuerte, sie glaube nicht, »dass die Klimarevolution über Degrowth läuft«.[51]

Selbst die Grünen sind eher zurückhaltend. 2004 riefen sie zu einem »gerechten und selektiven Degrowth« auf. Doch bei den Vorwahlen 2007 verlor der Degrowth-Anhänger Yves Cochet (einer der wenigen, die innerhalb der Partei für Degrowth eintraten) die Wahl gegen Dominique Voynet, eine Verfechterin der nachhaltigen Entwicklung. Seitdem sprechen die Grünen nicht mehr von Degrowth, außer vielleicht mit einem kurzen Hinweis auf das »solidarische Degrowth«

2008 und einem Antrag 2011 über »12 konkrete Maßnahmen für eine Gesellschaft des Degrowth, die selektiv, solidarisch und beschäftigungsfördernd« ist.[52]

Erst bei den Präsidentschaftsvorwahlen im Herbst 2021 tauchte Degrowth wieder auf, getragen von Delphine Batho, die sich als »Kandidatin des Degrowth« ankündigte und zu »einem notwendigen Bruch mit der weiteren Steigerung des BIP« stand.[53] Als Kandidatin bei den Vorwahlen der Grünen für die Präsidentschaftswahlen 2022 zwang sie alle anderen Kandidaten, sich zu diesem Thema zu positionieren. Éric Piolle bezeichnete sich als Agnostiker, der »weder an das Wachstum noch an Degrowth glaubt«. Yannick Jadot sei die Frage »völlig egal«, ebenso wie Sandrine Rousseau, für die Degrowth »wirtschaftlich nicht viel Sinn macht«, und Jean-Marc Governatori, für den Wachstum oder Degrowth »kein Thema ist«.[54] Ohne deshalb das Wachstum zu verteidigen, gestanden diese Kandidaten Degrowth keine Legitimität zu. Delphine Batho belegte im ersten Wahlgang mit 22 % der Stimmen den dritten Platz hinter Sandrine Rousseau (25 %) und Yannick Jadot (27 %), dem Kandidaten, der den zweiten Wahlgang gewann und während des Präsidentschaftswahlkampfs nicht von Degrowth sprach.

Zum Glück wartet die Zivilgesellschaft nicht auf die Einsicht ihrer Politiker, und immer mehr sind von den Ideen des Degrowth, die oft in Büchern oder Dokumentarfilmen entdeckt werden, angetan und überzeugt.[55] Ich habe dies seit der Veröffentlichung meiner Dissertation persönlich erlebt, die zu über 200 Einladungen führte, um über Degrowth zu sprechen. Von Medien, Konferenzen und Podcasts, aber auch von großen Konzernen aus verschiedenen Industriezweigen wie EDF, SNCF, Orange, Airbus, Thales oder Salesforce, von

Verbänden, vielen Ingenieur- und Wirtschaftsschulen (ich werde diesen Herbst einen Einführungskurs für Studenten der HEC abhalten) und sogar von Regierungsinstitutionen (ich gebe eine Einführung in die ökologische Wirtschaft für hohe Beamte innerhalb einer Schulung des Generalsekretariats der Regierung; eine Einladung des Conseil général de l'économie des Wirtschafts- und Finanzministeriums, um über Degrowth zu sprechen).

Der Begriff taucht in neuen und unerwarteten Bereichen wie der Mode auf. *Vogue business* machte den Anfang mit mehreren Artikeln,[56] die auf einen neuen Trend hinweisen: »*defashion*«. Papst Franziskus veröffentlichte die Enzyklika *Laudato Si*, in der ein Absatz den Begriff erwähnt,* und der Ökumenische Rat der Kirchen veranstaltete eine Konferenz zu dem Thema »Degrowth – living sufficiently and sustainably«. Degrowth bewegt auch Künstler und Architekten. Ende 2021 organisierte die Kunsthalle Münster eine Ausstellung mit dem Titel »Nimmersatt? Gesellschaft ohne Wachstum denken«. Die Osloer Architekturtriennale von 2019 stand unter dem Motto »Enough: The Architecture of Degrowth«. Der Verbier Art Summit 2017 stand unter dem Motto »Size Matters« und führte zur Veröffentlichung des Sammelbandes *Size Matters! (De)Growth of the 21st Century Art Museum*.[57] Plötzlich, nach zwei Jahrzehnten intellektueller Prügel, ist

---

* »Wir wissen, dass das Verhalten derjenigen, die immer mehr konsumieren und zerstören, nicht nachhaltig ist, während andere nicht ihrer Menschenwürde entsprechend leben können. Deshalb ist es an der Zeit, in einigen Teilen der Welt ein gewisses Maß an Degrowth zu akzeptieren und in anderen Teilen Ressourcen für ein gesundes Wachstum zur Verfügung zu stellen.«

Degrowth im Aufwind und hält in viele Bereiche des öffentlichen Lebens, der Künste und Medien Einzug.

Wenn man heute von Degrowth spricht, muss man also die drei evolutionären Bedeutungen des Konzepts fest einbeziehen. Degrowth als *Wachstumsverweigerung*, getreu den Befürchtungen der Meadows. Einige Jahrzehnte später sind wir im roten Bereich und stellen fest, dass die Vordenker recht hatten: Das Wachstum verursacht tatsächlich nicht nur die Zerstörung der lebenden Welt, sondern auch die Verstärkung der Ungleichheiten und ein allgemeines Unwohlsein. Dann entstand die Idee des *Degrowth* aus dem Wunsch, nicht nur die Größe der Wirtschaft zu verkleinern, sondern auch aus dem Wachstum auszusteigen, unsere Vorstellungswelt und unsere Gesellschaften vom produktivistischen Imperativ der endlosen Bereicherung zu dekolonisieren. Diese Idee des Degrowth wird ihren Weg durch Europa und dann durch die ganze Welt nehmen und noch einmal komplexer werden. Nachdem sie eine solide Kritik entfaltet hat, erarbeitet sie mit dem *Postwachstum* eine Utopie, eine alternative Gesellschaft, die auf neuen Werten aufbaut. Die konkreten Implikationen des Degrowth als Übergangszeit und des Postwachstums als gewünschtes Ziel zu verstehen, ist das Ziel der beiden folgenden Kapitel.

6

# EIN WEG DES ÜBERGANGS

## Die Wirtschaft schrumpfen

Was ist Degrowth? Auch wenn die Frage einfach ist, ist es die Antwort eindeutig weniger. Denn Degrowth ist vieles auf einmal: eine Übergangsstrategie, aber auch eine Bewegung, ein Mosaik von Praktiken, eine Denkrichtung, eine kritische Theorie und ein Studiengebiet. In den Kapiteln 2, 3 und 4 haben wir Degrowth als ökologische, soziale und politische Kritik des Wirtschaftswachstums kennengelernt. In Kapitel 5 haben wir es als Paradigma erforscht, das heißt als historische Entwicklung von Konzepten und Werten, die heute einem Denken und einem Korpus von Praktiken als Leitprinzip dienen. Jetzt ist es an der Zeit, Degrowth als Weg des Übergangs zu operationalisieren, das heißt, es als ein konkretes Phänomen zu untersuchen. Worin würde das Degrowth der Wirtschaft bestehen, und wie würde es umgesetzt werden?

## Eine Reduzierung von Produktion und Konsum

Weniger zu produzieren und zu konsumieren ist zweifellos das A und O des Degrowth. Eine wachsende Wirtschaft produziert und verbraucht von Jahr zu Jahr *mehr*, während eine Wirtschaft im Degrowth *weniger* produzieren und verbrauchen würde.

Um genauer zu sein und den analytischen Rahmen des ersten Kapitels zu verwenden, könnte man von einer *Schrumpfung* und *Verlangsamung* der Wirtschaft, wie sie durch das BIP gemessen wird, und vor allem ihres Marktbereichs sprechen. Beginnen wir mit dem ersten Phänomen. Das monetäre Segment der Produktion würde *schrumpfen*, nachdem ein Teil der zerstörerischen und unnötigen Aktivitäten, die es ausmachen, aufgegeben wurde. Die meisten Werbeaktivitäten würden zum Beispiel verschwinden, ebenso viele Finanzdienstleistungen* und ein großer Teil der Dienstleistungsökonomie, die entkommerzialisiert werden würde. Die Wirtschaft wäre so zwangsläufig kleiner, da diese Produktions- und Konsumtätigkeiten einfach nicht mehr existieren würden, und mit ihnen alle damit verbundenen Extraktionen und Verschmutzungen.

Zu dieser ersten Art der Reduzierung würde eine zweite hinzukommen: Die Wirtschaft würde sich *verlangsamen*. Wir

---

* Definanzialisierung, zum Beispiel. Man könnte den Finanzmarktbehörden die Aufgabe übertragen, bestimmte Finanzprodukte wie Credit Default Swaps auf Staatsschulden der Länder des Südens, hochverzinste Kreditkarten, Fonds der Nahrungsmittelspekulation und Investitionen in die Rohstoffindustrie zu verbieten. Man könnte auch bestimmte Formen des Handels wie den Hochfrequenzhandel verbieten (oder besteuern).

würden weiterhin gewisse Waren produzieren und konsumieren, aber in einem stark verlangsamten Tempo und auf eine andere Art und Weise. Hier ist es wichtig, zwischen *Frugalität* einerseits, einer Form des Verzichts (sich entschließen, Dinge, die man getan hat, nicht mehr zu tun, zum Beispiel das Flugzeug nehmen, SUVs kaufen, Werbung machen, Finanzprodukte entwickeln, Fleisch essen und Pestizide verkaufen), und *Genügsamkeit* andererseits, einer Form des Maßhaltens, zu unterscheiden (sich entschließen, Dinge, die man getan hat, einzuschränken: das gleiche Telefon länger behalten, weniger weit in den Urlaub fahren, mit *Low-Tech* und erneuerbaren Energien langsamer produzieren, weniger arbeiten). Wir würden in etwa die gleichen Dinge produzieren wie heute, aber die Frequenzen und Mengen der Produktion wären geringer.

Dieses Degrowth durch Schrumpfung und Verlangsamung hätte automatisch einen Rückgang des BIP zur Folge. Damit wir uns richtig verstehen: Das soll nicht heißen, dass eine Wirtschaft *im Degrowth* das Gleiche ist wie eine Wirtschaft *in der Rezession.* Der Rückgang des BIP ist kein Ziel, sondern nur eine der Folgen einer Politik des Degrowth. Eine schmerzhafte Rezession mit einer kontrollierten Degrowth-Politik gleichzusetzen, nur weil sie zu einem Rückgang des BIP führt, ist genauso absurd wie eine Amputation mit einer Diät zu vergleichen, nur weil sie zu einem Gewichtsverlust führt.

Die Sektoren, die schrumpfen sollen, werden nicht mit einem Messerhieb abgetrennt; vielmehr ist an eine allmähliche, demokratisch geplante Umorientierung der Wirtschaft zu denken, bei der ein Teil unserer Ressourcen, Arbeitszeit, Energie und Materialien nicht mehr für die Produktion bestimmter Waren (vor allem derjenigen, die die Umwelt verschmutzen und nicht oder nur wenig zum Wohlbefinden beitragen) aufgewendet wird und dann teilweise wieder zum Nutzen der Gesellschaft eingesetzt werden kann. Außerdem muss ein weiteres Missverständnis ausgeräumt werden: Die Produktion mittels Degrowth zu reduzieren bedeutet keineswegs, dass man ärmer wird. Man kann sehr wohl die monetäre Wertschöpfung einer Volkswirtschaft (das BIP) stark reduzieren und gleichzeitig die soziale und ökologische Wertschöpfung erhöhen, zum Beispiel durch mehr Freizeit und bessere Ökosystemdienstleistungen.

Der Rückgang gewisser Produktionszweige wird also teilweise durch den Anstieg anderer Tätigkeiten ausgeglichen. Zum Beispiel weniger Autos mit Verbrennungsmotor und weniger Bau von Parkplätzen, dafür mehr Renovierung von Gebäuden und mehr Reparatur von Fahrrädern; weniger Immobilienmakler und -händler, dafür mehr Pflegekräfte und Landwirte. Der Nettoeffekt der Umschichtung der Produktivkräfte auf das BIP muss jedoch negativ sein, wenn sie den ökologischen Fußabdruck schnell genug verringern (und die für die soziale Prosperität unerlässliche Zeit freisetzen) soll. Angesichts der Kopplungsraten von BIP und Umweltbelastungen wird eine bloße Umschichtung der Aktivitäten nicht reichen – wir haben keine andere Wahl, als die Gesamtgröße der Wirtschaft zu reduzieren.

Die Wirtschaft hat leider keinen Schalter »Produktion und Konsum«, den man hoch- oder runterdrehen könnte. Degrowth wäre der makroökonomische Ausdruck einer bewussten Politik, das Resultat einer Unzahl von Entscheidungen für Frugalität und Genügsamkeit auf der Ebene der Verbraucher, Unternehmen, Verbände und öffentlichen Hand. Um einen solchen Übergang zu organisieren, müsste man die *Politik des Degrowth* genau in der gleichen Weise verfolgen, wie man derzeit die Politik des Wachstums verfolgt. Doch ebenso wie die Wachstumspolitik seit langem undemokratisch ist, kann die Degrowth-Politik nur durch eine grundsätzliche Stärkung der Demokratie erfolgreich sein (wir kommen darauf zurück).

Betrachten wir einen konkreten Vorschlag genauer: die Reduzierung der Arbeitszeit. Dies ist eine Politik des Degrowth *durch die Produktion*: weniger Zeit für die abhängige Beschäftigung aufwenden, mit dem Ziel, das Produktionsvolumen zu verringern. Stellen wir uns vor, dass der ökologische Kontext von uns verlangt, die Gesamtgröße der Wirtschaft um die Hälfte zu reduzieren. Dann müssten wir nur noch halb so viel produzieren und folglich auch nur noch halb so viel arbeiten. Die wahre Herausforderung des Degrowth-Ansatzes – und das wird das zentrale Argument dieses Kapitels sein – besteht darin, diese große Verlangsamung so zu organisieren, dass sie ökologisch nachhaltig, sozial gerecht und demokratisch akzeptabel ist.

Nehmen wir zum Beispiel die Arbeitslosigkeit: In einer Wachstumsgesellschaft, in der die Lebenskraft an die Kaufkraft gekoppelt ist, ist der Zugang zu einer bezahlten Arbeit eine vitale Frage. Wenn man weiß, dass die Beschäftigung in unserer Gesellschaft auch eine der Hauptsäulen der persönlichen Identität und sozialen Beziehungen ist, versteht man, dass die Arbeitslosigkeit eine dreifache Strafe ist. Nun kann man aber theoretisch die Wirtschaftstätigkeit um die Hälfte reduzieren, ohne Arbeitslosigkeit zu schaffen oder diese sogar verringern. In Kapitel 4 haben wir gesehen, dass es drei Formen gibt, Beschäftigung zu generieren: mehr produzieren, langsamer arbeiten, das heißt die Produktivität senken, und weniger lang arbeiten. Um einen Teil ihrer abhängigen Beschäftigung aufrechtzuerhalten, muss eine schrumpfende Wirtschaft langsamer oder kürzer arbeiten, oder eine Mischung von beidem.

Je weniger so produziert wird und je höher die Stundenproduktivität ist, desto mehr gilt es, die Arbeitszeit zu verkürzen und somit die verfügbaren Stellen aufzuteilen. Man muss jedoch darauf hinweisen, dass es wenig wahrscheinlich ist, dass die Produktivität in einer schrumpfenden Gesellschaft gleich bleibt oder steigt, zumindest nach der klassischen Definition der in Euro gemessenen Produktivität.* Zum Beispiel erzielen die Agrarökologie und sanfte Mobilität nicht die gleichen Renditen wie ihre industriellen Pendants in Bezug auf die klassische Wertschöpfung, auch wenn ihr sozialer Mehrwert (Freude an der Arbeit, Gesundheit, soziale Beziehungen) und ihr ökologischer Mehrwert (sparsamer Energieverbrauch, Umwelteffekt, Resilienz) höher ist. Schließlich sei an dieser Stelle daran erinnert, dass eine Verringerung der bezahlten Arbeit nicht notwendig eine Verringerung der Arbeit im anthropologischen Sinne des Wortes bedeutet. Dies war die wichtigste Lehre des 3. Kapitels: Je weniger Zeit die Men-

* Was die Produktivität betrifft, so ist der Trend bereits rückläufig, und es ist sehr wahrscheinlich, dass sie sich mit dem Ausstieg aus der Nutzung fossiler Brennstoffe, der mehr Handarbeit erfordern wird, stark verringern wird. Beispielsweise wird die industrielle Landwirtschaft (hohe Stundenproduktivität) einer lokalen Agrarökologie (niedrige Stundenproduktivität) weichen. Stark lukrative Tätigkeiten (also mit einer hohen Stundenproduktivität) im Finanzwesen, in der Werbung und im internationalen Handel werden für Dienstleistungen Platz machen, bei denen die Produktivität zwangsläufig niedriger ist, wie Bildung, Kultur, Gesundheit und Pflege.

schen ihrer Erwerbstätigkeit widmen, desto mehr können sie sich an einer Menge produktiver und reproduktiver (aber unbezahlter) Aktivitäten außerhalb des Marktsektors beteiligen.

Nach diesem die Produktion betreffenden Beispiel folgt ein weiteres, das den Konsum anbelangt. Wenn heute alle französischen Städte dem Beispiel von Grenoble folgen und Werbung im öffentlichen Raum verbieten würden, und wenn die Verbreitung von Werbung für Produkte mit einer hohen Umweltbelastung in Form eines »europäischen Loi Évin für das Klima«[1] verboten würde (ich denke vor allem an SUVs, Fleisch und Milchprodukte, Flugreisen und Luxusgüter)[2], würde die Nachfrage nach diesen Produkten wahrscheinlich einbrechen. Die Wirtschaft würde die Erfahrung eines Rückgangs des (insbesondere auf umweltschädliche Produkte ausgerichteten) Konsums machen, außerdem die eines Rückgangs der Produktion von Werbung und damit auch der Arbeitszeit, die für deren Gestaltung benötigt wird. Die Abnahme dieser schädlichen Aktivitäten würde Arbeitszeit freisetzen, die dann für andere, nützlichere Aktivitäten zur Verfügung stehen würde.

Das sind nur zwei Beispiele von vielen. In einer Übersicht über die Literatur wurden über 380 konkrete Degrowth-Maßnahmen identifiziert.[3] Die Aufgabe von »unnötigen und aufgezwungenen Großprojekten«[4] (Flughäfen, Autobahnen, Einkaufszentren, Parkplätze, neue Atomkraftwerke, Fußballstadien, Datenzentren, einige Hochgeschwindigkeitsstrecken etc. ), die Anordnung von Moratorien für Meeresbohrungen und die Schaffung von ökosystemischen Schutzgebieten, die Einführung nationaler Wohlfahrtsbudgets, eine progressive Steuer auf Finanzvermögen, die an den $CO_2$-Fußabdruck angepasst wird, die Streichung bestimmter Schulden, das

Verbot bestimmter Formen von Werbung, die Verlängerung der Produktgarantie und die Kriminalisierung der geplanten Obsoleszenz, das Verbot von Pestiziden, die Schließung von Fluglinien und die Rationierung von Flugtickets, die Verkürzung der Arbeitszeit und eine Beschäftigungsgarantie, die allgemeine Einführung freier Software, eine Steuer auf den Straßenverkehr, eine Finanztransaktionssteuer und das Verbot bestimmter Finanzprodukte und des Hochfrequenzhandels, eine progressive Steuer auf Gewinne, die Zerschlagung von Großunternehmen, einschließlich der »*too big to fail*«-Banken, die Durchsetzung der Gemeinnützigkeit in strategischen Sektoren wie Bildung, Forschung und Gesundheit, die Ausweitung der Logik des sozialen Wohnungsbaus auf den gesamten Immobilienmarkt, eine höhere Mehrwertsteuer auf Luxusgüter, Netzwerke der Gegenseitigkeit und alternative Währungen, die sozialisierte Kostenfreiheit grundlegender Dienstleistungen, die Deckelung der Löhne auf das Vierfache des garantierten Mindesteinkommens oder die Rationierung fossiler Energieträger sind einige dieser Maßnahmen.

Jeder dieser Vorschläge hätte mehr oder weniger selektiv zur Folge, dass die Produktion und der Konsum zurückgehen, die Wirtschaft, gemessen am BIP, schrumpft und wohltuend verlangsamt wird. Die wirtschaftspolitischen Anstrengungen wären die gleichen wie die, die derzeit für eine Wachstumspolitik unternommen werden, aber mit einem radikal anderen Ziel: (1) den ökologischen Fußabdruck (2) auf demokratische Weise (3) im Geiste sozialer Gerechtigkeit und (4) im Interesse des Wohlergehens zu verringern. Dies sind die vier Schlüsselelemente einer Degrowth-Strategie.

## Für eine Verringerung des ökologischen Fußabdrucks

Das Prosperieren der Wirtschaft ist untrennbar mit dem der Ökologie verbunden. Genauso wie ein gesundes Organ in einem sterbenden Körper nicht lange überlebt, kann es in einer ökologischen Wüste keine florierende Wirtschaft geben – die Wirtschaft kann sich in einer kollabierenden Biosphäre nicht halten (oder zumindest nicht lange).

Genau wie der menschliche Körper ist auch die Wirtschaft ein Stoffwechsel, der Ressourcen verbraucht und Abfallstoffe abgibt. In streng physischer Hinsicht produziert und konsumiert die Ökonomie nicht, sondern wandelt nur um. Um weiter zu funktionieren, kann sich dieser wirtschaftliche Superorganismus nur die bereits vorhandenen natürlichen Ressourcen aneignen und sich nie vollständig seiner Abfälle entledigen, die, so unerwünscht sie auch sein mögen, in umgewandelter Form weiter existieren. Die Nachhaltigkeit einer Wirtschaft ist also eine Frage der Größe oder genauer gesagt der Proportionen. Um über die Zeit bestehen zu können, darf die Größe einer Wirtschaft weder die Regenerationsfähigkeit der natürlichen Ressourcen übersteigen, die sie verbraucht, noch die Assimilations- und Recyclingkapazitäten der Ökosysteme, in die sie ihre Abfälle entsorgt.

Ein Teich produziert Fische, die Geologie der Erde produziert fossile Brennstoffe, das Klima produziert Dienstleistungen wie die Aufrechterhaltung der chemischen Zusammensetzung der Atmosphäre. Doch diese *Biokapazität* (die Fähigkeit eines natürlichen Lebensraums, seine Reserven neu zu bilden und Abfälle zu absorbieren) hat ihren eigenen Rhythmus. Eine Karotte wächst in 75 Tagen, ein Baum kann mehrere Jahrzehnte brauchen, und eine Ressource wie Erdöl entsteht über mehrere hundert Millionen Jahre. Um nachhaltig zu sein, darf der ökologische Fußabdruck einer Wirtschaft (das heißt ihre Entnahmen und Auswirkungen auf die Natur) niemals die Biokapazität des betreffenden Gebiets übersteigen. Das gilt für die Wirtschaft eines Dorfes in Bezug auf die umliegende Natur ebenso wie für die globalisierte Wirtschaft in Bezug auf den gesamten Planeten. Dies ist die Grundregel jeder ökologischen Ökonomie: Die wirtschaftliche Geschwindigkeit von Verbrauch und Ausstoßung darf niemals die ökologische Geschwindigkeit von Regeneration und Assimilation übersteigen.

Eine lang anhaltende Überschreitung zerstört die Biokapazität, indem sie zu irreversiblen Beschädigungen des Ökosystems und zur Erschöpfung der natürlichen Ressourcen führt. Anders ausgedrückt: Die Übernutzung einer erneuerbaren Ressource macht diese immer weniger erneuerbar. Jede Gemeinschaft, deren ökologischer Fußabdruck größer ist als ihre Biokapazität, befindet sich im Zustand eines *ökologischen Defizits* oder einer *ökologischen Überschreitung*. Wenn Sie die Traglast eines Aufzugs um das Zwei- oder Dreifache überschreiten würden, würden Sie den Aufzug außer Betrieb setzen und sich einem Unfall aussetzen. Dasselbe gilt für Ökosysteme, die ebenfalls eine adäquate Tragfähigkeit haben. Die Überfischung einer Fischpopulation wird zu ihrem Aussterben führen, und die Emission von zu vielen Treibhausgasen in die Atmosphäre setzt uns einer globalen Erwärmung aus, die bereits viele Ökosystemleistungen stört.

In einem Land wie Frankreich wird diese Tragfähigkeit bei weitem überschritten. 2015 ging Frankreich bereits über mindestens sechs der sieben planetaren Grenzen hinaus:

Treibhausgasemissionen, Phosphor- und Stickstoffverbrauch, materieller Fußabdruck, ökologischer Fußabdruck und Bodennutzung.[5] Laut dieser Studie betrug der materielle Fußabdruck im Jahr 2015 21,9 Tonnen pro Kopf, was mehr als das Dreifache der nachhaltigen Grenze von 6,8 Tonnen pro Franzose ist. Der ökologische Fußabdruck der Franzosen betrug 4,8 globale Hektar (gha) pro Person, also das Doppelte unserer Biokapazität (2,4 gha), und die Treibhausgasemissionen entsprachen dem 3,4-fachen des Grenzwerts, der erlauben würde, einen seriösen Kurs zur Eindämmung der Klimaerwärmung einzuhalten. Die Zahlen sind klar und deutlich: Frankreich lebt weit über seine ökologischen Verhältnisse.

Da es unmöglich ist, eine überdimensionierte Wirtschaft vollständig grün zu machen (die Lehre aus dem zweiten Kapitel), muss zwangsläufig weniger produziert und konsumiert werden, um die Entnahme natürlicher Ressourcen und die Verschmutzung der Ökosysteme zu verlangsamen. Das erste Element, das Degrowth kennzeichnet, ist also: eine Diät, die auf die Wirtschaft angewendet wird, um ihren ökologischen Fußabdruck zu verringern und sie ökologisch gesund zu erhalten.

Wie bei einer Diät darf diese Reduzierung nicht auf null hinauslaufen, sondern nur auf ein Niveau, das unterhalb der ökologisch nachhaltigen Obergrenzen liegt. Für jede planetare Grenze (Klima, Biodiversität, Wasser, Boden etc.) gibt es eine Nachhaltigkeitsschwelle und einen Weg der Reduktion. Und für jedes Land, je nach dem Ausmaß der Überschreitung, einen Weg des Degrowth. Die amerikanische Wirtschaft wird also stärker schrumpfen müssen als die schwedische, und die Amerikaner werden nicht die gleichen Dinge produzieren müssen wie die Schweden. Sicher ist: Je früher ein Land mit der Schrumpfung beginnt, desto leichter (und damit möglicherweise auch ruhiger) wird diese Schrumpfung verlaufen. Umgekehrt werden Länder, je länger sie über ihr ökologisches Budget hinaus wachsen, früher oder später gezwungen sein, abrupt zu schrumpfen. Dann wird es schwieriger, den Übergang so zu planen, dass er gerecht, demokratisch und ruhig verläuft.

Um wirksam zu sein, muss diese »Diät« selektiv sein und vorrangig Güter und Dienstleistungen mit starken ökologischen Auswirkungen anvisieren. Um den $CO_2$-Fußabdruck (die Nutzung von Kohle, Öl und Gas) und den materiellen Fußabdruck (die Gewinnung von fossilen Brennstoffen, Mineralien, Metallen und Biomasse) zu reduzieren, gilt es vor allem, die Nutzung des Autos (26 % des durchschnittlichen $CO_2$-Fußabdrucks der Franzosen und fast die Hälfte ihres materiellen Fußabdrucks),[6] Gas- und Ölheizungen sowie die Viehzucht für Fleisch und Milchprodukte, den Flugverkehr, das Baugewerbe und nicht zuletzt die militärischen Aktivitäten zu reduzieren.

Erneut gibt es keine Knöpfe »Kohlenstoffemissionen«, »Bodennutzung« und »Sandabbau«, auf die man drücken könnte. Daher müssen präzisere Politiken des Degrowth aufgeboten werden. Nehmen wir noch einmal das Beispiel der Arbeitszeitverkürzung. Eine Studie über 29 Industrieländer im Zeitraum 1990–2008 zeigt, dass ein Anstieg der am Arbeitsplatz verbrachten Zeit um 1 % mit einem Anstieg des Energieverbrauchs um 0,4 % einhergeht.[7] Da der Energieverbrauch heute stark mit den Treibhausgasemissionen verbunden ist (46 % des französischen Energiemixes von 2020 besteht aus fossilen Energieträgern),[8] ist die Reduzierung der Arbeitszeit und damit der Produktion ein schnelles Mittel, um eine Schrumpfung einzuleiten und zumindest eine unserer sechs ökologischen Überschreitungen zu verringern.

Lassen Sie uns einige der anderen Hebel erkunden, die uns zur Verfügung stehen. Man kann sie in drei Grundkategorien einteilen: *Hebel des Verbots*, *Hebel der Rationierung* und *Hebel des Steuersystems*. Die erste Möglichkeit wäre, eine Reihe von nationalen Fluglinien zu schließen und die Anzahl der Flüge zu begrenzen,* Werbung für Flugreisen zu untersagen, den Verkauf von Autos mit Verbrennungsmotoren zu verbieten und die Geschwindigkeitsbegrenzungen zu senken. Die zweite Option wäre die *Rationierung* der Nutzung fossiler Brennstoffe mit dem System einer »$CO_2$-Karte«[9] oder gezieltere Quoten wie die Gewährung von begrenzten Flugrechten.† Die dritte, fiskalische Option würde die Preise für Aktivitäten erhöhen, vor denen man abschrecken möchte, zum Beispiel durch eine »progressive Steuer auf Flugtickets«[10] (der erste Flug wird nicht besteuert; auf den zweiten kommt ein Zuschlag von 150 € hinzu, wobei sich dieser Betrag mit jedem weiteren Flug erhöht‡), eine Kerosinsteuer, ein Bonus-Malus-System nach norwegischem Vorbild, das die Kosten für schwere, umweltschädliche Autos in die Höhe treibt und

---

* Anfang Juli 2022 kündigte die niederländische Regierung eine Obergrenze für die Anzahl der Flüge zum Flughafen Amsterdam-Schiphol an, die ab 2023 auf 440 000 Flüge pro Jahr beschränkt werden sollen, was einer Reduzierung von 11 % gegenüber 2019 entspricht.

† Beispielsweise würde der Gesetzentwurf »zur Einführung einer individuellen $CO_2$-Quote zur Einschränkung der Nutzung von Flugzeugen« (30. Juni 2020) alle fünf Jahre eine Höchstquote für Flugkilometer festlegen, die in Tonnen Kohlendioxidäquivalent gezählt wird.

‡ Man könnte auch den Fall der Schweiz nennen, die im Januar 2022 eine progressive Steuer auf Flugreisen (die Flugticketabgabe) von 28 bis 112 € je nach Flugdistanz und Ticketklasse eingeführt hat.

den Kauf leichter Elektrofahrzeuge fördert, und all dies, indem der Zugang zu anderen Aktivitäten ermöglicht wird, zum Beispiel indem öffentliche Verkehrsmittel kostenlos zur Verfügung gestellt werden.*

Diese Instrumente können sich überlagern. Zum Beispiel eine progressive Steuer auf Flugtickets zunächst parallel zur Schließung bestimmter nationaler Strecken, die nach einer gewissen Zeit einem System zur Rationierung von Flugreisen weichen könnte, und dann vielleicht später allgemein der Nutzung fossiler Energieträger auf nationalem Gebiet, bis hin zu einem vollständigen Verbot dieser Nutzung auf internationaler Ebene. Die gleiche Logik gilt für Autos: ein Bonus-Malus-System für Umweltverschmutzung und Gewicht mit einem Werbeverbot für die schwersten und umweltschädlichsten Autos, das einem Verkaufsverbot für diese Autos vorausgehen würde, das wiederum der Vorläufer für ein Verbot aller Autos mit Verbrennungsmotor wäre.

Diese Aufgabe ist leichter als gedacht, weil die Umweltbelastung geographisch stark konzentriert ist. So lassen sich zum Beispiel 71 % der weltweiten Emissionen auf nur 100 Unternehmen zurückführen, die hauptsächlich im Bereich der Energiegewinnung tätig sind, und die 20 Unternehmen mit dem größten Schadstoffausstoß verursachen ein Drittel dieser Emissionen.[11] Die gleiche Situation besteht bei anderen Belastungen. 2019 sind nur 20 Unternehmen für etwas mehr als die Hälfte des Plastikmülls auf dem Planeten ver-

---

* Man kann das Beispiel von Luxemburg anführen, das im März 2020 als erstes Land der Welt den öffentlichen Nahverkehr auf seinem Gebiet kostenlos anbot. Diese Logik der kostenlosen öffentlichen Verkehrsmittel findet man in über 60 französischen Städten, darunter Niort (seit 2017) und Dünkirchen (seit 2018).

antwortlich.[12] Nach Schätzungen des Kartographen Cedric Rossi[13] verteilen sich die Emissionen zum überwiegenden Teil auf einige große Industriegebiete, und 2021 machen die zehn umweltschädlichsten Fabriken 34 % der Industrieemissionen aus, was 7 % der Emissionen Frankreichs entspricht. Natürlich sind diese Unternehmen nicht allein für die Treibhausgase verantwortlich, aber dennoch würde ihre hohe Konzentration hypothetisch ein gezieltes Eingreifen ermöglichen (wir kommen darauf zurück).

Hier realisiert man, wie wichtig die Doppelnennung von *Produktion und Konsum* ist. Es nützt den Verbrauchern nichts, weniger mit dem Auto zu fahren, wenn der Rückgang der Emissionen durch zusätzliche militärische Aktivitäten kompensiert wird (ein B-52-Bomber verbrennt in einer Stunde so viel Treibstoff wie ein durchschnittlicher Autofahrer in sieben Jahren). Es ist sinnlos, in Frankreich die Produktion von SUVs einzustellen, wenn man sie weiterhin aus anderen Ländern importiert, und die Elektromobilität ist sinnlos, wenn man weiterhin SUVs *made in France* ins Ausland exportiert. Die Herausforderung besteht darin, ein koordiniertes Degrowth zu organisieren, bei dem weniger Konsum zu weniger Produktion anregt und umgekehrt.

## Demokratisch geplant

Degrowth ist nicht irgendeine Reduzierung von Produktion und Konsum. Im Unterschied zur chaotischen Rezession, die für eine Wachstumsökonomie symptomatisch ist, ist sie *geplant*, das heißt demokratisch mit der Gesellschaft abgestimmt und im Voraus von den staatlichen Stellen und den Beteiligten der Wirtschaft nach einem Plan organisiert. Es handelt sich nicht um eine unvorhergesehene, unkontrollierte und erlittene Krise, sondern um einen antizipierten, organisierten und gewählten Übergang.

Man muss nicht nur zwischen Degrowth und Rezession unterscheiden, sondern auch zwischen Degrowth und Kollaps. »*Degrowth by design*« (Schrumpfung durch Planung) steht nicht nur im Gegensatz zur Rezession, sondern auch zu »Degrowth by disaster« (Schrumpfung durch Katastrophe), das man besser als Zusammenbruch bezeichnen sollte.[14] Die Rezession (der Rückgang der wirtschaftlichen Aktivität, der sich in einem negativen BIP-Wachstum niederschlägt) ist ein sich wiederholender Unfall in einer Wirtschaft, die ein krankhaftes Bedürfnis nach Wachstum hat, um zu funktionieren (das Äquivalent zum Gewichtsverlust aufgrund einer Krankheit). Der Kollaps ist auf lange Sicht das unvermeidliche Ergebnis einer wachstumsorientierten Wirtschaft – das Äquivalent zum Sterben, nachdem man aufgrund einer Krankheit sein gesamtes Gewicht verloren hat. Degrowth ist im Gegensatz zu Rezession und Kollaps das erhoffte Resultat eines absichtlichen, freiwilligen Übergangs, der genau darauf abzielt, zu schrumpfen (*dank* einer wohltuenden Diät das Gewicht verlieren, das nötig ist, um volle Gesundheit zu erlangen).

Wenn Degrowth geplant werden muss, dann deshalb, weil das derzeitige Wirtschaftssystem (der Kapitalismus) nicht auf Schrumpfung ausgelegt ist und von Wirtschaftsakteuren beherrscht wird, die dies für inakzeptabel halten würden. Wie ein Hai, der ständig in Bewegung sein muss, um zu atmen, kann sich unser aktuelles Wirtschaftssystem nur durch Wachstum stabilisieren.[15] Daher wird es im gegenwärtigen Kontext, der durch eine allgemeine Verlangsamung der Wachstumsraten gekennzeichnet ist (die berühmte »säkulare Stagnation«), äußerst instabil. Es ist schwer vorstellbar, dass ein Ölkonzern auf die Ausbeutung profitabler Reserven verzichtet, um die globale Erwärmung zu vermindern, oder dass ein Investmentfonds seine Aktivitäten verlangsamt, um eine Finanzkrise zu vermeiden. Heute steht das Modell des gewinnorientierten Unternehmens dem Ziel des Degrowth entgegen. Doch hier gibt es einen Punkt, der allzu oft übersehen wird: Der Hang zum Wachstum ist selbst geplant.

Nichts produziert und verbraucht sich jemals von selbst. Und in diesem Sinne ist jede Wirtschaft auf die eine oder andere Weise geplant. Entgegen der gängigen Meinung ist der Neoliberalismus, der die heutige globalisierte Wirtschaft kennzeichnet, keineswegs das Gegenteil von Planung. Er ist in Wirklichkeit eine besonders geplante Form des Kapitalismus, in der große Unternehmen entscheiden, was produziert werden soll, flankiert vom Staat, der die Expansion des wirtschaftlichen Bereichs in die Gesellschaft offen fördert. Heute wird die Produktion auf mindestens vier Ebenen geplant. Die Manager von Unternehmen entscheiden, was produziert werden soll, oft mit Blick auf die Gewinnerzielung. Gemeinnützige Organisationen planen ihre Produktion ebenfalls, aber nach breiteren Kriterien. Als Individuen planen wir unsere Arbeit, im Allgemeinen mit dem Ziel, unsere Kaufkraft zu maximieren, sowie unseren Konsum (der wiederum teilweise bereits durch Werbung geplant wird). Und natürlich plant die Regierung einen Teil der Produktion, nämlich die der öffentlichen Verwaltung, und beteiligt sich an der Planung der restlichen Wirtschaft, indem sie diese reguliert (derzeit nach Wachstumszielen).

Wie würde eine organisierte Planung für Degrowth aussehen? Von den vier zuvor genannten Ebenen ist es wohl die Ebene der Unternehmen, die ein Problem darstellt. Denn die unverhältnismäßige Macht der Großunternehmen, die durch eine neoliberale Ideologie verstärkt wird, die die Gewinnorientierung zum Kompass der Gesellschaft macht, zwingt den anderen drei Ebenen ein nicht wünschbares Verhalten auf. Die Regierung ist gezwungen, die Interessen der Großkonzerne zu vertreten; Verbände müssen von den Almosen der Unternehmen und der öffentlichen Hand ihr Dasein fristen; und das Verhalten der Verbraucher wird durch Werbung und Praktiken der organisierten Obsoleszenz von den Unternehmen gelenkt. Um eine Degrowth-Strategie umsetzen zu können, muss man zwangsläufig die Kontrolle über die Organisationen zurückgewinnen, die heute aktiv jeden Versuch der Genügsamkeit blockieren.

Nehmen wir ein konkretes Beispiel. Wir wissen, dass die fossilen Unternehmen die Öl- und Gasförderung bis 2030 um 74 % reduzieren müssen.[16] Um die Erwärmung auf 1,5 °C zu begrenzen, müssten sie auf die Förderung von mindestens 60 % der Öl- und Gasreserven und 90 % der Kohlereserven verzichten.[17] Es ist schwer zu glauben, dass private, gewinnorientierte Unternehmen freiwillig auf diese potenziellen Gewinne verzichten werden. Wenn dies plausibel wäre, hätten sie es sicher bereits getan. Im Gegenteil machen diese Unternehmen alles, um ihre Margen zu sichern und weiter zu fördern.* Die Alternative besteht darin, sie (ganz oder teilweise)

* Zwischen 2010 und 2019 gaben die fünf größten fossilen Unternehmen (BP, Shell, ExxonMobil, Chevron und Total) 251 Millionen Euro für Lobbyarbeit gegen europäische Klimaregulierungen aus (laut dem »Transpa-

zu verstaatlichen und diese Entscheidung für sie zu treffen. Denkbar wäre ein staatlicher Energiepol, der EDF, Engie, Total und andere kleinere Anbieter vereinen würde, um die Koordination einer nationalen Strategie der Energieeinsparung und eines schnellen Übergangs zu kohlenstoffarmen Energien zu ermöglichen.

Nach derselben Logik könnte man einen strategischen Verkehrspol bilden, der die Verstaatlichung der SNCF, Autobahnen, Flughäfen und großen Flug- und Schifffahrtsgesellschaften umfassen würde. Wenn die Banken sich weiterhin weigern, den ökologischen Wandel zu finanzieren,* muss auch diese Entscheidung an ihrer Stelle getroffen werden. Eine demokratische Kontrolle der Großbanken würde erlauben, die Politik der Postbank zu verallgemeinern und die Finanzierung aller Unternehmen auszusetzen, die neue Projekte zur Förderung fossiler Energien entwickeln.[18] Dasselbe gilt für die Pharmaindustrie, Telekommunikationsunternehmen und alle anderen Unternehmen, die man in den kommenden Jahren radikal transformieren möchte. Auch wenn die geeignete Art der Führung für diese Organisationen auf lange Sicht eine offene Frage bleibt (wir werden uns im nächsten Kapitel mit diesem Thema befassen), ist ihre hierarchische Kontrolle durch eine Minderheit von Aktionären, die auf Rendite warten, grundsätzlich unvereinbar mit dem Ziel eines ökologischen Übergangs durch Degrowth.

---

renzregister« der Europäischen Union, einer Online-Datenbank, die die für Lobbyarbeit aufgewendeten finanziellen Ressourcen ausweist).

* Die Banken finanzieren weiterhin massiv fossile Energien auf einem Niveau, das 2021 über dem von 2016 lag, darunter die Société Générale, Crédit Agricole und BNP Paribas, der weltweit fünftgrößte Finanzier fossiler Energien (Bericht »Banking on climate chaos«, 2022).

Und unter Transformation muss man *Schließung*, *Abbau* und *Umstellung* verstehen, wie die Autoren der »ökologischen Umlenkung« erklären.[19] Die Automobilindustrie muss (freiwillig oder gezwungenermaßen) aufhören, große Autos mit Verbrennungsmotoren zu entwerfen, zu produzieren und zu verkaufen, und sich auf eine begrenzte Produktion von leichten Elektrofahrzeugen konzentrieren. Die Fluggesellschaften müssen bestimmte nationale Strecken und Flughäfen schließen und die meisten internationalen Flüge einstellen. Autobahngesellschaften müssen ihre Ausbaupläne aufgeben und einen Teil der bestehenden Infrastruktur demontieren. Die Banken müssen auf jegliche Investitionen in fossile Brennstoffe verzichten und die Schließung eines Teils der Finanzmärkte einleiten. Degrowth auf der Ebene der Volkswirtschaft ist das zusammenfassende Ergebnis vielfältiger Protokolle zu Schließung / Abbau / Umstellung auf der Ebene der Unternehmen.

Manche werden einwenden, dass diese Verstaatlichungsstrategien ein Risiko für die Produktivität dieser Unternehmen und für die Wettbewerbsfähigkeit des Landes darstellen (das sind in der Matrix der Wachstumswirtschaft die Gewinne und das BIP). Wir haben bereits gesehen, dass neu definiert werden muss, was unter Produktivität zu verstehen ist, und dass die Ideologie der Wettbewerbsfähigkeit aufgegeben werden muss angesichts des Handlungsbedarfs, mit dem wir konfrontiert sind und der vornehmlich ökologisch und sozial und erst dann wirtschaftlich ist. Ein Land wie Frankreich kann es sich erlauben, Gewinne zu verlieren (vor allem solche, die von bereits reichen Minderheiten vereinnahmt werden), aber es kann es sich nicht erlauben, seine Biodiversität und seine Ökosysteme zu verlieren.

Andere werden argumentieren, dass die Verstaatlichung eines Unternehmens keine Garantie für Nachhaltigkeit ist (wovon zum Beispiel die drei größten Emittenten der Welt, drei »staatliche« Unternehmen in Saudi-Arabien, China und Russland, zeugen).[20] Zunächst sei angemerkt, dass diese Unternehmen von totalitären Regimen geleitet werden. Zweitens sei angemerkt, dass *für das Degrowth* zu planen (Übernahme der Kontrolle, um zu schließen, abzubauen und umzuwandeln) den gegenteiligen Effekt einer Planung *für das Wachstum* hat (Übernahme der Kontrolle, um zu optimieren und zu akkumulieren). Wer hat die besseren Chancen, im Interesse des Planeten und des Gemeinwohls zu handeln, die Regierung oder multinationale Konzerne?

Natürlich ist die Verstaatlichung nicht die einzige Antwort. Strategische Sektoren und netzgebundene Güter und Dienstleistungen eignen sich leicht für eine öffentliche Verwaltung. Für andere muss das Ziel darin bestehen, die Unternehmen zu kooperativisieren, das heißt ihre Funktionsweise zu demokratisieren, in der Hoffnung, dass diese Offenheit für Beratung erlaubt, Entscheidungen im Interesse der Allgemeinheit zu treffen. Auch hier scheint es wahrscheinlicher, dass eine Genossenschaft beschließt, auf einen Teil ihrer Aktivitäten zu verzichten, um die Bewohnbarkeit unseres Planeten zu erhalten, als dass ein privates, hierarchisches und gewinnorientiertes Unternehmen die gleiche Entscheidung trifft. Im Hinblick auf den ökologischen Übergang würde die Aufspaltung der Entscheidungsgewalt die Vermeidung von Situationen erlauben, in denen jeder Transformationsversuch des Unternehmens, der der Profitorientierung zuwiderläuft, sofort von den Aktionären blockiert wird.

Um sich zu kooperativisieren, könnte ein Großunternehmen zunächst einen »inklusiven Eigentumsfonds«[21] schaffen, das heißt einen Fonds in kollektivem Besitz, der von demokratisch gewählten Vertretern verwaltet wird und in dem die Unternehmen neue Anteile ausgeben. Man könnte auch die Stimmrechte von nicht-geschäftsführenden Anteilseignern deckeln, Stimmrechte von finanziellen Rechten trennen und die Entscheidungsprozesse komplett neu gestalten und dabei auf die Erfahrungen bestehender Genossenschaften zurückgreifen.

## Im Geiste sozialer Gerechtigkeit

Degrowth muss nicht nur ökologisch effizient, sondern auch gerecht sein. Von Degrowth *im Geiste sozialer Gerechtigkeit* zu sprechen bedeutet, das Prinzip der »gemeinsamen, wenngleich unterschiedlichen Verantwortlichkeiten«* anzuwenden, das heißt von Recht und Billigkeit: Jeder muss entsprechend seiner Situation einen Beitrag leisten. Es sind die Verbraucher mit dem größten Fußabdruck, die vorrangig dekonsumieren und auf einen Teil ihrer Einkünfte verzichten müssen, es sind die Unternehmen mit der größten Umwelt-

* Dies ist Grundsatz Nr. 7 der Rio-Erklärung der Vereinten Nationen (1992): »Angesichts der unterschiedlichen Beiträge zur globalen Umweltverschlechterung tragen die Staaten gemeinsame, wenngleich unterschiedliche Verantwortlichkeiten. Die entwickelten Staaten erkennen die Verantwortung an, die sie in Anbetracht des Drucks, den ihre Gesellschaften auf die globale Umwelt ausüben, sowie in Anbetracht der ihnen zur Verfügung stehenden Technologien und Finanzmittel bei dem weltweiten Streben nach nachhaltiger Entwicklung tragen.«

verschmutzung, die vorrangig ihre Produktion verlangsamen und auf einen Teil ihrer Gewinne verzichten müssen, und es sind die Länder mit der größten Umweltzerstörung, die die größten Anstrengungen unternehmen müssen, um ihr BIP zu senken. Und damit müssen diejenigen, die heute am verletzlichsten sind (Geringverdiener, Kleinunternehmen und Vereinigungen in Schwierigkeiten sowie die Länder des Südens), von der Veränderung der Organisation der Wirtschaft profitieren.

Es handelt sich um eine Logik von »Kontraktion und Konvergenz«: Degrowth für die Privilegierten (die *Kontraktion*) und Wachstum für diejenigen, die es am nötigsten haben (die *Konvergenz*). In einer Welt mit immer strafferen Umweltauflagen müssen wir unsere Umweltbudgets gerechter aufteilen. Wenn die Länder des Südens mehr Ressourcen für den Aufbau der für das Wohlergehen wichtigen Infrastrukturen benötigen, müssen die Volkswirtschaften der Länder des Nordens schrumpfen. Anders ausgedrückt: Das Degrowth der reichen Länder ist eine *conditio sine qua non* für das Prosperieren der armen Länder.

Wenn die ökologische Ziellinie der Degrowth-Strategie eine Wirtschaft mit einem nachhaltigen biophysischen Stoffwechsel ist, ist ihre soziale Ziellinie eine gerechte Gesellschaft, in der jeder genug hat, um seine Bedürfnisse zu befriedigen, ohne dass jemand übermäßig konsumiert. Diese beiden Ziele bilden zusammen einen »sicheren und gerechten Raum für die Menschheit«,[22] so die Wirtschaftswissenschaftlerin Kate Raworth.

Der erste Teil dieser großen Transformation besteht darin, die Produktion und den Konsum der privilegiertesten Bevölkerungsgruppen zu kontrahieren. Geographisch gesehen beginnt diese Aufgabe in den Ländern mit hohem Einkommen. Einige Größenordnungen: Europa und Nordamerika sind allein für die Hälfte der 2450 Milliarden Tonnen $CO_2$ verantwortlich, die seit 1850 weltweit ausgestoßen wurden,[23] und 2010 monopolisierte der $CO_2$-Fußabdruck der Europäischen Union 90 % des jährlich verfügbaren globalen $CO_2$-Budgets.[24] Zusammen haben die Einwohner der Länder des Nordens 92 % der $CO_2$-Emissionen verursacht, die über das Kohlenstoffbudget hinausgehen, mit dem der Grenzwert für Klimastabilität von 350 ppm eingehalten werden kann.[25] Wenn man die gleiche Rechnung für den Materialverbrauch (den Materialfußabdruck) aufmacht, sind die Länder mit hohem Einkommen (die nur 16 % der Weltbevölkerung ausmachen) für 74 % des über die globale Grenze von 50 Gt pro Jahr hinausgehenden Verbrauchs verantwortlich – eine Grenze, die von den Wissenschaftlern als Grenzwert für eine nachhaltige Nutzung der natürlichen Ressourcen festgelegt wurde.[26]

Doch es gibt einen Haken: Hinter diesen durchschnittlichen Fußabdrücken verbergen sich große Unterschiede, selbst innerhalb der reichsten Länder. 1990 war die Situation einfach: Die reichen Länder verschmutzten viel und die armen Länder wenig. Dreißig Jahre später hat sich die Situation grundlegend geändert. Die Kohlenstoffungleichheit ist nicht mehr (oder zumindest weniger) eine Frage der Divergenz zwischen Ländern, sondern eine Frage der Divergenz zwischen sozialen Klassen. Heute sind die reichsten zehn Prozent der Weltbevölkerung für 47,6 % der Gesamtemissionen verantwortlich – viermal so viel wie die ärmere Hälfte der Menschheit.[27] Reichtum verschafft ein »Energieprivileg«:[28] Die reichsten fünf Prozent der Welt verbrauchen mehr Energie als die ärmere Hälfte der Menschheit.[29] In einer Welt, in der bereits zu viel Energie verbraucht wird, ist dieses Privileg jedoch ebenso unhaltbar wie unmoralisch: Das wohlhabendste Dezil hat 56 % des 1,5 °C-Kohlenstoffbudgets verbraucht, während die ärmsten 50 %, die nach aller Logik einen vorrangigen Zugang zu den verfügbaren Ressourcen haben sollten, nur 4 % verbrauchten.[30]

In Frankreich verdienen die reichsten 10 % der Haushalte im Durchschnitt siebenmal so viel wie die ärmsten 50 %, und ein Haushalt, der zu diesem obersten Dezil gehört, emittiert durchschnittlich 24,7 t $CO_2$e, also fünfmal so viel wie die ärmere Hälfte der Franzosen.[31] Um die Emissionen bis 2030 um mindestens 55 % und bis 2050 um noch mehr zu senken, muss der Fußabdruck der größten Verbraucher und Produzenten zwangsläufig drastischer reduziert werden als der Fußabdruck derjenigen, die heute am wenigsten verschmutzen. Laut einem Bericht von France Stratégie[32] müssen die ärmsten 50 % der Haushalte ihren $CO_2$-Fußabdruck bis 2030 um 4 % reduzieren, während die reichsten 10 % der Haushalte,[33] das heißt diejenigen mit einem Einkommen von mehr als 3328 Euro pro Monat und einem Vermögen von mehr als 607 700 Euro, ihren CO2-Fußabdruck um 81 % reduzieren müssen. Nach Berechnungen des Ingenieurs Clément Caudron[34] wäre es möglich, das französische BIP zu halbieren, ohne das Einkommen der ärmsten Hälfte der Bevölkerung anzutasten. Dies ist zwar nur eine Größenordnung, zeigt aber deutlich, dass ein Land wie Frankreich über einen großen Spielraum verfügt, um das BIP zu senken, ohne die Ungleichheiten zu verstärken.

Diese Kontraktion kann auf verschiedene Arten erfolgen, von denen einige gerechter sind als andere. Die derzeitige $CO_2$-Steuer ist regressiv, da sie proportional ist: Die sparsamsten Haushalte zahlen pro Tonne eine Steuer, die der entspricht, die von den Haushalten mit dem höchsten Schadstoffausstoß gezahlt wird. Es gibt jedoch andere, gerechtere Mechanismen. Eine $CO_2$-Steuer mit einem Umverteilungsmechanismus nach dem Modell des »Klimabeitrags zur Bekämpfung der Energiearmut«[35] würde es der Hälfte der verwundbarsten französischen Haushalte ermöglichen, mehr zu erhalten, als sie zahlen. Man könnte auch, wie Thomas Piketty vorschlägt,[36] zumindest den Einkommensteuertarif anpassen, um die Auswirkungen der $CO_2$-Steuer auf die ärmsten Haushalte zu neutralisieren, oder sogar eine progressive Besteuerung der Emissionen einführen (keine Steuer auf die ersten Tonnen und dann eine progressive Verteuerung bis zum maximalen Niveau des Fußabdrucks, bei dessen Überschreitung eine Geldstrafe an die Stelle der Steuer treten würde).

Auch der $CO_2$-Fußabdruck des Finanzvermögens sollte berücksichtigt werden, der heute 70 % der Emissionen des reichsten Hundertstels ausmacht.[37] Ein Bericht von Greenpeace / Oxfam[38] schätzt, dass der $CO_2$-Fußabdruck des Finanzvermögens der 63 französischen Milliardäre 152 Millionen Tonnen beträgt, was dem $CO_2$-Fußabdruck des Finanzvermögens der Hälfte der französischen Haushalte entspricht. Der Durchschnittsfranzose kann noch so sehr auf das Fliegen verzichten und aufhören, Fleisch zu essen, die Initiative wird ins Leere laufen, wenn diejenigen, die die Unternehmen kontrollieren, weiterhin in die Herstellung all der Dinge investieren, deren Produktion dringend gestoppt werden müsste.

Eine weitere Option ist die Einführung individueller Kohlenstoffkonten nach dem Modell der »*Tradable Energy Quotas*«[39] (handelbare Energiezertifikate). Das französische $CO_2$-Budget würde jedes Jahr in Genehmigungen aufgeteilt, ein Teil würde als universeller $CO_2$-Zuschuss an jeden Bürger verteilt, und der Rest würde verschiedenen Unternehmen, Vereinigungen und Behörden zugewiesen. Jedes Mal, wenn ein Verbraucher fossile Energie (zum Beispiel Benzin, Gas oder Heizöl) kauft, würde er zusätzlich zum Kaufpreis mit der entsprechenden Menge an $CO_2$-Genehmigungen belastet. Ebenso müsste ein Unternehmen jedes Mal, wenn es fossile Energie für die Produktion kaufen würde, ebenfalls Genehmigungen verwenden. Verbraucher und Organisationen, die nicht alle ihre $CO_2$-Zertifikate vollständig nutzen, könnten diese auf einem Sekundärmarkt zu regulierten Preisen weiterverkaufen.

Nehmen wir wieder das Beispiel des Flugverkehrs. 2018 verursachte 1 % der Weltbevölkerung 50 % der Emissionen in diesem Sektor, und über 96 % flogen nicht.[40] Nur 10 Länder teilen sich 60 % der Emissionen des Sektors.[41] In der Europäischen Union fliegen nur die reichsten 10 % der Haushalte.[42] In Großbritannien werden 60 % der Flüge von 10 % der Bevölkerung benutzt, und die Hälfte der Bevölkerung fliegt nie.[43] Das Gleiche bei uns: Nur ein Viertel der Franzosen fliegt jedes Jahr.[44]

Ein Degrowth des Flugverkehrs *im Geiste sozialer Gerechtigkeit* würde darin bestehen, den Zugang zu Flugzeugen für diejenigen zu verteuern, die viel fliegen (abgesehen von Ausnahmen wie humanitären Organisationen, Diplomaten, Wissenschaftlern etc.), damit auch diejenigen, die noch nie geflogen sind, davon profitieren können, ohne die klimatische Stabilität zu gefährden. Vorrangig sollte die Nutzung von Privatjets stark eingeschränkt und die Business und First Class abgeschafft oder zumindest eine direkte Steuer pro Flug eingeführt werden, die proportional zur zurückgelegten Strecke ist.* Für die kommerzielle Luftfahrt könnte man eine Gesamtzahl von Flügen pro Jahr festlegen (die auf dem Wege der Dekarbonisierung abnehmen würde) und diese in Abhängigkeit von ihrer Nutzung so gerecht wie möglich verteilen.

Wenden wir uns bei dem Übergang des Degrowth nun dem Teil der *Konvergenz* zu. Um die Situation in den Ländern des Südens zu verbessern, müssen die Länder des Nordens die internationalen Verzweigungen ihres Wirtschaftsmodells komplett überdenken. Die Globalisierung unterstützt heute einen veritablen »extraktivistischen Kreislauf«:[45] Die reichen Länder importieren natürliche Ressourcen zu einem künstlich niedrigen Preis und entschädigen die Exportländer nicht für die Schäden, die bei deren Abbau entstehen. Um diesen »imperialen Lebensstil«[46] zu beenden, bedarf es einer Umkehr: Das Volumen der Importe muss proportional zum Rückgang von Produktion und Verbrauch reduziert werden, während die Finanzströme vom Norden in den Süden erhöht werden.

Das war die Idee hinter der Yasuní-ITT-Initiative in Ecuador. Zwischen 2007 und 2013 hatte der damalige Präsident den Ländern, die bei ihm Öl kauften, angeboten, ihnen »Rechte zur Vermeidung von Treibhausgasemissionen« zu verkaufen. Im Gegenzug verpflichtete er sich, den Yasuní-Park und die Ölreserven, die sich unter seinem Boden befinden, für unantastbar zu erklären. Hier haben wir also eine konkrete Möglichkeit, natürliche Ressourcen zu schützen und die Entwicklung der Länder des Südens zu finanzieren, während der

---

* Das war einer der Vorschläge der Bürgerversammlung für das Klima: eine Steuer von 360 € für jeden Flug mit einem Privatjet über weniger als 2000 km und 1200 € darüber hinaus sowie das Äquivalent für Flüge in der Business Class (180 € bzw. 400 €) und in der Economy Class (30 € bzw. 60 €).

Konsum in den reichen Ländern reduziert wird. Die Länder des Nordens würden weiterhin für Ressourcen zahlen, die nicht mehr abgebaut, sondern zu einer Art Weltkulturerbe werden. Dies wäre eine Möglichkeit für die Industrieländer, ihre Klimaschulden zu begleichen.

## Und in der Sorge um das Wohlbefinden

Ein Anstieg des BIP korreliert unterhalb eines bestimmten Niveaus des Pro-Kopf-Einkommens mit einem Anstieg des Wohlbefindens. Oberhalb dieses Niveaus kehren sich die Effekte um. Der Anstieg des BIP wird schädlich, insbesondere wenn das BIP ungerecht verteilt ist. Anders ausgedrückt: In einem Land wie Frankreich macht Wachstum nicht mehr glücklich (Kapitel 4). Abgesehen davon könnte ein drastischer und schlecht organisierter Rückgang der wirtschaftlichen Aktivitäten, das heißt eine Rezession, die Lebensqualität verschlechtern. Daraus ergibt sich das vierte Element: Degrowth zielt darauf ab, *in der Sorge um das Wohlbefinden* die Produktion und den Konsum zu reduzieren.

Stellen wir uns ein Koordinatensystem mit zwei Achsen vor, auf dem alles, was eine Volkswirtschaft produziert,[47] angeordnet wird. Es gäbe eine ökologische Achse entsprechend dem Beitrag jedes Produkts zum nationalen Fußabdruck (der *ökologische Fußabdruck*) und eine soziale Achse entsprechend dem Beitrag zum allgemeinen Wohlbefinden (der Fußabdruck des Wohlbefindens). Der einfachste Weg, den ökologischen Fußabdruck zu senken und gleichzeitig die Lebensqualität zu erhalten, besteht darin, auf stark umweltbelastende Produkte zu verzichten, die wenig zum Wohlbefinden beitragen. Wenn man beispielsweise die Zahl der Flugreisen reduzieren will, wird man mit den häufigen Wochenendurlauben der wohlhabenderen Haushalte beginnen und nicht mit humanitären Flügen und Familientreffen; wenn man die Zahl der großen, umweltschädlichen Autos reduzieren will, wird man mit den Privatfahrzeugen in den Großstädten beginnen und nicht mit Krankenwagen und Bergrettungsdiensten im Hochgebirge.

Ein kurzer internationaler Vergleich zeigt uns, dass die Spielräume für Degrowth gigantisch sind. Bei einer ähnlichen Lebensqualität beträgt der durchschnittliche $CO_2$-Fußabdruck eines Costa Ricaners nicht mehr als 3 Tonnen $CO_2$-Äquivalent, während der eines Franzosen bei etwa 10 Tonnen und der eines Amerikaners bei fast 15 Tonnen liegt.[48] Um Degrowth *in der Sorge um das Wohlbefinden* zu organisieren, müssen wir von den Ländern lernen, denen es gelingt, das Wohlbefinden vom ökologischen Fußabdruck zu entkoppeln (eine Frage, die übrigens viel wichtiger ist als die Entkopplung vom BIP). Eine andere vergleichende Studie schätzt, dass es möglich ist, ein hohes Niveau an Wohlbefinden mit einem niedrigen Energiebedarf zu erreichen (zwischen 13 und 18 GJ pro Kopf, was einem Zehntel des Energieverbrauchs eines durchschnittlichen Franzosen entspricht).[49] In den 106 untersuchten Ländern sind die Qualität der öffentlichen Dienstleistungen, die Umverteilung der Einkommen und die Demokratie statistisch gesehen effektivere Strategien zur Steigerung des Wohlbefindens und in ökologischer Hinsicht weit weniger belastend als das BIP-Wachstum.

Eine Politik des geglückten Degrowth würde somit darin bestehen, den Zugang zu hochwertigen öffentlichen Dienstleistungen auszuweiten, zum Beispiel durch Unentgeltlichkeit. Gesundheit, Bildung, öffentlicher Nahverkehr, Wasserwirtschaft, Internetzugang, Telefonie und andere wesentliche Güter und Dienstleistungen würden kollektiv durch Beiträge nach dem Modell der sozialisierten Kostenfreiheit finanziert und möglichst lokal und demokratisch nach einer nicht gewinnorientierten Logik verwaltet. Die Preisgestaltung für diese Güter und Dienstleistungen wäre progressiv: Unentgeltlichkeit für unverzichtbare Dinge und eine progressive Verteuerung des Verbrauchs, um Verschwendung und »Missbrauch«[50] zu bestrafen.

Noch einmal: Was für das Wohlbefinden wirklich zählt, ist nicht die Kaufkraft, sondern die Lebenskraft. Was nützt es, den Geldbeutel der Verbraucher zu schützen, wenn die eigentliche Logik der gewinnorientierten Produktion darauf abzielt, zum höchstmöglichen Preis zu verkaufen? Das ist kein Problem der Kaufkraft, sondern ein Problem der *Verkaufsmacht*, die für große Unternehmen mit einer Quasi-Monopolstellung zu einer *Super-Verkaufsmacht* geworden ist. Stattdessen sollte man die Preise für wesentliche Dinge beschränken und den tatsächlichen Produktionskosten annähern, was all die Sektoren einbrechen lassen würde, die heute durch die wahnwitzigen Gewinnspannen kapitalistischer Unternehmen angekurbelt werden. Nach dem Wiener Modell dürften die Immobilienpreise einen bestimmten Höchstwert nicht überschreiten, und das Gleiche gilt für die Preise für Medikamente, Versicherungen und all die anderen Dinge, ohne die man nicht menschenwürdig leben könnte.

Dies gibt uns eine klare Roadmap für die Aufrechterhaltung und Steigerung des Wohlbefindens während der großen Verlangsamung der Wirtschaft. Lassen Sie uns diese in zwei

Grundkategorien einteilen: Konsumverzicht und Nicht-Produktion. Hinter der Frage der Produktion steht die Frage der Arbeit und ihres Nutzens. Während des Lockdowns fragten sich viele, ob ihre berufliche Tätigkeit das Risiko rechtfertigt, das Virus auf dem Weg zur Arbeit zu verbreiten. Heute lautet die Frage ähnlich: Rechtfertigt meine berufliche Tätigkeit das Risiko eines ökologischen Kollapses? Und allgemeiner, auf der Ebene von jedem Gebiet und jedem Unternehmen: Was brauchen wir wirklich? Das ist eine Frage der Prioritäten: Wir müssen die umweltschädlichsten und am wenigsten nützlichen Aktivitäten runterfahren, um diejenigen zu erhalten, die wir als wesentlich erachten und die dann so grün wie möglich gemacht werden müssen.

Eine Beschäftigungsgarantie[51] könnte die vorübergehende Arbeitslosigkeit bei den großen Industrieschließungen vermeiden. Man könnte sich vorstellen, das System der »Territorien mit null Langzeitarbeitslosen«[52] zu verallgemeinern und auf der Ebene einer jeden Gemeinde *Beschäftigungsgenossenschaften* zu gründen. Diese Instanzen der partizipativen Demokratie innerhalb der Territorien würden die Bedürfnisse oder Defizite ermitteln und die Fähigkeiten der Einwohner erfassen, die mehr arbeiten möchten, mit dem Ziel, Arbeitsplätze zu schaffen, die sowohl die Bedürfnisse der Gemeinschaft als auch die Wünsche der Arbeitnehmer zu befriedigen erlauben. Diese *Arbeitsgemeinschaften* würden zu demokratischen Foren werden und die wirtschaftliche Aktivität ständig anpassen.

Dieselbe Logik gilt auf der Seite des Konsums. Wir erinnern uns an einen der Vorschläge der Bürgerversammlung für das Klima, dass auf der Werbung für besonders umweltschädliche Produkte stehen sollte: »Brauchen Sie das wirklich? Übermäßiger Konsum schadet unserem Planeten.«[53] Sich von Besitztümern (und Begehrlichkeiten) zu trennen, die einem nicht so wichtig sind, wäre eine Möglichkeit, unsere Prioritäten neu zu ordnen und einige dieser Gegenstände umzuverteilen – eine Wirtschaft, in der eine Organisation wie Emmaüs sehr viel wichtiger wird als Amazon.

Dieser Prozess beginnt auf der individuellen Ebene mit Überlegungen zur freiwilligen Einfachheit, ähnlich wie die Technik der Dekonsumption der japanischen Ökonomin Marie Kondo,[54] die darin besteht, jeden Besitz mit der Frage zu bewerten, *macht diese Sache Sie glücklich?* Diese Überlegung geht dann auf der lokalen Ebene weiter, und es wird diskutiert, welche Besitztümer man zusammenlegen könnte, um sie gemeinsam zu nutzen (Fahrgemeinschaften, Sozialkaufhäuser, im Viertel kollektive Werkzeugkästen, Bücherkisten, Online-Tauschbörsen, Freiluft-Fitness, Online-Enzyklopädien und sogar die gemeinsame Nutzung von Waschmaschinen), und Dinge, die überflüssig werden könnten, wenn man sich organisieren würde, um sie abzuschaffen (Wasserflaschen, Autos und Hotels, die dank öffentlicher Brunnen, öffentlicher Verkehrsmittel und Netzwerken für die gegenseitige Unterbringung nicht mehr gebraucht werden).

Bevor wir nach Opfern rufen, sollten wir uns bewusst machen, dass die meisten Aktivitäten, die für unser Wohlbefinden am wichtigsten sind, einen sehr geringen ökologischen Fußabdruck haben und nicht im engeren Sinne als Arbeit und Waren betrachtet werden: Zeit mit Freunden verbringen, in der Natur spazieren gehen, lesen und Musik machen oder auch an politischen Debatten teilnehmen. Weniger zu produzieren würde die Arbeitszeit senken und somit mehr Zeit für die Produktion all der Dinge schaffen, die das BIP nicht misst, und für den Genuss all der Reichtümer, die wir bereits haben. Man könnte also »weniger arbeiten, um besser zu leben«,[55] auf die Entwicklung größerer Autos, den Bau von 5G-Antennen und die Entwicklung des Weltraumtourismus verzichten, um sich dem Vereins- und politischen Leben widmen zu können, selbst wenn dies im Hinblick auf das BIP weniger Gewicht hat. Das wirtschaftliche Degrowth wäre dann ein immenses intellektuelles, hedonistisches, humanistisches und ökologisches Wachstum[56] und ein gewaltiger Fortschritt für unsere Gesellschaften.

Eine Wirtschaft auf Degrowth umzustellen bedeutet, *die Produktion und den Konsum zu reduzieren, um den ökologischen Fußabdruck demokratisch geplant, im Geiste sozialer Gerechtigkeit und in der Sorge um das Wohlbefinden zu verringern.* Ein intelligentes Degrowth würde erlauben, unter ökologisch nachhaltige Obergrenzen zu sinken und gleichzeitig eine dreifache soziale Dividende zu generieren: eine partizipativere Wirtschaft, in der wir gemeinsam entscheiden, was wir produzieren und konsumieren wollen, weniger Armut und Ungleichheiten und eine Lebensqualität, die gegenüber geopolitischen, wirtschaftlichen und ökologischen Schocks resilienter ist. Es ist ein »glücklicher Zufall«, wie Jason Hickel sagt: Was wir tun müssen, um zu überleben, ist auch das, was wir tun müssten, um glücklich zu sein.[57]

Was Degrowth als Konzept definiert, ist das Zusammenbringen dieser vier Bestrebungen in einer einzigen Übergangsstrategie. Wer Übergang sagt, muss auch *Ziel* sagen, und wir werden nun sehen, wie das Wirtschaftssystem aussehen würde, zu dem Degrowth uns führen würde.

7

# EIN PROJEKT DER GESELLSCHAFT

## Auf dem Weg in die Postwachstumsökonomie

Im vorigen Kapitel wurde Degrowth als eine *demokratisch geplante, im Geiste sozialer Gerechtigkeit und in der Sorge um das Wohlbefinden vorgenommene Reduzierung der Produktion und des Konsums zur Verringerung des ökologischen Fußabdrucks* definiert. Eine Volkswirtschaft ist jedoch nicht dazu aufgerufen, bis zum völligen Verschwinden zu schrumpfen. Die Reduktion der Produktion und des Konsums ist nur eine Übergangsphase, ein Mittel. Daher muss geklärt werden, wohin der Transformationsprozess führen soll, den Degrowth darstellt, das heißt welches Wirtschaftssystem an die Stelle der heute bekannten Wachstumswirtschaft treten soll.

Es ist sinnvoll, diese zweite Phase als *Postwachstum*[1] zu bezeichnen, ein Wort, das man mit denselben Vorstellungen verbinden kann, die die Forscher haben, die von einer Gesellschaft *des* Degrowth sprechen (das heißt einer Wirtschaft, die nach den mit Degrowth assoziierten Werten funktioniert). Das ist eine *stationäre Wirtschaft in einer harmonischen Beziehung zur Natur, in der Entscheidungen gemeinsam getroffen werden und der Wohlstand gerecht verteilt wird, um ohne Wachstum prosperieren zu können.* Hier finden wir die im vorigen Kapitel definierten vier Hauptpunkte wieder (Nachhaltigkeit, Demokratie, Gerechtigkeit, Wohlbefinden), doch aus einer anderen Perspektive: nicht mehr als Kriterien des temporären Übergangs, sondern als Prinzipien der Funktionsweise einer dauerhaften Wirtschaft.

## Eine stationäre Ökonomie

Eine *im Wachstum* begriffene Wirtschaft produziert und konsumiert immer mehr, und eine *im Degrowth* begriffene Wirtschaft produziert und konsumiert immer weniger. Wie der Name sagt, ist eine stationäre Wirtschaft stabil. Die Wirtschaftsaktivität kann je nach Bedarf und Produktivität leicht nach oben und unten schwanken, doch ändert sie ihre Größe nicht grundlegend. Wir haben gesehen, dass die Rezession und Degrowth eine Verringerung des BIP mit gänzlich gegenteiligen Effekten erzeugen. Analog dazu hätte eine stationäre Postwachstumsökonomie ein stabiles BIP, ebenso wie das, was die Ökonomen als »säkulare Stagnation« bezeichnen, die Verlangsamung oder Aufhebung der Wachstumsraten, die seit Mitte der 1990er Jahre in Japan zu beobachten ist.

Anders als in Japan, einer Wachstumsökonomie, der es nicht mehr gelingt zu wachsen, wäre die Größe einer Postwachstumsökonomie keine Frage des Zufalls. Wie eine Diät, die ein bestimmtes Gewicht anvisiert, um die Gesundheit und das Wohlbefinden des Einzelnen zu fördern, ist das Postwachstum eine Strategie, die darauf abzielt, eine theoretische wirtschaftliche Größe zu erreichen, die Wohlbefinden und soziale Gerechtigkeit (die soziale Untergrenze) gewährleistet, ohne die Tragfähigkeit der Ökosysteme (die ökologische Obergrenze) zu überschreiten. Wir kommen also auf die zwei Grundfragen zurück, die uns durch das ganze Buch geführt haben: »Was brauchen wir wirklich, um glücklich zu sein?« und »Was können wir uns wirklich zu produzieren erlauben, um die Bewohnbarkeit unseres Planeten zu erhalten?«.

Das sollte das Ziel einer jeden Wirtschaft sein. Dennoch verbinden wir heute die Produktion mit der *Akkumulation* (immer mehr), wobei wir sie doch mit der Befriedigung (genug) verbinden sollten. Eine Wirtschaft der Befriedigung produziert das, was wir wirklich brauchen – nicht mehr, da die menschlichen Bedürfnisse grundsätzlich endlich sind. Natürlich können neue Bedürfnisse entstehen, die eine Mehrproduktion erfordern, genauso wie andere Bedürfnisse verschwinden können, was mit einem Rückgang der Produktion einhergeht. Während einer Pandemie werden mehr Masken produziert, und nach dem Ende der Krise wird der Fuß vom Gas genommen. Die Wirtschaft als Ganzes erlebt Phasen eines (leichten) Wachstums und eines (leichten) Degrowth, im ursprünglichen Sinne des Produktionsrückgangs, je nach ihrem sozialen und ökologischen Kontext. Dies wäre eine »stationäre Wirtschaft« im Sinne des Ökonomen Herman Daly.[2]

Ein weit verbreiteter Zweifel muss sofort ausgeräumt werden: Die Stagnation der Produktion bedeutet keineswegs das Ende von Innovation und Fortschritt. In einer stationären Postwachstumsökonomie werden die Produktivitätsgewinne nicht wie heute zur Steigerung der Produktion genutzt, sondern vielmehr dazu, die Arbeitszeit zu verkürzen und die Arbeitsbedingungen angenehmer zu gestalten. Wenn es uns gelingt, bestimmte Beschäftigungen zu automatisieren, können wir diese Produktivitätsgewinne kollektiv in Form einer Senkung der

Arbeitszeit weitergeben und so Zeit für nichtwirtschaftliche Aktivitäten freisetzen. Dies ist ein Fortschritt, der die Qualität verbessert, ohne zwangsläufig die Quantität zu erhöhen.

Um stationär zu bleiben, muss sich eine Volkswirtschaft vom Wachstumsimperativ befreien, das heißt von allen Mahnungen, immer mehr zu produzieren und zu konsumieren. Wie wir im ersten Kapitel gesehen haben, werden diese Mahnungen von drei Gruppen von Hauptakteuren ausgesendet: den Regierungen (über die Wachstumspolitik), den Unternehmen (über das Profitstreben) und den Verbrauchern (über das Streben nach Einkommen). Eine Postwachstumsökonomie muss sich aller Institutionen entledigen, die das »immer mehr« fördern, so der Verwendung des BIP als Ziel der Wirtschaftspolitik, des Status eines gewinnorientierten Unternehmens und der Werbung, die zum Kauf anregt.

Wir können uns sehr gut eine Wirtschaft vorstellen, die auch ohne Wachstum funktionieren könnte. Eine funktionale Wirtschaft mobilisiert natürliche Ressourcen (aber nicht zu viele), um (nützliche) Güter und Dienstleistungen zu produzieren und (gerecht) zu verteilen, während sie gleichzeitig in neue (notwendige) Aktivitäten investiert. Eine Wirtschaft, die zum Postwachstum wird, durchläuft während der Phase des Degrowth eine systemische Metamorphose. Um eine Analogie von Herman Daly aufzugreifen,[3] wäre dies ein wenig so, als würde man ein Flugzeug (das nur fliegen kann, wenn es vorankommt) in einen Hubschrauber umwandeln, der auf der Stelle verharren kann. Das ist eine große Aufgabe, die sich in vier Projekte der Transformation unterteilen lässt: (1) unsere Beziehung zum Lebenden überdenken, (2) die Art und Weise unserer Produktion transformieren, (3) die Verteilung des Wohlstands angleichen und (4) Prosperität neu definieren.

## In Einklang mit der Natur

Wie wir im vorigen Kapitel gesehen haben, ist das Leben in Einklang mit dem übrigen Lebenden eine Frage der Nachhaltigkeit. Es ist ein Prinzip der guten Verwaltung: Man verbraucht nicht mehr, als die Ökosysteme produzieren können, und man stößt nicht mehr aus, als sie entsorgen können. Kurz gesagt: Man achtet auf ihre Gesundheit. Die Tragfähigkeit der Ökosysteme (die *Biokapazität*) legt Schwellenwerte für die Entnahme und Verschmutzung fest, die nicht überschritten werden dürfen. Dies ist die bekannte Definition von »nachhaltiger Entwicklung«: eine Entwicklung, die die Bedürfnisse der Gegenwart befriedigt, ohne die Fähigkeit künftiger Generationen zu gefährden, die ihrigen zu befriedigen.[4] Man kann auch den kategorischen Imperativ von Hans Jonas heranziehen: »Handle so, dass die Wirkungen deiner Handlung verträglich sind mit der Permanenz echten menschlichen Lebens auf der Erde.«[5] Die Idee ist dieselbe: Wirtschaft und Ökologie müssen in Frieden koexistieren.

Eine stationäre Wirtschaft kann nur dann mehr produzieren, wenn es ihr gelingt, die Art und Weise zu verbessern, in der sie ihr »ökologisches Budget« nutzt, oder wenn dieses ansteigt. Wenn man einen Weg entdeckt, die Effizienz von Solarpanels zu verbessern, oder eine neue Energiequelle, kann man es sich nötigenfalls leisten, mehr Strom zu verbrauchen. Wenn umgekehrt ein Ökosystem sich schneller verschlechtert als erwartet, muss man mehr schrumpfen, um es zu erhalten. Die Produktion kann mit anderen Worten nach oben und unten schwanken, je nach dem Zustand der natürlichen Ressourcen und unserer technologischen und institutionellen Fähigkeit, sie zu nutzen. So profitieren die am stärksten dekarbonisierten und dematerialisierten Waren und Dienstleistungen von großzügigeren Produktionsgrenzen als diejenigen, die stark von Materialien und fossilen Energieträgern abhängig sind.

Ziel der Öko-Innovation ist es, die gesellschaftlich nützliche Produktion so weit wie möglich von Umweltbelastungen zu entkoppeln, das heißt die *ökologische Co-Abhängigkeit* der Wirtschaft zu verringern. Unsere Produktionsweise muss in Bezug auf die Verwendung von Materialien so kreislaufförmig wie möglich und in Bezug auf den Energieverbrauch so erneuerbar wie möglich sein. Jedes Mal, wenn es der Wirtschaft gelingt, einen neuen Produktionsprozess kreislaufförmig zu gestalten (die Rückgabe von Pfandflaschen zum Beispiel), setzt sie Materialien frei, die für eine potenzielle zusätzliche Produktion zur Verfügung stehen. Jedes Mal, wenn eine Energiequelle durch eine Alternative mit einem geringeren ökologischen Fußabdruck ersetzt wird, setzt die Wirtschaft einen energetischen Überschuss frei, der fortan verfügbar ist. Wir werden bald darauf zurückkommen, aber es ist wichtig, daran zu erinnern, dass diese zusätzliche Produktion nur eine Möglichkeit ist. Mehr zu produzieren ist eine politische Entscheidung und keine Zwangsläufigkeit. Es ist durchaus möglich, sich eine Wirtschaft vorzustellen, die ihre Effizienzgewinne dazu nutzt, weniger zu arbeiten und Ökosysteme zu schützen, also einen technischen Fortschritt, der der Freizeit dienen und erlauben würde, einen Teil der Natur zu renaturieren.

Das ist übrigens einer der zentralen Werte der Postwachstumsökonomie: eine neue Beziehung zum Lebenden. Bislang wurde die Nachhaltigkeit aus der wirtschaftlichen Perspektive dargestellt. Die Natur leistet uns Dienste, und von daher ist es in unserem Interesse, sie zu erhalten. Der Begriff »natürliche Ressourcen« suggeriert, dass der Wert der Natur von ihrer Verwendbarkeit im Produktionsprozess abhängt, und der Begriff »Naturkapital« behandelt die Natur insgesamt als eine Investition, aus der Kapital zu schlagen ist. Wenn man von »Ökosystemen« spricht, begreift man das Lebende mittels der Sprache der Ingenieurwissenschaft und betrachtet die Natur als eine Maschine, die man kaputt machen und dann reparieren kann. Stellen wir uns vor, wie anders unser Verhalten wäre, wenn wir Ökosysteme als *natürliche Gesellschaften mit lebenden Wesen* behandeln würden. Das Abbrennen eines Waldes oder die Zerstörung eines Korallenriffs wäre dann eher ein Genozid als eine Panne.

Die Postwachstumsökonomie braucht einen neuen »Naturvertrag«.[6] Dieser würde von einer Frage ausgehen, die sich die Ökonomen nie stellen: »Welche Menschen braucht die Natur?«[7] Wir brauchen ein »ökologisches Bewusstsein«, wie der amerikanische Philosoph Aldo Leopold in seiner »Land-Ethik«[8] sagte. Das ist die Idee einer »erweiterten Gemeinschaft«, die auch in der Philosophie des *Buen vivir*[9] zu finden ist. Die Gesellschaft, in der wir leben, besteht nicht nur aus Menschen, sondern auch aus Tieren, Pflanzen und Mineralien. In einer ökologischen Wirtschaft sind wir alle Bürger dieser Kollektivität des Lebenden. Das ist die Idee einer »Multi-Spezies-Konvivialität«,[10] einer Form der Interaktion, bei der wir die Natur, die uns umgibt, als Rechtssubjekt betrachten.

Wir kennen diese Haltung der ökologischen Sympathie gut, denn wir sind alle damit aufgewachsen. Das Schwein in *Babe* ist kein Schwein, die Ratte in *Ratatouille* ist kein Ungeziefer, die Kreaturen in *Nemos Welt* sind keine Fischbestände, und der Fuchs in *Fantastic Mr. Fox* ist kein Pelz. Manche Menschen betrachten ihre Katzen und Hunde als Familienmitglieder, andere kämpfen für die Rettung von Haien, eines Flusses oder eines Waldes, und immer mehr Menschen werden aus Sympathie für Tiere zu Vegetariern. Wir empfinden diese ökologische Sympathie bereits, doch wird sie oft in einem Produktionsprozess geopfert, der dieses Gefühl erstickt. In einem Schlachthof oder auf einer Farm mit Massentierhaltung ist kein Platz für Tierliebe; die Menschen arbeiten dort, um ihren Lebensunterhalt zu verdienen, das ist auch schon alles.

Die ökologische Sympathie muss also konkretisiert werden, indem wir der Natur Rechte geben, wie wir uns selbst nach und nach Rechte gegeben haben. In Frankreich verbietet das Gesetz bereits, ein Tier ohne Grund leiden zu lassen, und es schützt bestimmte Arten und Lebensräume. Gehen wir noch weiter. Verbieten wir ganz einfach die Massentierhaltung, grausame Jagdpraktiken und Freizeitaktivitäten, die auf Kosten der Gesundheit der Tiere gehen. Gewähren wir den Tieren ein Recht auf Leben und Wohlergehen,* was uns auch dazu verpflichten würde, ihre Lebensräume nicht zu zerstören. Anstatt uns vage Ziele einer nachhaltigen Entwicklung zu stecken, sollten wir die Natur mit einer Allgemeinen Erklärung der Rechte des Lebenden schützen.

Das ist die Logik, die Initiativen wie den UNESCO-Welterbestätten zugrunde liegt.† Einem Wald, einem Korallenriff, einer Lagune, einem Sumpfgebiet oder einer Vulkankette den

---

* Ein Beispiel ist das »Gesetz für das Wohl und die Sicherheit von Tieren«, das seit 2015 in Quebec Tieren das Recht auf »Wohlergehen« und die Vermeidung von »Not« einräumt, aber leider noch nicht für Nutztiere gilt.

† Es gibt 213 Naturerbestätten von insgesamt 1121 Stätten im Jahr 2019. Diese haben einen internationalen Rechtsstatus, der sie vor jeglicher Entfremdung schützt.

Status eines Welterbes zu verleihen schützt sie vor kurzfristiger Profitgier und der damit verbundenen Ausbeutung – sie werden zu einem *Heiligtum des Lebens*. Der Reichtum von Gesellschaften übersteigt ihr BIP bei weitem: Eine Wirtschaft *in Einklang mit der Natur* ist eine Wirtschaft, die allem, was nicht menschlich ist, einen Wert (aber nicht unbedingt einen Preis) beimisst.

Wenn einem Fluss der Status eines Rechtsträgers zuerkannt wird und ein Unternehmen diesen Fluss verschmutzt, dann muss nicht eine vorher festgelegte Steuer gezahlt werden, sondern eine unvorhersehbare Geldstrafe, wenn nicht gar eine härtere Strafe erfolgt. Dies ist das Verbrechen des »Ökozids«, das von einem internationalen Expertenrat definiert wird als »illegale oder willkürliche Handlungen, die in Kenntnis der realen Wahrscheinlichkeit begangen werden, dass diese Handlungen der Umwelt schwere, weitreichende oder dauerhafte Schäden zufügen werden«.[11] Im Falle eines Rechtsstreits muss das Strafmaß von einem Gericht unter Berücksichtigung der Schäden festgelegt werden, die dem Fluss selbst und allen, deren Lebensunterhalt von ihm abhängt, heute und morgen zugefügt werden. Den Umgang mit der Natur unter die Aufsicht des Rechtssystems (und nicht der Märkte) zu stellen, ist eine Möglichkeit, die Marktwirtschaft wieder in die Gesellschaft einzugliedern.

Die Idee ist einfach, ihre Folgen sind jedoch radikal: Was wäre, wenn der beste Weg, mit der Natur in Harmonie zu bleiben, darin bestünde, die Trennung zwischen Menschen und Nicht-Menschen neu zu definieren, die unsere modernen Volkswirtschaften auf die Spitze getrieben haben?

## Wo Entscheidungen gemeinsam getroffen werden

Im vorigen Kapitel haben wir gesehen, dass Degrowth eine bedarfsorientierte Planung der Produktion erfordert (der Wohlbefinden-Fußabdruck). Aber warum sollte man diese Planung einstellen, sobald die Schrumpfungsphase abgeschlossen ist? Weshalb sollte man zum gegenwärtigen Modell zurückkehren, bei dem die Produktion von nützlichen und unnützen Dingen wahllos und undemokratisch wächst? Wenn das Ziel einer Wirtschaft in der Befriedigung besteht, muss man sich ständig vergewissern, dass sie das produziert, was die Menschen brauchen.

Um nun aber zu wissen, was die Menschen brauchen, müssen sie ihre Meinung äußern können. Sie müssen gemeinsam darüber diskutieren können, was produziert werden soll und wie es produziert werden soll, und somit muss der demokratische Prozess auf die Wirtschaft als Ganzes ausgeweitet werden. Das ist das Ideal der *Wirtschaftsdemokratie*, das man in Theorien wie Murray Bookchins »libertärem Munizipalismus«, Abdullah Öcalans »demokratischem Konföderalismus« und Joseph C. Kumarappas »Ökonomie der Beständigkeit« wiederfindet.[12] Die Grundidee besteht darin, eine direkte, deliberative und partizipative Demokratie auf der lokalen Ebene mit einer repräsentativen Demokratie auf höheren Ebenen, wie der der Region, des Landes oder einer Gruppe von Ländern, zu verbinden.

Auf der lokalen Ebene: »Stadtteiltreffen«, wie es sie in Montreal seit den 1960er Jahren gibt, um kollektive Projekte unter Nachbarn zu entwickeln. Auf der kommunalen Ebene: »Bürgerhaushalte« in der Tradition derer, die in den 1980er Jahren in Porto Alegre entstanden sind, um über die Verteilung des kommunalen Haushalts zu entscheiden. Auf der Ebene der Unternehmen: Multi-Akteurs-Mitbestimmungsräte, um die Akteure vor Ort (Werktätige, Nutzer, Gebietskörperschaften, Nachbarschaft usw.) in die Entscheidungsprozesse über die Wahl der Produkte, der Produktionstechnologien und der Preise einzubeziehen. Auf der nationalen Ebene: regelmäßige Bürgerkonvente und Referenden auf Bürgerinitiativen hin. Auf der internationalen Ebene: transnationale Versammlungen wie die Afrikanische Union, die Europäische Union und die Vereinten Nationen.

Das Ziel ist nicht, die Wirtschaft bis ins Letzte zu planen, sondern eine inklusivere Beratung über Produktionsentscheidungen zu gestatten. Es geht relativ einfach und schnell, über den Preis und für den Gewinn zu produzieren, insbesondere in einem hierarchischen Unternehmen, in dem nur eine Handvoll Menschen entscheidet. Komplizierter ist es, nach den Bedürfnissen und für das Wohlergehen zu produzieren und dabei die Interessen einer größeren Gemeinschaft von Akteuren einzubeziehen. Man muss die Bedürfnisse identifizieren, die im Gegensatz zur Nachfrage nicht direkt sichtbar und messbar sind, und über das Gleichgewicht zwischen mehreren, zuweilen widersprüchlichen Interessen diskutieren, wenn es darum geht, den Preis für die Produkte zu bestimmen.

Stellen wir uns eine Wirtschaft vor, in der jedes Unternehmen gesetzlich verpflichtet ist, eine klare *Mission der Produktion** zu definieren, die der Öffentlichkeit gegenüber

---

* Das Gesetz *Pacte* (Nr. 2019–486) bietet Unternehmen die Möglichkeit, eine »Existenzberechtigung« zu haben, die an eine in ihrer Verfassung

begründet, worin seine Tätigkeit besteht und wie dies der Bedürfnisbefriedigung dient. Im Idealfall wäre diese Mission luzid, aufrichtig, präzise formuliert und von Wirkungen gefolgt. Diese Mission würde in einer Konvention mit Multi-Partei-Akteuren nach dem Vorbild der Bürgerkonventionen festgelegt. Jedes Unternehmen würde über einen *Missionsausschuss* verfügen, der intern die Übereinstimmung der Tätigkeit mit der Mission kontrolliert, und die Unternehmen würden regelmäßig extern von »Existenzgerichten«[13] angehört, die über dieselbe Übereinstimmung befinden würden, wie dies bereits bei den gemeinnützigen Genossenschaften der Fall ist.

Das Modell des Unternehmens mit Mission würde also das Modell des gewinnorientierten Unternehmens ersetzen. Diese scheinbar oberflächliche Änderung könnte revolutionärer sein, als man denkt. Anstatt im Namen einer angeblichen »unternehmerischen Freiheit« allen Unternehmen die Vermutung der Gemeinnützigkeit zuzugestehen, würde die Logik umgekehrt lauten: Um zu existieren, muss ein Unternehmen eine Mission (und einen konkreten Plan zur Erreichung dieser Mission) haben, in der die Bedürfnisse der Territorien und der Bevölkerung widerhallen. Es gäbe eine doppelte demokratische Selektivität der Produktion in Bezug auf die Ziele (was wollen wir produzieren?) und die Mittel (wie wollen wir produzieren?). Dies würde nicht nur die Verschwendung wertvoller Ressourcen zur Befriedigung von Minderheits- oder unwesentlichen Bedürfnissen vermeiden,

verankerte sozial-ökologische Mission geknüpft ist; es ergänzt Artikel 1835 des Bürgerlichen Gesetzbuchs: »Die Verfassung kann eine Existenzberechtigung angeben, die aus den Grundsätzen besteht, mit denen sich die Gesellschaft ausstattet und für deren Einhaltung sie bei der Durchführung ihrer Tätigkeit Mittel einsetzen will.«

sondern auch von sozial und/oder ökologisch schädlichen Produktionstechniken abbringen.

Wer von Mission spricht, spricht auch von *Indikatoren für Prosperität.* Die Buchhaltung von Unternehmen, wie wir sie heute kennen, ist hauptsächlich finanziell, doch es gibt Alternativen. Die zentrale Idee ist, ein Gleichgewicht zwischen mindestens drei großen Gruppen von Zielen zu finden: *Nachhaltigkeit* (die Umweltbelastung), *Konvivialität* (das Wohlbefinden der Akteure) und *Produktivität* (die produktive Effizienz). Unter diesen Zielen gibt es eine Hierarchie. Die Grundvoraussetzung für den Fortbestand eines Unternehmens ist, ökologisch tragfähig zu sein. Sodann muss sichergestellt werden, dass sein sozialer Nutzen positiv ist – ein Unternehmen, das eine Minderheit von Aktionären durch *Bullshit-Jobs* und unnütze Gadgets reich macht, hätte höchstwahrscheinlich einen negativen Wohlbefinden-Fußabdruck, wenn alle seine Akteure es bewerten würden. Und schließlich kann man sich, sobald die Nachhaltigkeit und Konvivialität gewährleistet sind, um die Produktivität des Unternehmens kümmern, die nur dann verbessert werden kann, wenn sie die beiden anderen Ziele nicht gefährdet.

In einer kapitalistischen Wirtschaft drängen die Aktionäre und Manager der Unternehmen auf Produktivität, auch wenn diese auf Kosten der Konvivialität und Nachhaltigkeit geht. In einer ökonomischen Demokratie kommen die Akteure zwingend der Nachhaltigkeit und Konvivialität nach, bevor sie die Produktivität optimieren. Sie ist die Produktionsweise, die am ehesten den Gemeinsinn widerspiegelt. Wenn ich Gemüse anbaue, achte ich natürlich auf die Produktivität, denn ich möchte mein Leben nicht damit verbringen, Tomaten anzubauen, doch berücksichtige ich zuerst die anderen zwingenden Kriterien. Aus Rücksicht auf den Boden und die Tiere lehne ich zum Beispiel den Einsatz von Pestiziden und Herbiziden ab und gärtnere auf eine ruhige und angenehme Art und Weise, auch wenn es theoretisch möglich wäre, dies schneller und effizienter zu tun.

Das ist die *Handwerkermentalität*, die sich auf den gesunden Menschenverstand des Selbstgemachten stützt. Handwerk bedeutet nicht, mit den vorhandenen Mitteln alles im Alleingang zu produzieren. Es ist eine autonome Produktionsweise (autonom im Sinne von selbstorganisiert), die durch die Wahl von Werkzeugen, die man für nützlich und wünschenswert hält, ein »technologisches Urteilsvermögen« beweist. In Bezug auf die Arbeitszeit ist eine Senkung der *Stundenproduktivität* kein Rückschritt, wenn dadurch die *Stundenkonvivialität* erhöht wird. Das ist ein schönes Ziel, um das BIP zu ersetzen: Anstatt zu versuchen, um x % pro Jahr zu wachsen, sollten wir versuchen, die Arbeitszeit um x % pro Jahr zu reduzieren. Maximieren wir die *Bruttoinlandssiesta* und berechnen die Leistung unserer Wirtschaft anhand der Arbeitsstunden, das heißt der unerwünschten Arbeit, die wir dadurch einsparen können. Die gleiche Logik gilt für die Nachhaltigkeit: Wir können die *Stundenproduktivität* senken, indem wir bestimmte Techniken der industriellen Fischerei aufgeben, was sich langfristig als wirtschaftlicher Fortschritt erweist, da diese Maßnahme die Artenvielfalt bewahrt. »Wie produzieren?« wird daher zur gemeinsamen Verfolgung dieser drei verschiedenen Ziele, deshalb die Wichtigkeit der Unternehmensdemokratie, um zwischen den verschiedenen Interessen einen Ausgleich erzielen zu können.

Ein Begriff, der diese neue Philosophie der Produktion gut trifft, ist »*Low Tech*«.[14] Er bezeichnet ein Set von Technologien, die *nützlich sind* (Grundbedürfnisse befriedigen), *zugänglich* (für die Mehrheit geeignet) und *nachhaltig* (umweltfreundlich, robust, reparierbar und recyclingfähig). Sie sind »Werkzeuge für Konvivialität«,[15] so der Philosoph Ivan Illich, dezentralisierte, demokratische und anpassungsfähige Produktionsmethoden, die erlauben, effizient zu produzieren, ohne das Zusammenleben zu beeinträchtigen. Während in einem produktivistischen System die Produktionstechniken durch den Imperativ der Lukrativität vorherbestimmt sind, wählt die Postwachstumsökonomie ihre Werkzeuge nach sehr viel breiteren Kriterien aus. Es ist unerheblich, dass die in Warenlagern eingesetzte Sprachsteuerung die Stundenproduktivität erhöht, wenn sie die Mitarbeiter unglücklich macht.

Obwohl es einen festen Grundstock von menschlichen Grundbedürfnissen gibt, sind einige Bedürfnisse nicht in Stein gemeißelt – sie können sich im Laufe der Zeit verändern. Deshalb muss eine Ökonomie des Wohlbefindens (die sich um die Bedürfnisse dreht) zwingend Institutionen der deliberativen Demokratie haben.

Das Modell des hierarchischen und autoritären Privatunternehmens muss dem der Unternehmensdemokratie mit mehreren Beteiligten weichen. Dies ist die Logik von Genossenschaften, die gesetzlich verpflichtet sind, den Grundsatz der »demokratischen Führung« durch die Mitglieder einzuhalten.* Um es kurz zu machen, könnte man sagen, dass

---

* Artikel 1 des Gesetzes Nr. 2014–856 vom 31. Juli 2014: »Die Genossenschaft ist eine Gesellschaft, die von mehreren freiwillig zusammengeschlossenen Personen gegründet wird, um ihre wirtschaftlichen oder sozialen Bedürfnisse durch ihre gemeinsamen Anstrengungen und die Bereitstellung der erforderlichen Mittel zu befriedigen. Sie übt ihre Tätigkeit in allen Zwei-

ein guter Weg zur Demokratisierung der Wirtschaft darin bestünde, alle privaten Unternehmen in Genossenschaften umzuwandeln. Produktionsgenossenschaften, Nutzergenossenschaften wie Einkaufsgenossenschaften und Allokationsgenossenschaften wie Genossenschaftsbanken. Verstehen wir hier das Wort »Genossenschaft« in einem sehr viel breiteren Sinne als »Unternehmen«, das einem *Gemeingut* näher ist, jenen »von den Beteiligten geleiteten Institutionen, die mit einer gemeinsamen oder geteilten (materiellen oder immateriellen) Sache verbunden sind, im Dienste eines sozialen Zwecks stehen und kollektiv die grundlegenden Fähigkeiten und Rechte (Zugang, Verwaltung und Entscheidung) der Parteien in Bezug auf die Sache sowie ihre Pflichten ihr gegenüber garantieren (Bewahrung, Öffnung und Bereicherung)«.[16]

Gemeinsam zu entscheiden, was produziert werden soll, bedeutet auch, gemeinsam zu entscheiden, wie neue Projekte finanziert werden sollen. Heute kann sich ein Unternehmen entweder über Bankkredite oder über eine Kapitalbeschaffung durch Aktionäre finanzieren. Die Bank verlangt Zinsen und die Aktionäre Dividenden, wobei beide einen Imperativ der Lukrativität begründen. In einer Wirtschaft ohne Wachstum müssten Unternehmen die Möglichkeit haben, sich über Akteure zu finanzieren, die nicht ständig positive finanzielle Renditen verlangen. Bankkredite könnten über nicht gewinnorientierte Bankgenossenschaften beschafft werden, die jedes neue Produktionsvorhaben nach seinem Beitrag zum Ge-

---

gen der menschlichen Tätigkeit aus und respektiert folgende Grundsätze: eine freiwillige und allen offenstehende Mitgliedschaft, eine demokratische Führung, die wirtschaftliche Beteiligung ihrer Mitglieder, die Ausbildung der genannten Mitglieder und die Zusammenarbeit mit anderen Genossenschaften.«

meinwohl (Übereinstimmung mit der Existenzberechtigung des Unternehmens) bewerten würden. Anstatt Kredite an die profitabelsten Projekte zu vergeben (wie es heute der Fall ist), würden diese neuen *Genossenschaftsbanken* Projekten den Vorzug geben, die Wohlbefinden, soziale Gerechtigkeit und Respekt für die Natur schaffen.

Denkbar wäre die Schaffung von »sozialisierten Investitionsfonds« nach dem System von Benoît Borrits oder von »Investitionskassen« nach dem System von Bernard Friot, ein Netzwerk *finanzieller Reziprozität*, das nach der gleichen Logik funktionieren würde wie die Sozialversicherung.[17] Jedes Unternehmen zahlt einen Teil seines Mehrwerts ein, und diese Beiträge werden den Unternehmen entsprechend ihrem Investitionsbedarf in Form von nicht rückzahlbaren Zuschüssen wieder zugeteilt. In diesem System würde ein Teil des wirtschaftlichen Überschusses über ein dezentralisiertes Netz von Investitionskommissionen vergemeinschaftet.

Auf welcher wirtschaftlichen Ebene man sich auch befinden mag, die Logik ist dieselbe: Vergemeinschaftung (*commoning* auf Englisch). Damit eine stationäre Wirtschaft im Einklang mit der Natur prosperieren kann, müssen Entscheidungen über Abbau, Produktion, Allokation, Konsum und Entsorgung zwingend gemeinsam getroffen werden. Eine dieser Entscheidungen – und nicht die unwichtigste – betrifft die Verteilung des Wohlstands.

## Wo der Wohlstand gerecht geteilt wird

In einer stationären Wirtschaft mit begrenzten ökologischen Budgets kann nicht jeder immer *mehr* haben. Das ist jedoch kein Problem, wenn alle *genug* haben können. Wir alle können mit dem Wohlstand, den wir bereits haben, anständig leben, und sogar mit viel weniger, und das seit langem, vorausgesetzt, er wird gerecht geteilt. Das ist also das Schlüsselwort dieses Abschnitts: Teilen (das ich in einem eher wirtschaftlichen als philosophischen Sinn verwende, das heißt als Gesamtheit der Protokolle, die zwischen den Menschen die Allokation von Dingen regeln). Dieses Teilen erfolgt auf drei Ebenen: vor der Produktion (die *Vorverteilung* des Erbes), während des Produktionsprozesses (die *Verteilung* des Mehrwerts) und danach (die *Umverteilung* des angehäuften Reichtums).

»Jeder Spieler beginnt das Spiel mit …«. Wir alle kennen diese Regel von Monopoly. Sie ist ein Protokoll der *Vorverteilung*, das heißt ein Eigentumsrecht, das jedem Teilnehmer unabhängig von seinem Erfolg im Spiel der Wirtschaft gegeben wird. Jeder sollte seine grundlegendsten Bedürfnisse befriedigen können. Man schützt heute die ärmsten Haushalte mit einem »Energie-Scheck« vor Energiearmut und garantiert mit dem »Kultur-Scheck« eine kulturelle Mindestkaufkraft für Jugendliche.* Allgemeiner gibt es eine ganze Infra-

* Seit 2018 wird ein Energie-Scheck in Höhe von 48 bis 277 € automatisch an Haushalte unterhalb eines bestimmten Einkommens verschickt; sie können damit ihre Rechnungen für Strom, Erdgas, Holz und Heizöl sowie für energetische Renovierungsarbeiten bezahlen. Seit 2021 erhält jeder Jugendliche im Jahr seines achtzehnten Geburtstags einen Kultur-Scheck

struktur von Versicherungen, die die Einzelnen teilweise vor Arbeitslosigkeit und Armut zu schützen erlauben. Wie wäre es, wenn man einen Schritt weiter gehen und die Logik der sozialen Sicherheit auf die »wirtschaftliche Sicherheit«[18] ausdehnen würde?

Erstens: ein *garantiertes Mindesterbe.* Das ist die »allgemeine Kapitalausstattung« in Thomas Pikettys partizipativem Sozialismus.[19] Im Alter von 25 Jahren würde jeder Einzelne ein Erbe in Höhe von 60 % des durchschnittlichen Vermögens (ca. 120 000 Euro) erhalten, und zwar finanziert durch eine Steuer auf das Privateigentum. Diese Eigentumssteuer wäre progressiv in sieben Stufen, von 0,1 % für diejenigen, die die Hälfte des Durchschnittsvermögens besitzen, bis zu 90 % Besteuerung für Reichtum, der das Tausendfache des Durchschnittsvermögens übersteigt.

Dieses Mindesterbe würde zum Beispiel gestatten, den Zugang zu Wohnraum besser zu teilen. In Frankreich besitzen 24 % der Haushalte 68 % der Wohnungen, die sich in Privatbesitz befinden.[20] Diejenigen, die ein Vermögen erben, können ihre Ersparnisse in Immobilien anlegen und sich durch die Vermietung an andere bereichern, die ihrerseits nicht kaufen können und somit von ihrer Kaufkraft abhängig sind, insbesondere in Städten mit hohen Mieten.

Nächster Schritt: die Teilung des Mehrwerts. Das Ziel lautet, das »gewinnorientierte Eigentum an Produktionsmitteln«[21] zu beenden. Wie bereits im vorigen Abschnitt betont, werden gewinnorientierte Unternehmen zum Verschwinden gebracht und durch Genossenschaften mit einer Mission

---

über 300 €, der innerhalb von 24 Monaten für Bücher, Konzerte, Theater, Museen, Musik etc. ausgegeben werden kann.

ersetzt werden. Diese Genossenschaften werden nach dem Prinzip der »begrenzten Lukrativität« und des geteilten Eigentums organisiert sein, das bereits in einigen Unternehmen wie den Sociétés coopératives d'intérêt collectif (SCIC) praktiziert wird.

Konkret bedeutet dies, dass die Wertschöpfung eines Unternehmens gerecht geteilt wird unter den verschiedenen internen und externen Akteuren, die direkt oder indirekt an der Produktion beteiligt sind (über die Beschlussfassung in der Hauptversammlung mit der Regel: »eine Person = eine Stimme«). Nach der Logik des *freien Lohns* (hier erweitert auf alle Produktionseinkommen, nicht nur die der Arbeitnehmer) entscheiden die Akteure selbst über ihre Vergütung (innerhalb der gesetzlichen Grenzen von Mindest- und Höchsteinkommen). Dies ist das Ende des gewinnorientierten Privateigentums an Produktionsmitteln, da sich keine Einzelperson die erzielten Gewinne eines Unternehmens aneignen kann (außer natürlich im Falle von Einzelunternehmen, deren Umsatz jedoch begrenzt ist).

Es gibt bereits mehrere Modelle für eine deliberative Verteilung. Zum Beispiel das niederländische Unternehmen für digitale Dienstleistungen Incentro. Nachdem sie an einem Workshop teilgenommen haben, um die finanzielle Situation des Unternehmens besser zu verstehen, wählen die Mitarbeiter ihr Gehalt für das nächste Jahr mit einem Absatz der Begründung auf einem gemeinsamen Dokument. Die Beschäftigten diskutieren zunächst in kleinen Gruppen und dann gemeinsam, was für sie, die anderen Arbeitenden und das Unternehmen am besten ist, bevor sie schließlich individuell über den Betrag entscheiden. Wie wäre es, diesen Prozess der Selbstentlohnung auf alle Akteure auszuweiten, die eine Vergütung verdienen? In einem nicht gewinnorientierten Unternehmen ist die Festlegung des Gehalts nicht länger ein Kampf zwischen Arbeitnehmern und Managern. Sie wird zu einer Routineaufgabe im Herzen der Arbeitsdemokratie. Dieselbe Logik der Selbstbestimmung (gemeinsam Entscheidungen treffen) lässt sich auch auf eine ganze Reihe anderer Entscheidungen anwenden, wie Arbeitszeiten, Urlaub, Preisgestaltung und letztlich auf alles.

Der letzte Mechanismus zur Teilung des Wohlstands in einer Postwachstumsökonomie betrifft die *Umverteilung*. Greifen wir hier den (nach der Vermögenssteuer) zweiten Vorschlag von Thomas Piketty auf: eine Einkommensbesteuerung, die in Abhängigkeit vom Durchschnittseinkommen in sieben progressive Steuerstufen eingeteilt ist. Ein Haushalt, der die Hälfte des Durchschnittseinkommens erhält, würde nur mit 10 % besteuert (einschließlich Sozialabgaben und Kohlenstoffsteuer); ein anderer, der das Fünffache des Durchschnittseinkommens verdient, würde mit 50 % besteuert; und progressiv bis zu den höchsten Einkommen, die bis zu 90 % Steuern auf Einkommen zahlen, die das Durchschnittseinkommen um mehrere tausend Mal übersteigen (man könnte dieses System sogar um eine gesetzliche Obergrenze für Einkommen und Vermögen ergänzen).

Dieses Umverteilungssystem würde erlauben, ein garantiertes Mindesteinkommen zu finanzieren, das an der Armutsgrenze festgemacht wird und das alle Personen, die unter dieser Grenze leben, automatisch erhalten würden. Ein Teil dieses Grundeinkommens könnte nach dem Modell einer »Sozialversicherung für Lebensmittel« in alternativen Währungen ausgezahlt werden (eine monatliche Zuteilung von 150 Euro für Grundnahrungsmittel in Form eines Scheckhefts nach dem Modell der Essensmarken), ein anderer Teil würde in der nationalen Währung ausgezahlt werden. Dies wäre eine Form des modularen Grundeinkommens, das von den Befürwortern einer »bedingungslosen Ausstattung mit Autonomie«[22] vorgeschlagen wird. Mit der Ausstattung mit alternativen Währungen würde jeder Bürger eine Mindestkaufkraft erhalten, die für bestimmte Konsumzwecke eingesetzt werden kann, die Dinge betreffen, die nicht bereits über ein Protokoll der sozialisierten Kostenfreiheit zugänglich sind.

## Um ohne Wachstum prosperieren zu können

Eine Wirtschaft, die bei jedem noch so kleinen Rückgang des BIP in die Krise gerät, ist eine miserable Wirtschaft. Hier kommen wir zum zentralen Ziel des Postwachstums: die Fähigkeit einer Wirtschaft, auch *ohne* Wachstum ein hohes Niveau an Lebensqualität zu erreichen und aufrechtzuerhalten. Dies war die brillante Idee von Tim Jackson, der 2009 die Möglichkeit eines »Wohlstands ohne Wachstum« aufbrachte, und von Jean Gadrey, der ein Jahr später die Idee von einer »Postwachstumsgesellschaft« entwickelte (andere sprechen auch von einer »Unabhängigkeit vom Wachstum« oder von »Wachstum ohne Wirtschaftswachstum«[23]). Im Gegensatz zum Kapitalismus, der sich nur durch Wachstum stabilisieren kann (und zudem mit miserablen Ergebnissen in Bezug auf Wohlbefinden, Gerechtigkeit und Nachhaltigkeit), muss eine Postwachstumsökonomie funktionieren und prosperieren können, ohne zum Wachstum gezwungen zu sein.

Aber was genau bedeutet »funktionieren«? Die zugrunde

liegende Frage ist die der Prosperität und damit der Indikatoren, die man zu deren Messung verwendet. Eine Ökonomie kann nicht ohne Wachstum prosperieren, wenn ihre Prosperität selbst durch Wachstum definiert wird. Wir müssen also eine neue Vorstellung von Prosperität entwickeln und uns dafür mit neuen Messgrößen ausstatten. Das »Loi Sas« vom April 2015 verpflichtet die Regierung bereits dazu, dem Parlament einen jährlichen Bericht über die »neuen Wohlstandsindikatoren« vorzulegen, zumindest in der Theorie. In der Praxis sind die zehn von der Regierung gewählten Indikatoren viel zu selektiv, und es gab nur drei Berichte (2015, 2016 und 2017), die immer sehr kurz, oberflächlich und zum Ruhme der Regierung waren und bei den Abstimmungen über den Haushalt weitgehend ignoriert wurden. Ein »echter Misserfolg«, so die Soziologin Dominique Méda.[24] Das Editorial des Berichts von 2017, das von Premierminister Édouard Philippe unterzeichnet ist, macht die Färbung klar: Ziel des Berichts ist, die Reformen der Regierung zu evaluieren, »um zu beurteilen, ob sie unserem Willen entsprechen, Frankreich zu einem grüneren und inklusiveren Wachstum zu führen«.[25]

Man muss etwas Besseres finden. Neuseeland hat 2019 damit begonnen, »Wohlbefinden-Budgets« zu verwenden, ein Dashboard mit 65 ökonomischen, sozialen und ökologischen Indikatoren. Es gibt viele ähnliche Initiativen,[26] die sich um das gleiche Ziel versammeln: das BIP durch eine ganzheitliche Sicht der Prosperität zu ersetzen. Der Wirtschaftswissenschaftler Éloi Laurent stellt sich beispielsweise ein Dashboard vor, das in drei Bereiche unterteilt ist: Wohlbefinden hier und jetzt (Gleichheit von Personen und Territorien), Wohlbefinden später (Nachhaltigkeit des Vermögens) und Wohlbefinden anderswo (globale Verantwortung).[27] Das Ziel einer Postwachstumsökonomie wäre, diese dreifache Agenda zu verfolgen.

Ohne Wachstum zu prosperieren bedeutet also, sich zunächst die Frage nach dem Wohlbefinden zu stellen. Was brauchen wir, um ein glückliches Leben zu führen? Dieser zutiefst philosophische Ansatz wird in den Diskussionen über Wachstum, die sich auf das *Haben* (Besitz und Kaufkraft) konzentrieren und das *Sein* (die »Fähigkeiten« im Sinne von Amartya Sen und die Lebenskraft) vollkommen außer Acht lassen, ganz und gar ignoriert.[28] Die Wachstumsideologie ist eine Leidenschaft für das Haben, die sich auf den Besitz konzentriert und vom Geld besessen ist. Wir müssen sie durch eine andere Form der Existenz ersetzen, die auf menschlichen Beziehungen, intellektueller und spiritueller Erfüllung in einer blühenden Beziehung mit der uns umgebenden Welt beruht.

Es gibt viele Konzepte, um diesen Paradigmenwechsel zu beschreiben: »konviviale Genügsamkeit«, »glückliche Genügsamkeit«, »frugaler Überfluss«, »Ökosuffizienz«, »alternativer Hedonismus« und »frugaler Hedonismus«, »einfaches Leben« oder geläufigere Begriffe wie *freiwillige Einfachheit*, *Antikonsumismus*, *Postmaterialismus*, *Dekonsumption* und *Minimalismus*.[29] In Quebec, wo die Idee der freiwilligen Einfachheit Ende der 1990er Jahre populär wurde, definiert das Office québécois de la langue française sie als »eine Lebensweise, die darin besteht, seinen Konsum von Gütern zu reduzieren, um ein Leben zu führen, das sich stärker auf essenzielle Werte konzentriert«. »*Lagom*«, wie die Schweden sagen. Nicht zu viel, nicht zu wenig – die goldene Mitte.

Damit eine glückliche Genügsamkeit möglich ist, muss sie kollektiv organisiert werden. Wenn ich direkten Zugang zu einer gesunden Ernährung, Ärzten und Zahnärzten sowie zu

Wohnraum erhalte, brauche ich kein hohes Gehalt, um Nahrung zu kaufen, Gesundheitsversorgung zu bezahlen und ein Haus zu mieten. Die Art und Weise, wie wir den Zugang zu Gütern und Dienstleistungen organisieren, bestimmt im Voraus die möglichen Entscheidungen für Genügsamkeit. Damit eine Wirtschaft ohne Wachstum prosperieren kann, muss daher verhindert werden, dass sich das Eigentum an wichtigen Infrastrukturen zu sehr konzentriert (vor allem, wenn dieses Eigentum gewinnorientiert ist, da es dann einen Wachstumsimperativ erzeugt). Gesundheit, Bildung, Verkehr, Energie, Ernährung, Wohnen: Diese Bereiche sollten allesamt so demokratisch wie möglich in der genossenschaftlichen Logik der Gewinnverbotsregel verwaltet werden.

Wie würde eine Wirtschaft aussehen, die sich stärker auf das schwedische *Lagom* konzentriert? Es wäre eine Wirtschaft ohne *Bullshit-Jobs* (stellen Sie sich vor, all jene, denen ihre Arbeit keinen Spaß macht und die nicht respektiert werden, würden aufhören, sie zu tun), ohne unerwünschte Werbung und organisierte Obsoleszenz, in der nur das produziert wird, was man wirklich braucht. Eine Wirtschaft, die von der gewinnorientierten Produktion und ihren Rentiers befreit ist, mit ehrlichen Preisen, die von Unter- und Obergrenzen eingerahmt werden, die um die Produktionskosten schwanken; eine Wirtschaft geteilter Gratisangebote, in der man etwas nicht besitzen muss, um es nutzen zu können. Alles in allem ist es eine Wirtschaft des gesunden Menschenverstands: Was bringt es, Arbeitsplätze zu schaffen (die niemanden erfüllen), um zu produzieren (auf eine ökologisch untragbare Weise), damit die Kaufkraft erhöht wird (ohne deshalb die Lebenskraft zu erhöhen), und all das, um zu konsumieren (Dinge, auf die man verzichten könnte)?

In einer Wirtschaft, in der wir miteinander produzieren und konsumieren und nicht mehr gegeneinander (der Wettlauf um die Wettbewerbsfähigkeit und der positionale Konsum), werden wir realisieren, dass wir viel weniger Dinge brauchen, um glücklich zu sein. Was wir wollen, sind nicht Produkte und Geldscheine, sondern mit der uns umgebenden Welt in Resonanz treten.[30] Wir wollen Liebe machen, Zeit mit der Familie verbringen, uns mit Freunden amüsieren, Musik machen und Bücher lesen, Freude daran haben, unsere Nachbarn zu treffen, neue Bekanntschaften schließen, die Freuden der Natur erleben, gutes Essen kochen und über Politik diskutieren. Die Dinge, die wir benutzen, um diese Zwecke zu erreichen, sind lediglich Mittel. Die Zwecke hingegen sind sozial. Deshalb brauchen wir eine »relationale Wirtschaft«.[31] *Weniger Güter, mehr Beziehungen*, wie die Wachstumsverweigerer sagen.

Wir müssen die Wirtschaft auf Degrowth umstellen, um eine *stationäre Wirtschaft in Einklang mit der Natur zu errichten, in der Entscheidungen gemeinsam getroffen werden und der Wohlstand gerecht geteilt wird, um ohne Wachstum prosperieren zu können.* Einfach ausgedrückt könnte man sagen, eine Ökonomie des Besseren, in der das Mehr oder Weniger zu einer irrelevanten Frage geworden ist. Eine demokratische Wirtschaft, in der die Entscheidungen an ökologischer Sympathie orientiert sind, in der die Produktion auf die Bedürfnisse und das Wohlbefinden ausgerichtet ist, in der alle reich sind, ohne dass jemand arm wäre. Eine Wirtschaft, deren Ziel eine neue Form von Prosperität wäre – die Suche nach Sinn und Glück in der Frugalität und im Respekt für das Lebende.

# 8

# KONTROVERSEN

## Zwölf Kritikpunkte an Degrowth

Zu erklären, was Degrowth ist, ist eine schwierige Aufgabe. Nicht, weil es eine komplizierte Idee wäre (wir haben gerade gesehen, dass sie relativ einfach ist), sondern weil das Konzept von einer Handvoll schlecht informierter Kommentatoren permanent verzerrt wird.

Degrowth besteht laut Emmanuel Macron darin, »alles zu stoppen«.[1] Es sei bereits in Venezuela, Griechenland, der UdSSR und sogar in Subsahara-Afrika eingeführt worden, erklärt uns Melchior, eine Website mit Unterrichtsmaterialien für Lehrer für Wirtschafts- und Sozialwissenschaften. Für den ehemaligen Verkehrsminister Jean-Baptiste Djebbari ist es synonym mit »Resignation«, für den Unternehmer Bertrand Piccard mit »sozialem Chaos« – eine »tödliche Alternative«, so Brune Poirson (ehemalige Staatssekretärin beim Minister für den ökologischen und solidarischen Übergang), die uns »geradewegs in den Bürgerkrieg führen würde«, empört sich der ehemalige Premierminister Michel Rocard.[2]

Verleumdungen gibt es reichlich: »*The Hunger Games* auf das wirkliche Leben angewandt«, »vom Kollaps Besessene« und natürlich der gute alte »Verfechter der Öllampe« und der

Rückkehr zum »Leben in den Höhlen«. Die offensichtliche Übertreibung dieser Kritiken grenzt ans Lächerliche. Doch wovor haben die Kritiker des Degrowth Angst?

## Ein Schreckgespenst?

Nachdem ich der Europäischen Kommission meine Untersuchungen ausführlich vorgestellt hatte, stellten mir diejenigen, die mein Projekt bewerten sollten, nur eine einzige Frage: »Finden Sie nicht, dass das Wort Degrowth ein wenig abschreckend ist?« Clément Viktorovitch, ein Spezialist für Kommunikation, bestätigt, dass Degrowth anzupreisen einem »Rudern gegen den Strom« gleichkommt.[3] Derselbe Vorbehalt bei Bruno Latour, der es vorzieht, von »Prosperität« zu sprechen, da er sich kaum eine Demonstration vorstellen kann, bei der die Leute »*Schrumpfen, Schrumpfen, Schrumpfen*« skandieren,[4] und Jean Gadrey verwendet den Begriff nicht, da er ihn als »eine Grenze für die Popularisierung der starken Ideen, die er zusammenfasst«, ansieht.[5]

Und doch ist das Wort im Titel dieses Buches enthalten. Ein »Wortgeschoss«, wie Paul Ariès sagt,[6] um eine Diskussion über Themen zu provozieren, die sicher nicht angesprochen worden wären, wenn man von *grüner Wirtschaft* gesprochen hätte (zum Beispiel die Ungleichheiten, der Kapitalismus). Degrowth ist »ein Wort des Dissenses«,[7] erklärt Vincent Cheynet, einer der Schöpfer des Begriffs *nachhaltiges Degrowth*. Ein Übergang impliziert zwangsläufig Uneinigkeit. Wenn sich alle einig wären, würden wir uns bei dem System wiederfinden, das wir bereits haben. Um ein System zu zerschlagen, muss man explosive (und schwer zu kooptierende) Wörter verwenden. Solange ein Begriff stört, macht er seine Arbeit der konzeptuellen Zerschlagung.

Eine weitere Stärke des Begriffs ist seine Klarheit. Zeigen Sie einem zwölfjährigen Kind eine 1,5 °C-Pfadkurve und fragen Sie es, ob das eher nach Schrumpfung oder nach »grünem«, »zirkulärem« und »ökoökonomischem« Wachstum aussieht. Man kann dann noch Adjektive hinzufügen wie nachhaltig, gerecht, wohlhabend, erfolgreich, konvivial, ausgeglichen etc. Aber die Idee ist da: weniger produzieren und konsumieren. Der Begriff spricht das Problem direkt an, anstatt es in Form einer *positiven Ökonomie*, einer *Gemeinwohlökonomie* oder einer *Wohlfahrtsökonomie* unter den Teppich zu kehren. Man würde die Menschen von oben herab behandeln, wenn man glaubt, sie schützen zu müssen, indem man ihnen nur schönfärberische Konzepte präsentiert, die die wissenschaftliche Wahrheit eher verschleiern als offenbaren. Wie soll man letztendlich ein Problem lösen, wenn man nicht mit den richtigen Worten über seine Ursache sprechen und diese beschreiben kann? Der Begriff »Degrowth« hat den Vorzug, die Ursache des Problems zusammenzufassen und eine konkrete Lösung zu benennen.

Außerdem sollten wir nicht das Pferd am Schwanz aufzäumen. Wir werden nicht mit einem Fingerschnippen von einem Kapitalismus der ökologischen Überschreitung in einen stationären Ökosozialismus übergehen. Heute von *Postwachstum* und einer *stationären Wirtschaft* zu sprechen, während wir in der Wachstumsökonomie baden, ist etwas vorschnell. Das wäre so, als würde man die anonymen Alkoholiker als »Club der Nüchternheit und Abstinenz« bezeichnen. Ja, wir wollen eine Wirtschaft, die ohne Wachstum prosperieren kann. Aber damit sie dies tun kann, ohne die Umwelt zu zerstören, wird sie viel kleiner sein müssen als die heutige. Wir werden es akzeptieren müssen, zu schrumpfen.

Manche meinen, dass der Begriff den Menschen Angst macht. Aber auch hier gilt: Hätte eine Person, die eine Diät macht, Angst, Gewicht zu verlieren? Natürlich nicht, manche Schrumpfungen sind positiv. Das ist heute bei der des BIP der Fall. Hätten wir auf die Option des »Lockdown« verzichten sollen, weil das Wort Schrecken verbreitet? Es wäre besser, sich zu fragen, warum »Degrowth« den Menschen Angst macht. Könnte dies nicht daran liegen, dass der Bevölkerung seit Jahrzehnten die Vorstellung eingehämmert wird, dass Wachstum gut für die Beschäftigung, Kaufkraft und soziale Sicherheit ist? In Anbetracht der wissenschaftlichen Fakten über die Zerstörung des Lebendigen durch unsere wirtschaftlichen Aktivitäten müsste uns das Wort »Wachstum« erschrecken.

Wenn man einmal verstanden hat, dass Degrowth keine Rezession ist, sondern vielmehr der Übergang zu einer demokratischen, nachhaltigen, gerechten und fröhlichen Wirtschaft, warum sollte man dann noch vor dem Wort Angst haben? Egal, welchen Begriff man bevorzugt (Genügsamkeit, Suffizienz, Frugalität, Degrowth, Verlangsamung), die zu ergreifenden Maßnahmen bleiben dieselben: Man muss weniger produzieren und konsumieren und sich gleichzeitig so organisieren, dass diese große Verlangsamung ohne gesellschaftlichen Schaden erfolgt.

## Schmerzhaft?

Der Unternehmer Bertrand Piccard ist gegen Degrowth, da es der Bevölkerung »Opfer in Bezug auf Komfort, Mobilität oder Lebensstandard« abverlangen würde.[8] Der Journalist Ferghane Azihari protestiert, dass es »mit Schmerzen einhergehen würde«.[9] »Man stelle sich vor, ohne Flugzeug, Telefon, Internet, kurzum ohne Vergnügen und Wohlbefinden leben zu müssen«, klagt Clément Viktorovitch.[10]

Erstens ist ein Anstieg des BIP heute nicht mehr gleichbedeutend mit einer Zunahme des Wohlbefindens. In Frankreich zeigt eine Studie von Insee, dass das Glücksniveau ab einem Monatseinkommen von 2100 Euro zu stagnieren beginnt.[11] Hinzu kommt auch, dass Wachstum die durchschnittliche Lebensqualität nicht erhöht, da hauptsächlich diejenigen davon profitieren, die bereits wohlhabend sind.

Die unbegründete Befürchtung von Philippe Charlez, dass »die Versuchung des Degrowth die durchschnittliche Lebenserwartung des Erdenbürgers automatisch von 75 auf 66 Jahre senken würde«,[12] muss ausgeräumt werden. Das Pro-Kopf-BIP der Portugiesen ist 65 % niedriger als das des Durchschnittsamerikaners, und dennoch ist die Lebenserwartung in Portugal mit 81,1 Jahren höher als in den Vereinigten Staaten mit 78,7 Jahren.[13] Es ist nicht nur durchaus möglich, eine Volkswirtschaft zu verkleinern und gleichzeitig die Gesundheit zu verbessern (da die Lebenserwartung ab einer bestimmten Schwelle nicht mehr vom BIP abhängt), sondern es könnte nicht dringlicher und notwendiger sein, dies zu tun, um eine Verschlechterung zu verhindern (vergessen wir nicht, dass die Covid-Pandemie vor allem eine ökologische Krise ist).

Zweitens ist es in Wirklichkeit das Wachstum, das täglich Opfer und Schmerzen mit sich bringt: die freie Zeit, die wir gegen unseren Willen mit Arbeit oder im Stau vergeuden, die Lebensräume, die verschwinden, und die Arten, die bei unserem Extraktionskurs sterben, das schreckliche psychische Unwohlsein der Arbeitnehmer, die den Imperativen einer sinnlosen Produktivität unterworfen sind, die vom Arbeitsmarkt Ausgeschlossenen, die wir auf dem Altar der Gewinnorientierung links liegen lassen, oder auch die sozialen Ungerechtigkeiten, die wir ignorieren, um unsere Wettbewerbsfähigkeit aufrechtzuerhalten.

Die Produktion ist kein magisches Phänomen, und der materielle Überfluss, den sie ermöglicht, ist nicht gratis zu haben. Wenn es heute ein Phänomen gibt, das schmerzhaft und opferreich ist, dann das des BIP-Wachstums. Das Argument, das ich in diesem Buch durchgehend vertreten habe, lautet, dass die Kosten des Wachstums in einem Land wie Frankreich dessen Nutzen bei weitem übertroffen haben, dass die Wirtschaft zu einer »Unwirtschaft geworden ist, dass die Produktivität zur »Kontraproduktivität« geworden ist und dass wir ein manifestes Interesse haben, zu schrumpfen.

Die Verlangsamung von Produktion und Konsum (noch einmal: vorrangig in den reichen Ländern und für die Privilegiertesten unter uns) bedeutet, einen Teil unseres wertvollen sozialen und ökologischen Erbes zu bewahren. Nur so können wir Konvivialität (freie Zeit und sinnvolle Arbeit), Gerechtigkeit (den Abbau von Ungleichheiten) und Nachhaltigkeit (eine üppige Natur) gewährleisten. Was nützen letztlich Flugzeuge, jedes Jahr ein neues Telefon und 6G in einer brennenden Welt, in der sich alle hassen?

Wir müssen uns darüber im Klaren sein, dass dies nicht

einfach sein wird. Die Genügsamkeit, die das Degrowth mit sich bringt, ist wie der Entzug einer Person, die von einer harten Droge abhängig ist. Sie erfordert tiefgreifende Veränderungen in Bezug auf Kultur, Mobilität, Ernährung, Wohnen und viele andere Dinge. Es wird sowohl Befreiungen geben (weniger und auf angenehmere Weise arbeiten, ein vor Werbepropaganda geschütztes Privatleben, ein reiches Vereins- und politisches Leben) als auch das, was uns heute als Verzicht erscheint (weniger weit, langsamer und ohne Flugzeug reisen, auf Fleisch verzichten, seltener etwas Neues kaufen). Es gilt, eine ganze Lebensweise neu zu erfinden.

Aber wir haben keine Wahl (Kapitel 2). Selbst wenn sich diese Entwöhnung vom Materialismus für weitgehend entfremdete Verbraucher als unangenehm erweist, erscheint die Verzögerung von Maßnahmen für das Klima aus Angst, eine Minderheit von Superreichen zu deprimieren, in einer Welt, in der es nach wie vor Armut gibt, unanständig. Hätte man sich der Abschaffung der Sklaverei widersetzen sollen, weil sie ein Opfer für die Sklavenbesitzer darstellte? Die zentrale Frage, die bei den aktuellen Debatten über die Genügsamkeit allzu oft vergessen wird, ist die nach der gerechten Teilung von Mühen und Gewinnen der Genügsamkeit.[14]

## Wirkungslos?

»Die französischen Umweltschützer sind nicht gewappnet, um die globale Erwärmung zu bekämpfen«, sagt der Chefredakteur von *L'Opinion*.[15] Michael Liebreich, Berater in Energiefragen, ist der Meinung, dass Degrowth die weltweiten

Emissionen lediglich um einige Prozent senken würde.[16] Für Robert Pollin, ein amerikanischer Verfechter des *Green New Deal*, ist Degrowth keine praktikable Strategie, da wir nicht die Zeit haben, das Wirtschaftssystem zu ändern.[17] Für den Journalisten Noah Smith ist Degrowth »eine Phantasie, die uns von den notwendigen Maßnahmen zur Rettung des Planeten ablenkt«.[18]

Das ist eine verkehrte Welt. Es sind diejenigen, die behaupten, dass *weniger* produzieren *weniger* zu verschmutzen erlaubt, die den Beweis für diejenigen erbringen sollen, die gegen die enorme Akkumulation aller verfügbaren wissenschaftlichen Studien (und gegen den gesunden Menschenverstand) glauben, dass man *mehr* produzieren müsste, um *weniger* zu verschmutzen. Auf diesem Niveau der Verneinung der Ökologie herrscht nicht mehr der Glaube, sondern der Aberglaube.

Der Lockdown hat – leider schmerzhaft – gezeigt, dass eine Verringerung der wirtschaftlichen Aktivität den ökologischen Fußabdruck tatsächlich senkt. Die globalen Treibhausgasemissionen sind 2020 um 5,4 % gesunken, der schnellste Rückgang, der je beobachtet wurde.[19] Die Lärm-, Sicht-, Luft-, Wasser- und Bodenverschmutzung ist spektakulär zurückgegangen, so dass einige Großstadtbewohner zum ersten Mal in ihrem Leben Berge am Horizont oder Sterne am Himmel sehen konnten. Endlich konnte man den Gesang vieler Arten an Orten hören, an denen sie sonst nicht zu hören waren. Es war möglich, sich mit dem Fahrrad in Städten fortzubewegen, in denen man angesichts der Autos gewöhnlich sein Leben riskiert.

Dennoch haben einige, was der Gipfel der Unaufrichtigkeit ist, den »geringen Rückgang der Emissionen« während des

Lockdowns herausgestellt, um daraus zu schließen, dass »Degrowth nicht funktioniert hat«. Selbst wenn man die rezessive Episode des Lockdowns nicht mit einem geplanten, gerechten und ausgeglichenen Degrowth verwechseln darf, erlaubt sie doch, objektive Hinweise auf einen Zusammenhang zwischen dem Rückgang der Wirtschaft und dem Sinken der Umweltbelastung zu liefern.

Was wir hier reproduzieren müssen, ist die Wirkung (Degrowth), doch müssen wir nicht dieselbe Strategie (den Lockdown) wiederholen. Nehmen wir noch einmal die Analogie von Diät und Amputation: Wir wollen abnehmen, aber vorzugsweise, ohne uns ein Bein abzusägen. Wenn man von einem *klimatischen* Lockdown sprechen würde, ginge es nicht darum, Menschen einzuengen, sondern vielmehr darum, auf bestimmte umweltbelastende Aktivitäten sowie auf die damit zusammenhängenden Lebensweisen zu verzichten. Ziel ist nicht, die Wirtschaft in eine Pause zu versetzen, sondern den Übergang in ein anderes Wirtschaftssystem zu vollziehen.

Nutzen wir die Gelegenheit, um daran zu erinnern, dass es nicht ausreicht, ein Agnostiker des Wachstums zu sein. Die derzeitige säkulare Stagnation, die Olivier Pastré fälschlicherweise mit der Degrowth-Utopie gleichsetzt,[20] hat nur Nachteile: Sie besteht aus instabilen Volkswirtschaften, die kaum funktionieren, und das auf einem ökologisch unhaltbaren Produktions- und Konsumniveau. Selbst wenn jedes weitere Wachstum des BIP vollkommen grün wäre (was empirisch nicht zutreffend ist), bliebe es dabei, dass die derzeitige Größe der Wirtschaft die planetaren Grenzen bei weitem überschreitet und daher eine deutliche Schrumpfung der Produktion unerlässlich und dringend erforderlich ist.

Nach den empirischen Daten und theoretischen Arbeiten besteht die berechtigte Annahme, dass es keine wirkliche Entkopplung zwischen dem BIP und dem ökologischen Fußabdruck geben wird. Dennoch behauptet Dominique Seux, dass »die Frage nicht Wachstum oder Degrowth, sondern die Dekarbonisierung der Wirtschaft ist«.[21] Dabei wird vergessen, dass die Dekarbonisierung nur eine der neun planetaren Grenzen betrifft, die es einzuhalten gilt. Und selbst wenn es reichen würde, nur zu dekarbonisieren (ein leichteres Ziel als beispielsweise die Dematerialisierung), würden wir dies nicht schaffen, ohne zu schrumpfen. Man wird zwischen mehr produzieren und weniger verschmutzen wählen müssen.

Seien wir uns zumindest darin einig: Die Produktion zu reduzieren bedeutet nicht aufzuhören, sie grün zu machen.[22] Wir können weniger und besser kombinieren, das heißt Genügsamkeit und Ökoeffizienz miteinander verbinden. Wenden wir den »Vermeiden-Substituieren-Verbessern«-Ansatz des IPCC an: Alles vermeiden, was man nicht mehr verbrauchen kann, Produkte, die die Umwelt mehr belasten, durch solche ersetzen, die sie weniger belasten, und sich auf unsere Bemühungen um Öko-Innovation konzentrieren, um all das zu verbessern, was sich nicht vermeiden oder substituieren lässt. Aber wir müssen die Prioritäten in die richtige Reihenfolge bringen. Wenn die nachhaltigste Ressource diejenige ist, die man nicht nutzen muss, sollte man damit beginnen, zu *vermeiden*, so viel wie möglich zu produzieren und zu konsumieren,* dann bleibt eine kleinere Wirtschaft übrig, die dann grün gemacht werden kann.

---

* Laut einer Studie, die in den letzten Bericht des IPCC aufgenommen wurde, würden Strategien der Genügsamkeit erlauben, den Fußabdruck der Gebäude um 78 %, des Verkehrs um 62 %, der Ernährung um 41 %

## Arm machend?

Für Bruno Le Maire gibt es eine unerbittliche Logik: »Wenn Sie Degrowth haben, haben Sie weniger Reichtum, und Sie haben mehr Arme«.[23] Das ist ein »Weg, der zu Hunger, Elend und Armut führt«, ein »ökologisches Programm zur Verarmung der Franzosen«,[24] das in den »absoluten Ruin« führen würde. »Stellen Sie sich [die Welt des Degrowth] für die armen Länder vor, die heute nicht einmal Zugang zu Krankenhäusern, Straßen und Mindesteinkommen haben.«[25]

Beginnen wir mit dem, was eigentlich selbstverständlich sein sollte: Degrowth sollte nur für diejenigen gelten, die bereits genug haben, angefangen bei den Reichsten. Man verlangt nicht von jemandem, der schon Schwierigkeiten hat, sich zu ernähren, eine Diät zu machen. Die Produktion und den Konsum in Frankreich für diejenigen reduzieren, die es sich leisten können, ja, aber nicht in Madagaskar oder Syrien. Um gerecht zu sein, muss Degrowth selektiv sein und auf diejenigen abzielen, die am meisten zur ökologischen Überschreitung beitragen. Das biophysikalische Regime der reichen Länder bezweckt genau, anderen die Möglichkeit zu geben, sich unter den bestmöglichen Bedingungen entwickeln zu können. Was ist uns lieber: Den Rest unseres Kohlenstoffbudgets dafür zu verwenden, dass einige Franzosen SUVs fahren und jedes Wochenende das Flugzeug nehmen können (ohne dass dies ihre Lebensqualität erhöht)? Oder

---

und der Industrieproduktion um 41 % zu reduzieren. Zum Beispiel könnte ein Verzicht auf den Fleischkonsum die der Ernährung zugeschriebenen Emissionen um 40 % reduzieren (Felix Creutzig et al., »Demand-side solutions to climate change mitigation consistent with high levels of wellbeing«, *Nature Climate Change*, 2021).

Kanalisationen und Schulen in Ländern zu bauen, in denen es diese nicht gibt?*

Außerdem sollten wir aufhören, den Mythos zu pflegen, dass das BIP-Wachstum ein Wundermittel gegen die Armut sei. Letztere hat in Frankreich zwischen 2006 und 2016 zugenommen und tut dies trotz des Wachstums auch weiterhin.† Die ineffiziente, oft ungerechte und auf Dauer unhaltbare Wachstumspolitik ist eine sehr schlechte Antwort auf das Elend derjenigen, die von der Marktwirtschaft ausgelaugt und erdrückt werden.

Der Reichtum ist schon längst da, er ist nur ungerecht verteilt. 2021 reichten 56 % des verfügbaren Nationaleinkommens bei einer gerechten Verteilung aus, um die Bedürfnisse der gesamten französischen Bevölkerung zu befriedigen und allen die Teilnahme am gesellschaftlichen Leben zu ermöglichen.[26] Das bedeutet, dass wir aktuell und ohne jegliche infrastrukturelle Veränderung um 44 % schrumpfen könnten, ohne Armut zu erzeugen, *wenn, und nur wenn*, wir den Wohlstand, den wir bereits haben, teilen würden.

Schließlich ist es intellektuell unredlich, Genügsamkeit mit Armut zu verwechseln. Gadgets zu produzieren und in *Bullshit-Jobs* Überstunden zu machen sollte nicht als eine Be-

---

* Hier sei daran erinnert, dass die reichsten 10 % der Weltbevölkerung (etwa 550 Millionen Menschen, was der Bevölkerung der Europäischen Union entspricht) genauso viel Energie verbrauchen wie die ärmsten 80 % (Yannick Oswald et al., »Large inequality in international and intranational energy footprints between income groups and across consumption categories«, *Nature Energy*, 16. März 2020).

† Laut dem Rapport sur les inégalités (2019) des Observatoire des inégalités lebten 2016 fünf Millionen Menschen von weniger als 855 Euro im Monat (der Hälfte des Medianeinkommens), das sind 9 % mehr als 2006.

reicherung angesehen werden, selbst wenn dadurch das BIP steigt. Ein degressiver Übergang würde finanziellen »Reichtum« (der eigentlich keiner ist) vernichten und in sozialen (wiedergewonnene freie Zeit, leidenschaftliche Demokratie, erfüllte soziale Beziehungen, sinnvolle Arbeit) und ökologischen Reichtum (saubere Luft, stabiles Klima, fruchtbare Böden, reiche Biodiversität) transformieren. Nach sechs Jahren, die ich damit verbracht habe, die Absurdität der Wachstumsideologie zu untersuchen, finde ich keine bessere Formel als das berühmte indianische Sprichwort: »Wenn der letzte Baum gefällt, der letzte Fluss vergiftet und der letzte Fisch gefangen wurde, erst dann werdet ihr entdecken, dass man Geld nicht essen kann.«

## Egoistisch?

Max Roser, der Gründer der Plattform *Our World in Data*, wiederholt häufig: »Ohne Wirtschaftswachstum haben wir keine Chance, die Armut zu beenden«.[27] Die Argumentation ist erneut grob vereinfachend: »Wenn in den reichen Ländern Degrowth herrscht, wird es auch in den armen Ländern Degrowth geben«, sagt Denis Olivennes.[28] Die gleiche Sorge hat Christine Kerdellant, leitende Redakteurin bei *L'Usine Nouvelle*: »Wenn die westlichen Länder beschließen zu schrumpfen, werden die armen Länder kollabieren.«[29]

Erste Feststellung: Die Armen erhalten nur die Krümel des Wachstums. In der Studie »Growth isn't working« hat die New Economics Foundation errechnet, dass zwischen 1990 und 2001 von 100 US-Dollar Wachstum des Gesamteinkommens pro Kopf nur 0,60 US-Dollar an diejenigen gingen, die mit weniger als 1 US-Dollar pro Tag leben.[30] Zehn Jahre später kommt eine neue Studie zum gleichen Ergebnis: Zwischen 1999 und 2008 gingen 95 % des Wachstums an die reichsten 40 % – die ärmsten 30 % erhielten nur 1,2 %.[31] Bei diesem Tempo würde die Beseitigung der Armut ein bis zwei Jahrhunderte dauern und verlangen, dass das globale BIP mit 173 multipliziert wird (eine ökologische Unmöglichkeit). Um eine Größenordnung zu nennen: Um die Armut unterhalb einer Schwelle von 7,40 US-Dollar pro Tag zu beseitigen, müsste weniger als ein Drittel des Jahreseinkommens des reichsten 1 % der Welt (6000 Milliarden US-Dollar) umverteilt werden.[32]

Ein weiteres entscheidendes Element ist, dass das, was die eine Hand gibt, die andere wieder nimmt. Zwischen 1985 und 1999 erfolgte der Nettogeldfluss zwischen dem Norden und dem Süden mit einem Vermögenstransfer von mehr als 600 Milliarden US-Dollar zugunsten des Nordens, und zwar aufgrund der Schuldenlast.[33]

Und das ist noch nicht alles: Der internationale Handel geht auf Kosten der armen Länder. Marxisten bezeichnen dieses Phänomen als »ungleichen Tausch«: Die reichen Länder üben auf die armen Länder Druck aus, um in den Genuss billiger Ressourcen zu kommen, und verkaufen ihre fertigen Produkte dann zu einem hohen Preis weiter. 2015 musste ein armes Land für jede Arbeitsstunde, die es aus einem reichen Land importierte, 13 Arbeitsstunden exportieren, um sie zu bezahlen (das Verhältnis beträgt 5:1 für Materialien und 3:1 für Energie).

In einem Jahr bedeutet dies eine Nettoaneignung von 12 Milliarden Tonnen Rohstoffen, 822 Millionen Hektar Land,

21 Exajoule Energie (das entspricht 3,4 Milliarden Barrel Öl) und 392 Milliarden Arbeitsstunden.[34] Diese Aneignung beläuft sich auf 10 800 Milliarden US-Dollar, was genug Geld wäre, um die extreme Armut siebzigmal zu beenden.

Die Moral von der Geschicht': Es ist ein Irrtum zu glauben, dass unser Wachstum für den positiven Kreislauf einer segensreichen Globalisierung sorgt; das Gegenteil ist der Fall. Das BIP-Wachstum der reichen Länder beraubt den Süden der Ressourcen, die er für seine Entwicklung hätte nutzen können, und fügt dem noch die Bürde der Umweltschäden hinzu.* Was etwas voreilig als »Wachstum« bezeichnet wird, kommt einer »Akkumulation durch Enteignung« näher,[35] oder sagen wir es freiheraus: durch Plünderung.

Degrowth ist eine Strategie, um eine Trendwende einzuleiten und eine *Entakkumulation durch Reparation* in Gang zu setzen. Die reichen Länder werden schrumpfen, und ein Teil des finanziellen Reichtums, von dem sie sich trennen, wird den Ländern des Südens als Entschädigung für Jahrzehnte des ungleichen Handels und die Umweltschäden gegeben.

---

* Laut dem *Climate Vulnerability Monitor* tragen die Länder des Südens 82 % der Gesamtkosten der globalen Erwärmung, insgesamt 571 Milliarden US-Dollar bis 2010. Eine konkretere Zahl: 98 % der 400 000 Todesfälle pro Jahr, die mit Klimakrisen in Verbindung gebracht werden, sind Menschen aus armen Ländern.

## Austerität?

Einige Linksintellektuelle finden die Idee suspekt und werfen ihr vor, »eine Form der ökologischen Austerität für die Arbeiter«[36] zu sein – einfach »Austerität unter einem anderen Namen«.[37] So argumentieren Ökosozialisten wie Leigh Phillips,[38] der Degrowth als eine Form von »ökologischer Austerität« bezeichnet, und Matt Huber,[39] der meint, dass »eine ökologische Politik des Weniger perfekt mit einer umfassenderen neoliberalen Austeritätspolitik zusammenpasst, die uns alle dazu auffordert, den Gürtel enger zu schnallen«.

Hier gilt es, daran zu erinnern, dass Austerität eine neoliberale Strategie ist, die darin besteht, die öffentlichen Ausgaben zu beschränken und bestimmte Steuern zu senken, *um das Wirtschaftswachstum anzukurbeln.* In dem Wissen, dass dieses Wachstum hauptsächlich denjenigen zugutekommt, die bereits reich sind, und die Prekärsten unverhältnismäßig stark trifft, kann man sagen, dass die Austerität kollektive Enthaltsamkeit verlangt, um einer Minderheit individuelle Bereicherungen zu erlauben. Degrowth ist genau das Gegenteil: eine selektive individuelle Genügsamkeit (im Verhältnis zu den Kapazitäten und Verantwortlichkeiten jedes Einzelnen), die einen kollektiven Überfluss an geteiltem sozialem und ökologischem Reichtum erlaubt.

Abgesehen von diesem Missverständnis stellt sich eine echte Frage. Würde Degrowth, selbst wenn es nicht auf Austerität abzielt, den öffentlichen Haushalt schrumpfen lassen? Ja, aber nur wenn die Basis seiner Finanzierung im BIP verankert bleibt. Wir können diese Art der Finanzierung jedoch sehr wohl ändern.

Wie wir in Kapitel 4 gesehen haben, sind öffentliche Dienstleistungen ein eigenständiger Wirtschaftsbereich, der nicht von den Almosen des Privatsektors abhängig ist. Es ist sogar eher das Gegenteil der Fall: Die Privatunternehmen kommen mehr oder weniger gratis in den Genuss eines äußerst wertvollen sozialen und ökologischen Erbes: Straßen, Stromnetz, Ausbildung der Arbeitnehmer, Ökosystemdienstleistungen, Gesundheits- und Sozialversicherungssysteme, Sicherheit des Handelsaustauschs etc. Wie wäre es also, wenn wir davon ausgehen, dass der öffentliche, soziale und ökologische Sektor den privaten Sektor finanziert? Die Frage der Austerität ist keine technische Frage, sondern eine politische, die mit unseren kollektiven Vorstellungen von Wert und den sozialen Konventionen zusammenhängt, die seine Aufteilung bestimmen.

Es ist absurd zu denken, dass wir die gesamte Wirtschaft mit all den Dingen, die wir nicht brauchen, wachsen lassen sollten, nur um ein paar Krümel zu ergattern, die wir in die Dinge reinvestieren können, die wir wollen.[40] Müssen immer mehr große, umweltschädliche Autos verkauft werden, um ein paar Euro an Mehrwertsteuer einzunehmen, die in die Behandlung von Atemwegserkrankungen investiert werden können? Brauchen wir eine boomende Werbebranche, um die Gehälter unserer Lehrerinnen zu bezahlen? Wer außer der Tabaklobby würde es wagen zu behaupten, dass man den Verkauf von Zigaretten steigern muss, um Krebsbehandlungen zu finanzieren? Diese Strategie des Wachstums des Problems, das seine Lösung finanziert, ist eine Sackgasse.

Die einzigen Faktoren, die die Produktion wirklich begrenzen, sind die verfügbare Zeit, Energie und Materialien; der Rest unserer wirtschaftlichen Kategorien ist soziale Konvention. Anders ausgedrückt: Wir können Geld machen, aber wir können die Minuten nicht verlängern und keine Ökosysteme herstellen. Wir können keine Nahrung aus dem Nichts produzieren. Hingegen kann man gesunde und hochwertige Lebensmittel ohne Geld herstellen.

Da der Rückgang der schädlichen Produktionen Arbeitszeit, Energie und Materialien freisetzen wird, kann er mit einer Ausweitung der öffentlichen Dienstleistungen und des Gemeinschaftlichen überhaupt einhergehen. Aus der Perspektive des sozialen und ökologischen Reichtums ist die Verlangsamung der Marktwirtschaft (man könnte sagen, die auf den Kapitalismus und diejenigen, die am meisten von ihm profitieren, angewandte Austerität) eine gute Nachricht: weniger Zerstörung und mehr verfügbare Ressourcen für die Bereiche, die stark zum Wohlbefinden beitragen und die es bis heute nicht geschafft haben, sich in einem von der Gewinnorientierung besessenen System einen Platz zu sichern.

Ja, die Art und Weise, wie der Staat finanziert wird, muss überdacht werden (wie übrigens viele andere Dinge auch), aber zu sagen, dass man nicht schrumpfen darf (biophysikalischer Imperativ), weil dadurch die Einnahmen aus der Mehrwertsteuer (Sozialabkommen) sinken würden, wäre genauso absurd wie zu sagen, dass man ein Auto, das mit Vollgas auf eine Mauer zufährt, nicht stoppen darf, weil dadurch die Musik aus dem Autoradio aufhören würde. Es gibt tausend Möglichkeiten, den Reichtum umzuverteilen. Man kann sich ein System ohne Mehrwertsteuer vorstellen, wie Thomas Piketty in seinem Modell des »partizipativen Sozialismus«,[41] und sehr viel progressivere, selektivere und partizipativere Finanzierungsarten, die die Resilienz staatlicher Aktivität stärken würden.

## Kapitalistisch?

Der Wirtschaftswissenschaftler Jean-Marie Harribey wirft den Theoretikern des Degrowth vor, die marxistische Kritik am Kapitalismus zugunsten eines abstrakten Ziels, dem Wachstum, aufzugeben.[42] Dieselbe Kritik äußert Frédéric Lordon, für den »die Freunde des Degrowth, die nicht in der Lage sind, vom ›Ausstieg aus dem Kapitalismus‹ zu sprechen, entschiedene Witzfiguren sind«.[43] Für den Ökosozialisten Daniel Tanuro vermittelt Degrowth »die Illusion von einer sanften Alternative, die weniger gefährlich und weniger anspruchsvoll ist« als der Ausstieg aus dem Kapitalismus.[44]

Es sei ausdrücklich hervorgehoben: Die Strömung des Degrowth-Denkens ist von Anfang an grundlegend antikapitalistisch. Der Kapitalismus ist ein System, bei dem die Produktion in einer bestimmten Weise organisiert ist, um den monetären Mehrwert – die berühmte *Akkumulation des Kapitals* – auf der Grundlage des Privateigentums an Produktionsmitteln und der Lohnarbeit zu maximieren. Er ist also ein System, das nicht schrumpfen kann, ohne in die Krise zu geraten[45] – »der Kapitalismus kann genauso wenig auf Wachstum verzichten, wie ein Krokodil zum Vegetarier werden kann«.[46]

Wenn wir aus dem Wachstum aussteigen wollen, müssen wir also zwangsläufig aus dem Kapitalismus aussteigen und damit die gesellschaftliche Bedeutung der Institutionen reduzieren, aus denen er besteht: die Lohnarbeit, die Waren und Märkte, das Privateigentum an Produktionsmitteln und das gewinnorientierte Unternehmen. Degrowth ist nicht die heutige Wirtschaft in *Slow Motion* oder im Miniaturformat, sondern der Weg des Übergangs zu einer postkapitalistischen

Wirtschaft, in der diese Praktiken bei der Organisation der Wirtschaft marginal werden.

Die Trennung zwischen Ökosozialismus und Degrowth ist nicht notwendig. Sie entspringt einer künstlichen, etwas lächerlichen Haltung, die typisch ist für eine schießfreudige Linke, die sich lieber Dissense ausdenkt, als nach objektiven Bündnissen zu suchen. Das ist die von Vertretern beider Gemeinschaften in einem gemeinsamen Text mit dem Titel »Pour une décroissance écosocialiste«[47] ausgesandten Botschaft. Der Ökosozialismus ist ein Sozialismus ohne Extraktivismus, Produktivismus und Konsumismus – ein »Sozialismus ohne Wachstum«.[48] Degrowth ist die Strategie, die notwendig ist, um eine Wirtschaft so zu verkleinern, dass sie nachhaltig funktionieren kann. Degrowth ist der Übergang, der für Länder mit einer ökologischen Überschreitung notwendig ist: Und das Postwachstum (oder der Ökosozialismus) ist das Wirtschaftsmodell und der Gesellschaftsentwurf, mit dem eine stationäre Wirtschaft, deren biophysischer Stoffwechsel reduziert wurde, prosperieren kann.

Warum sollte man dann auf Degrowth bestehen? Schon weil kein Wirtschaftswachstum langfristig nachhaltig ist, egal ob die Wirtschaft kapitalistisch, sozialistisch, anarchistisch oder tribal ist. »Sozialistisches Öl ist nicht umweltfreundlicher als kapitalistisches Öl«,[49] schreibt Paul Ariès. Auch wenn es den Anhängern des »Luxuskommunismus«[50] nicht gefällt: Nichts Materielles kann für immer wachsen, egal in welcher Weise es organisiert wird.

Ja, wir müssen aus dem Kapitalismus aussteigen. Aber das wird nicht reichen, wenn eine neue, nicht kapitalistische Organisation der Wirtschaft wieder in den Fehler der Grenzenlosigkeit verfällt. Ökomarxistische Kritiker des Degrowth müssen einräumen, dass Wachstum nicht nur die Frucht des Kapitalismus ist, sondern auch das Produkt einer Metaphysik der Grenzenlosigkeit, die den Imperialismus, Kolonialismus, Extraktivismus, Produktivismus, Konsumismus, Materialismus, Transhumanismus etc. überzieht. Eine echte anthropologische Metamorphose, die weitaus radikaler ist als der bloße Antikapitalismus, ist unverzichtbar.

Wir nehmen auch an, dass das Wachstum ein Ausgangspunkt ist, der mehr in Mode ist. Der Beweis dafür ist die Popularität von Wachstums- / Degrowth-Debatten in den Medien, die diejenige von Kapitalismus / Antikapitalismus-Debatten bei weitem übersteigt. Der Kapitalismus ist eine abstrakte Figur, von der in der öffentlichen Debatte nicht oft gesprochen wird. Das Wachstum ist hingegen in aller Munde. Wenn man davon ausgeht, dass unsere modernen Gesellschaften (und die dazugehörigen Ökonomen) vom Wachstum besessen sind, ist es dann nicht notwendig, eine Kritik des Wachstums zu betreiben, bevor man überhaupt über soziale Gerechtigkeit und Ökologie sprechen kann? Zurück an den Absender: Kapitalismuskritiker, die nicht in der Lage sind, von »Degrowth« zu sprechen, haben die Berichte des IPCC nicht richtig gelesen.

## Innovationsfeindlich?

François Fillon ist der Meinung, dass Degrowth darin besteht, »die herausragendsten Fähigkeiten des menschlichen Geistes einzuengen«.[51] Édouard Philippe ist dagegen, weil er an die Wissenschaft glaubt.[52] Guillaume Duval, der damalige Chefredakteur von *Alternatives économiques*, beschuldigte Degrowth, reaktionär zu sein und eine Rhetorik des »Früher war alles besser« zu fördern, früher, in der guten alten Zeit der traditionellen Agrargesellschaften.[53] In einem Schmähbrief an Greta Thunberg fragt der Historiker Marc Simard[54] aus Quebec: Wer will zurück ins vorindustrielle Zeitalter?

Als ob die Wirtschaft heute insgesamt die herausragendsten Fähigkeiten des menschlichen Geistes nutzt. Wir gewähren unsere kollektiven Ressourcen einem Start-up-Unternehmen, das nach Einhörnern sucht, die Essen auf Rädern liefern (nicht gerade die Herausforderung des Jahrhunderts), während wir einer brillanten Forscherin, die ein revolutionäres System zur Rettung des Planeten entwickelt, fast nichts geben.* Technischer Fortschritt löst nicht auf magische Weise alle Probleme der Welt; er ist eine in ein Wirtschaftssystem eingebettete Praktik, die die Auswahl der zu entwickelnden Innovationen vorbestimmt.

In einem Wirtschaftssystem, in dem Erfindungen gemacht werden, um sich zu bereichern, sind die Probleme, auf die die Innovationen eingehen, hauptsächlich die der Privilegierten und selten die dringendsten (wie kann man die Produktivität von Riesentrawlern und Fleischkühen steigern, wie kann man schnellere Algorithmen für den Hochfrequenzhandel konzipieren, wie kann man persönliche Daten besser sammeln, um Werbung zu machen?).

Lokale Währungen, Netzwerke zum Teilen von Gegenständen, Wikipedia, Genossenschaften, wiederverwertete Fabriken, Gratisflohmärkte, Straßenbibliotheken, Protokolle

* Wenn Sie wirklich die Erfahrung machen wollen, dass der menschliche Geist eingeengt wird, stellen Sie einen Antrag auf finanzielle Unterstützung, um über Degrowth zu forschen (ich weiß, wovon ich rede).

der partizipativen Demokratie, Pedibusse – all das sind Innovationen, die unsere Aufmerksamkeit erregen sollten, aber immer noch unterfinanziert sind. Die Erfindung einer kollektiven Organisationsform für digitale Genügsamkeit, eines Fahrradverleihs in Selbstbedienung oder eines *Nudge*, der zum Beispiel dazu anregt, weniger oft das Flugzeug zu nehmen, ist ebenfalls eine Innovation (auch wenn sie den Profit der Aktionäre nicht maximiert). Was nützt Geoengineering und die Erfindung von Robotern, die in den Ozeanen Mikroplastik einsammeln, wenn man das Problem an der Quelle lösen kann, indem man einfach aufhört, dieses Plastik zu produzieren?

Degrowth wird Innovationen nicht verbieten, sondern ihren Inhalt völlig verändern. Was wäre, wenn sich alle Kommunikationsexperten, anstatt sinnlose Werbung zu konzipieren, mit wichtigeren Problemen befassen würden? Weniger mit monetären Fragen (wie erhöhe ich mein Einkommen, wie mache ich mehr Gewinn, wie booste ich das BIP?) und mehr mit sozioökologischen Problemen (wie reduziere ich die Verschwendung von Lebensmitteln, wie schütze ich vom Aussterben bedrohte Arten, wie gestalte ich die Demokratie partizipativer?). Wir müssen auch unsere Fähigkeit verbessern, »zu deinnovieren«,[55] das heißt eine ganze Infrastruktur, die verschmutzt und uns unglücklich macht, zu schließen und abzubauen.

Es ist übrigens ziemlich paradox, eine innovative Übergangsstrategie als Anti-Innovation zu bezeichnen. Das menschliche Genie[56] soll in der Lage sein, uns neue Planeten erobern zu lassen und eine künstliche Intelligenz zu erschaffen, aber nicht dazu, einen Immobilienmarkt zu regulieren oder ein System zur Rationierung von Kohlenstoff zu konzipieren? Als ob es unmöglich wäre, ein besseres Wirtschaftssystem als das heutige zu schaffen, während man alles andere leicht verbessern kann. Apple hat seit 2007 34 neue Versionen seines iPhones entwickelt. Übersteigt es wirklich unsere kreativen Fähigkeiten, nur ein neues Wirtschaftssystem zu erfinden?

## Unternehmensfeindlich?

»Einen Chef zu fragen, ob er für Wachstum ist, ist wie einen Landwirt oder Gärtner zu fragen, [ob er will,] dass seine Pflanzen wachsen«, erklärt Florent Menegaux, Präsident von Michelin.[57] Als eine Journalistin Bertrand Piccard fragt, ob die Unternehmen auf ihn hören, antwortet er, ja, weil er nicht von »der Utopie des Umweltschutzes mittels Degrowth« spricht, die »allen Angst macht«.[58] Selbst Philippe Wahl, der Vorstandsvorsitzende von La Poste, ist dagegen: »Für uns, die Postbeamtinnen und Postbeamten, ist das Wachstum die Lösung.«[59]

Degrowth ist nicht gegen die Unternehmen, sondern gegen die Gewinnorientierung. Es kritisiert Unternehmen, die um den Imperativ des Umsatz-, Gewinn- und Kapitalwachstums herum organisiert sind und dabei die Konvivialität und Nachhaltigkeit opfern, um ihre Gewinnspannen unbegrenzt zu erhöhen. Auf dem Rücken ausgebeuteter Arbeiter und einer verwüsteten Natur Geld zu machen ist in keiner Weise eine Bereicherung, insbesondere wenn der Mehrwert dieser Aktivitäten von einer Minderheit von »bereits Reichen« abgeschöpft wird.

Es sei hier daran erinnert, dass Degrowth ein makroökonomisches Phänomen ist. Es wäre die Folge spezifischer Politiken mit je nach Sektor und Unternehmen unterschiedlichen Auswirkungen. Es nützt nichts, Unternehmen wachsen zu lassen, die wenig zum kollektiven Wohlbefinden beitragen und viel verschmutzen. Und ebenso wenig nützt es, Unternehmen schrumpfen zu lassen, die viel zum kollektiven Wohlbefinden beitragen und wenig verschmutzen. Ja zum Wachstum von Biobauern, Restos du Cœur und Médecins sans Frontières; nein zum Wachstum von Amazon und Total. Das Ziel von Degrowth als Strategie der produktiven Neuanpassung besteht gerade darin, Unternehmen mit einem negativen sozialen Nutzen schrumpfen zu lassen, um Ressourcen für Unternehmen mit einem positiven sozialen Nutzen freizusetzen.

Man muss sich von dem kapitalistischen Klischee verabschieden, dass alle Unternehmen versuchen, wie Pflanzen zu wachsen. Dies ist sicherlich nicht der Fall bei den Genossenschaften der Sozial- und Solidarwirtschaft, die ihre Leistung über den Gewinn hinaus definieren. Kleine Familienunternehmen arbeiten nicht im Gazellenmodus (schnell wachsende Unternehmen), bei dem sie alles tun, um jeden zusätzlichen Euro einzustreichen. Sie sind oft stationär, schwanken leicht entsprechend der Nachfrage, streben aber nicht nach exponentiellem Wachstum.

Der Bäcker in der Nachbarschaft, der bereits einen ausreichenden Kundenstamm hat, hat vielleicht keine Lust, Überstunden zu machen, seine Belegschaft zu erweitern oder eine zweite Bäckerei zu bauen. Wenn er von der ersten Bäckerei leben kann, in seiner Arbeit aufgeht und das Dorf versorgt, wozu dann mehr arbeiten?

In Frankreich gibt es über 22000 Genossenschaften und

nur 668 börsennotierte Unternehmen. Von den 4,5 Millionen Unternehmen im Land sind nur 292 Großunternehmen (> 5000 Beschäftigte und > 1,5 Milliarden Euro Umsatz). Das durchschnittliche Unternehmen in Frankreich ist keine Gazelle, die zum Einhorn werden will, sondern ein kleines, konviviales Unternehmen, das nur die Bedürfnisse der Beteiligten erfüllen will, ohne unbedingt zu einem multinationalen Konzern werden zu wollen. Da große Konzerne für die meisten schädlichen Aktivitäten verantwortlich sind, geht es bei Degrowth vor allem darum, die Bedeutung zu verringern, die diese Kolosse im Wirtschaftsleben eingenommen haben.

## Widernatürlich?

Bei der Vorstellung des Klimaplans der Banque publique d'investissement im April 2022 lehnt ihr Vorsitzender Nicolas Dufourcq Degrowth ab, da »Wachstum unsere DNA« sei.* Laut dem Unternehmer Bertrand Piccard »will der Mensch immer mehr haben«,[60] und für den Ökonomen Xavier Tim-

* »Es ist auch eine Zivilisation des Wachstums. Und das Wachstum ist unsere DNA. Und das werden wir auch nicht ändern. Wir müssen also einen Weg finden, gleichzeitig in unserer DNA des Wachstums zu bleiben. Ich sage Ihnen, dass BPI France nicht an Degrowth glaubt; übrigens hat uns Covid dies sehr gut gezeigt. Wir wissen jetzt, dass wir alle zwei Jahre einen Lockdown machen müssten, um mit Degrowth eine Chance zu haben, zumindest die Ziele des Pariser Abkommens zu erreichen. Es ist also einfach nicht machbar. Also wird die Wachstums-DNA bleiben; die Karbon-Gesellschaft wird der Vergangenheit angehören, und das muss so schnell wie möglich geschehen.« (Nicolas Dufourcq, Vorstellung des Klimaplans der Banque publique d'investissement im April 2022).

beau ist Wachstum eine natürliche Folge des menschlichen Verhaltens, »etwas, das die Menschen ganz von selbst tun«.[61]

Zu glauben, dass wir das Geld schon immer angebetet und seine Akkumulation verfolgt haben, hieße die Geschichte der menschlichen Gesellschaften schlecht zu kennen. Das Wirtschaftswachstum der menschlichen Gesellschaften setzte erst 1820 in den Ländern ein, die sich industrialisierten.[62] Das BIP wurde erst 1930 erfunden, und seine Verwendung wurde erst nach dem Zweiten Weltkrieg internationalisiert. Wie Anthropologen belegen, streben zahlreiche Gesellschaften in der Gegenwart und Vergangenheit eher nach Gleichgewicht als nach Wachstum. Das ist nicht überraschend. Nichts in der Natur wächst für immer. Unser Körper hört in einem bestimmten Alter auf zu wachsen, und selbst Bäume erreichen schließlich eine maximale Größe. Dies ist eine der grundlegendsten Eigenschaften des Lebenden: Jedes Wachstum hat einen Anfang und ein Ende.

Der Mensch ist wahrscheinlich von einem unendlichen existenziellen Durst getrieben, einem Drang nach Transzendenz, der ihn zu bestimmten Leistungen treibt. Sein Leben verbessern zu wollen ist ein gesunder Wunsch, aber mehr zu produzieren ist nicht immer das beste Mittel, um dieses Ziel zu erreichen. Das Streben nach Fortschritt und einem besseren Leben lässt sich nicht auf exponentielle Wachstumskurven reduzieren, vor allem nicht des Einkommens.

Allein die Vorstellung, das Glück unbegrenzt zu steigern, würde viele Philosophen ärgern. Glück ist keine Frage der Quantität, sondern vielmehr eine der Qualität. Vor dem Hintergrund des ökologischen Kollapses und einer bedeutenden sozialen Krise müsste die große Mehrheit von uns, wenn wir wirklich von dem Wunsch beseelt wären, unsere Situation zu verbessern (oder zumindest zu verhindern, dass die Welt unbewohnbar wird), Degrowth bevorzugen, um zu einer stationären Wirtschaft zu gelangen, die ohne Wachstum prosperieren kann.

Was würde ein außerirdischer Forscher sagen, der uns dabei zusieht, wie wir den Planeten verwüsten, um Punkte für einen Indikator zu sammeln, den wir selbst erfunden haben? Das ist genauso dumm, wie sich unter Freunden wegen einer Partie Monopoly umzubringen. Die Besessenheit vom Wirtschaftswachstum, die für die heutigen produktivistischen Systeme kennzeichnend ist, ist eine historische und anthropologische Anomalie. Sie mit irgendeiner menschlichen Natur zu assoziieren, bedeutet, sich der politischen Debatte zu verweigern, indem man versucht, eine Ideologie als ein universelles menschliches Gesetz zu legitimieren.

Wir sind weder egoistisch noch altruistisch. Ich würde der Fabel vom berechnenden Individuum nicht die von einer freundlichen und großzügigen menschlichen Natur entgegensetzen. Die Verhaltensweisen, die heute die Ursache unserer Verdammnis sind, sind von gesellschaftlichen Konventionen bestimmt, nichts weiter. Unternehmer sind keine gierigen Monster, nicht mehr als hohe Beamte leidenschaftslose Bürokraten und Werbefachleute Betrüger sind. Wir alle spielen eine spezifische Rolle im großen Theater der Wirtschaft. Der erste Schritt, um sie zu verändern, besteht darin, zuzugeben, dass sich diese Rollen ändern können, dass die wirtschaftliche Banalität des Bösen kein unabwendbares Schicksal ist. Wir sind an diesem Punkt angelangt.

## Inakzeptabel?

Für John Molyneux wird Degrowth bei der Mehrheit der Arbeitnehmer, die mit Arbeitslosigkeit und Sparmaßnahmen konfrontiert sind, kein Gehör finden.[63] Das ist das Lieblingsthema von Luc Ferry, der unablässig betont, dass Degrowth in einer Demokratie nicht umsetzbar ist und dass seine Anwendung darauf hinauslaufen würde, »sich der weit überwiegenden Meinung der Bürger zu widersetzen, die im Allgemeinen wenig Interesse daran haben, ihre Einkommen sinken zu sehen«.[64]

Und doch befindet sich Degrowth im Aufwind. Das Barometer für verantwortungsbewussten Konsum von 2021 gibt bekannt, dass 52 % der Befragten der Meinung sind, »dass wir unser Wirtschaftssystem komplett überdenken und den Mythos von einem unendlichen Wachstum hinter uns lassen müssen«.[65] 2020 sprachen sich in einer anderen Umfrage 67 % der Teilnehmer für Degrowth aus, definiert als »Verringerung der Produktion von Gütern und Dienstleistungen, um die Umwelt und das Wohlbefinden der Menschheit zu schützen«.[66]

Eine weitere Umfrage von 2019 möchte wissen: »Was ist das wirksamste Mittel, um die gegenwärtigen und zukünftigen Umwelt- und Klimaprobleme zu lösen?«, eine Frage, auf die 54 % der Befragten antworten, »dass wir unseren Lebensstil und unsere Fortbewegung grundlegend ändern und unseren Konsum drastisch reduzieren müssen«.[67]

In einer Umfrage vom Mai 2020 entschieden sich 55 % der Befragten vor allen anderen Optionen für »eine auf Ausgewogenheit ausgerichtete Organisation der Wirtschaft und Gesellschaft« nach dem Prinzip »weniger, aber besser« (72 % bei den 18- bis 24-Jährigen). In einer anderen Umfrage vom Juni 2021 beteuerten 47 % der Befragten, dass man »der Umwelt Vorrang einräumen sollte, selbst wenn dadurch das Wirtschaftswachstum ihres Landes verlangsamt werden und Arbeitsplätze verlorengehen könnten«.[68]

Im Jahr 2021 stimmten 75 % der Franzosen der Aussage zu, dass »die Wirtschaft der Gesundheit und dem Wohlbefinden der Menschen sowie der Natur Priorität einräumen sollte, anstatt sich nur auf Profite und die Steigerung des Wohlstands zu konzentrieren«.[69] Und selbst eine Umfrage des Medef gibt an, dass 67 % der Franzosen im Jahr 2020 »Degrowth« befürworten.[70]

Zu Zeiten des Grand Débat National habe ich einen Teil der online gemachten Vorschläge analysiert. Von den 153 798 Beiträgen zum Thema »ökologischer Übergang« verwenden 540 das Wort »*décroissance*« im Titel, der Begriff kommt häufiger vor als »grüne Wirtschaft« (nur 61 Beiträge), »grünes Wachstum« (40), »Kreislaufwirtschaft« (126) oder selbst »nachhaltige Entwicklung« (529).[71] Vermerkt sei auch die Erfahrung der Convention citoyenne pour le climat, die laut *Le Point* »für Degrowth optiert«.[72] Während der ersten Arbeitssitzung im Oktober 2019 wurde die »Wachstumsobsession« als Hauptbremse für den ökologischen Übergang angesehen.[73]

Ich sehe nicht, inwiefern Degrowth nicht demokratisch anwendbar wäre, wenn es sich für die Mehrheit der Bevölkerung als Fortschritt erweist. Diejenigen, die sich heute um ihre Kaufkraft sorgen, werden sehen, dass sich ihre Lebenskraft durch Degrowth verbessert. Die einzigen, die sich gegen die Schrumpfung wehren sollten, ist die Minderheit, der der Kapitalismus noch immer erlaubt, sich auf Kosten anderer und allgemein der Natur zu bereichern.

## Totalitär?

Wie den »Godwinpunkt« (je länger eine Debatte dauert, desto wahrscheinlicher ist es, dass jemand einen Nazivergleich bemüht) gibt es auch den »Gulagpunkt«:[74] Wenn man über Ökologie spricht, ist es sehr wahrscheinlich, dass man beschuldigt wird, ein Apostel der Sowjetunion (oder eines anderen diktatorischen Regimes) zu sein. Für Philippe Charlez, Energieexperte am Institut Sapiens, »legitimiert der Degrowthismus totalitäre Praktiken«.[75] »Diktatur des Degrowth«, sagt der Chefredakteur von *L'Opinion*, Rémi Godeau; der »ungesunde Wunsch, den Menschen über ihren Kopf hinweg zu ihrem Glück zu verhelfen«, so Bruno Le Maire.[76]

Den Kapitalismus als demokratisch zu bezeichnen ist ein Missverständnis. In Frankreich besitzen die reichsten 10 % der Haushalte mehr als die Hälfte des gesamten Reichtums.[77] Die Minderheit derjenigen, die die Produktionsmittel besitzen, entscheidet, was produziert wird, ohne jemanden zu Rate zu ziehen. Das ist kein demokratischer, sondern ein plutokratischer Führungsstil: die Planung der Wirtschaft durch die Reichen.

Je reicher man wird, desto mehr Einfluss kann man auf politische Entscheidungen nehmen und die Spielregeln zu seinem Vorteil gestalten.[78] Mehr zu produzieren und zu konsumieren erlaubt den Mächtigen, sich zu bereichern, ein aufgezwungener Imperativ, den sie verzweifelt zu legitimieren versuchen, indem sie ihn mit dem kollektiven Wohlbefinden assoziieren. Und selbst wenn wir unbeeinflusst von der Werbung mit unserem Geldbeutel abstimmen könnten, würden die großen Brieftaschen den Trend bestimmen.

*Den Menschen über ihren Kopf hinweg zu ihrem Glück zu*

*verhelfen* ist übrigens eine hervorragende Charakterisierung der Werbung, eine Art »unsichtbare Diktatur«[79] die zum Kauf anregt. Schweden verbietet Werbung, die sich an Kinder unter zwölf Jahren richtet, und Frankreich schränkt die Werbung für Alkohol und Tabak ein. Jedes Mal, wenn ein solches Gesetz aufkommt, geben die Industrielobbys Millionen aus, um diese Maßnahmen des gesunden Menschenverstandes als sicheres Abgleiten in die Diktatur darzustellen. Wäre es so schlimm, Internetbrowsern vorzuschreiben, standardmäßig einen Werbeblocker einzurichten, Werbeflugzeuge zu verbieten, das Einwerfen von Broschüren in Briefkästen sowie Werbetafeln im öffentlichen Raum zu untersagen?

Dasselbe gilt heute – und bereits seit zwanzig Jahren – für den Klimawandel. Das Gespenst von der »grünen Diktatur«, das in den 1980er Jahren in der nachhaltigen Entwicklung herumgeisterte, kehrt heute zurück, um das herrschende System zu schützen.

Natürlich erfordert Degrowth die beherzte Mobilisierung der gesamten Kraft der Gesellschaft. Wir müssen auf die eine oder andere Weise wieder unter die ökologischen Obergrenzen fallen, und das wird nicht ohne Anstrengung und Zähneknirschen oder gar legitime soziale Konflikte gehen. Die Natur setzt uns Grenzen, die zu missachten unvernünftig wäre, und unsere Freiheit, zu produzieren und zu konsumieren, muss von nun an dieser ökologischen Verpflichtung untergeordnet werden.* Aber es steht uns weiter frei, die Ressourcen

* In einer Fernsehdebatte zu diesem Thema fragt ein Journalist: »Habe ich in einer Welt, die sich dem Degrowth verschreibt, noch das Recht, auf Amazon zu gehen und zu kaufen, was ich will, wann ich will?« Die Antwort lautet nein, aber das hat nichts mit Degrowth zu tun. Jede Gesellschaft setzt der Produktion und dem Konsum Grenzen. Amazon darf

unterhalb dieser Grenzwerte so zu nutzen, wie wir es wollen, und den Übergang zu Degrowth so zu gestalten, dass er so gerecht, konvivial und demokratisch wie möglich ist.

Degrowth ist ein »Kampfbegriff«,[80] der sowohl von denjenigen verwendet wird, die das bestehende System anprangern, als auch von denjenigen, die es verteidigen. In der Fülle der Kontroversen, die das Konzept umgeben, finden sich sowohl Klischees, die die Debatte vergiften, als auch Kritiken, die sie beleben.

Nein, Degrowth ist keine fortwährende Rezession, kein pandemischer Lockdown, keine Apologie der Armut, kein reaktionärer Impuls, kein Hass auf Unternehmen, keine Ablehnung von Innovationen und keine Form von Ökodiktatur. Aber ja, einige der Fragen, die es aufwirft, sind es wert, diskutiert zu werden, wie die Verbindung von Ökologie und Kapitalismus, die Wortwahl und ihre demokratische Akzeptanz, die Rolle des Staates beim Übergang und die Auswirkungen von Degrowth auf seine Finanzen oder die Abhängigkeiten zwischen Ländern des Nordens und Ländern des Südens.

Diese Diskussionen haben bereits begonnen, und je mehr sich von uns daran beteiligen, desto besser. Wer Degrowth vom Tisch wischt, ohne sich wirklich die Mühe zu machen, es zu verstehen (was viele der in diesem Kapitel zitierten Personen tun), weigert sich, an einer der wichtigsten Debatten unserer Zeit zu partizipieren.

---

keine Filme mit pädophilen Inhalten verkaufen, und jemand, der inmitten einer Pandemie Tausende von Mundschutzmasken für sich alleine gekauft hätte, hätte den Zorn der Öffentlichkeit erregt.

## Schluss

# DEN KAPITALISMUS AUFGEBEN

Etymologisch bezieht sich der Begriff »radikal« auf das lateinische *radix* (Wurzel): Radikal sein bedeutet, das Problem an der Wurzel zu packen. In diesem Sinne ist Degrowth tatsächlich radikal, denn es schafft nicht nur Abhilfe gegen die Gewalt des Kapitalismus, sondern identifiziert auch – und vor allem – die Mechanismen, die sie hervorbringen. Anstatt das BIP »grün zu machen«, »Arbeitsplätze zu schaffen« und »die Kaufkraft zu erhalten«, macht es die unterirdischen Kräfte sichtbar, auf die unsere gesellschaftlichen Entscheidungen reagieren, und zwingt uns von daher, unsere Beziehung zur Welt, zur Natur, zur Gerechtigkeit, zum Sinn des Lebens und zum Wohlbefinden zu überdenken.

Im Zentrum all dieser Fragen steht das Wachstum, das Totem der modernen Gesellschaften, das sowohl individuell als auch kollektiv zur Obsession geworden ist. Wer im Fernsehen eine politische Debatte verfolgt, kann nur entsetzt sein über die Verehrung, die Politiker aller Couleur, Journalisten und Ökonomen dem BIP weiterhin entgegenbringen. Länder mit sehr hohem Einkommen wie Frankreich verfolgen hartnäckig das »Märchen vom ewigen Wirtschaftswachstum«,*

* Das sind die Worte der schwedischen Aktivistin Greta Thunberg in ihrer Rede beim UN-Klimagipfel in New York im September 2019: »Ihr habt mir

selbst auf die Gefahr hin, die Gesundheit der Ökosysteme und die Lebensqualität all derer aufs Spiel zu setzen, die von ihnen abhängen.

Das BIP ist eine sehr schlechte Landkarte, die nur einen winzigen Teil eines riesigen sozialen und ökologischen Gebiets misst. Was ein neoklassischer Ökonom etwas vorschnell als »Produktion« bezeichnet, ist in Wirklichkeit oft nur eine Aneignung von Reichtum, der in anderer Form bereits existierte, bevor er in der Marktwirtschaft mobilisiert wurde. Ab einer bestimmten Schwelle hört das Wachstum des BIP auf, ein *Mehr*wert zu sein, und wird zu einem entrissenen Wert, zu einer Art Raubzug im sozialen und ökologischen Bereich. Wir zerstören das Leben und das Zusammenleben, um Werbung, SUVs und Mahlzeiten zu produzieren, die von prekär Beschäftigten mit dem Fahrrad geliefert werden, und wir wagen es, hier von einer »Bereicherung« zu sprechen. Stur auf grenzenlosem Wachstum zu beharren ist keine Entwicklung, sondern Bulimie.

Die Absurdität dieser Situation wird künftige Generationen sicherlich bestürzen, die sich mit gutem Recht fragen werden, wie wir dazu gekommen sind, die Gesellschaft um einen einzigen monetären Indikator herum zu organisieren, so wie wir uns heute über jene Stämme lustig machen, die Opfer brachten, um das Wetter zu beeinflussen.

Die meisten Ökonomen glauben felsenfest an eine künftige Vergrünung des BIP und des Wachstums, und das trotz

---

mit euren leeren Worten meine Träume und meine Kindheit gestohlen. Dennoch gehöre ich zu jenen, die Glück haben. Die Menschen leiden, sie sterben. Ganze Ökosysteme kollabieren, wir stehen am Anfang eines Massensterbens, und alles, worüber Sie reden, ist Geld und das Märchen vom ewigen Wirtschaftswachstum? Wie können Sie es wagen!«

jahrzehntelangem eklatantem Scheitern (im wahrsten Sinne des Wortes). Wissenschaftler haben die Zahlen hin und her gewendet, ohne eine Begründung für ihren Optimismus zu finden. Stattdessen ist es beeindruckend zu sehen, wie diese gewaltige Datenmenge, diese Tausende von Warnungen nur eine sehr einfache Wahrheit aufdecken: Die Wirtschaft wird sich nie vollständig von der Natur abkoppeln lassen. Wir sind zum Guten und zum Schlechten in eine Biosphäre eingeschlossen, deren Grenzen endlich sind. Zu versuchen, in einer begrenzten Umwelt an einer ständig wachsenden Wirtschaft festzuhalten, wäre wie ein Kind, das bis ins Erwachsenenalter Schuhe der Größe 20 behalten würde. Heute und bis zum Beweis des Gegenteils bringt uns jeder zusätzliche Prozentpunkt des BIP einer ökologischen Zukunft näher, die von den Wissenschaftlern als *grauenvoll* beschrieben wird.[1]

Selbst wenn es biophysikalisch möglich wäre, wäre dieses exponentielle Wachstum der monetären Aktivitäten gleichwohl nicht wünschenswert. Ein Tag hat nur 24 Stunden, und unsere Aufmerksamkeit ist begrenzt. Wir bemühen uns, diese Wunder, die man verkaufen kann, zu vermehren, auf Kosten anderer Reichtümer, vielleicht der wahren, die in der volkswirtschaftlichen Gesamtrechnung nicht erfasst werden.

Doch all diese Bemühungen um ein Wachstum, das die Natur zerstört und uns auslaugt, halten nicht einmal ihre Versprechen. Die Wirtschaft wächst, aber die Armut bleibt bestehen. Die BIP-Punkte häufen sich an, doch die Kaufkraft der Mehrheit der Bevölkerung stagniert oder verschlechtert sich. Das Wachstum schafft Tätigkeiten, die kaum jemand braucht, und Arbeitsplätze, die kaum jemand haben will. Den Finanzmärkten geht es blendend, doch die öffentlichen Dienste kommen keinen Schritt voran. Die Wirtschaft wächst, aber die Lebensqualität sinkt. Ein Bericht der Vereinten Nationen von 1996 fasst die Situation zusammen: Das Wachstum, das wir erleben, ist »ohne Arbeit, ohne Erbarmen, ohne Sprache, ohne Wurzel und ohne Zukunft«.[2]

Die Botschaft dieses Buches ist klar: Wir müssen uns »vom Wachstum verabschieden«.[3] Wir müssen »aus dem Wachstum aussteigen«,[4] das »Wachstumsregime« zerschlagen,[5] die »Wachstumsmystik« entmystifizieren;[6] vom Glauben abfallen, um schrumpfen zu können. Kurz gesagt, wir müssen uns ein Wirtschaftsleben jenseits eines blinden Produktivismus vorstellen, der nur die Scheine zählt. Was können wir uns noch zu produzieren und zu konsumieren erlauben? Degrowth ist eine ökologische Notwendigkeit, aber auch ein sozialer und existenzieller Glücksfall. Verlangsamen, um zu überleben, ja, aber vor allem, um *gut zu leben*, um wirklich zu leben.

Wenn ich von Gemeinschaftswaschküchen, Insektenhotels, lokalen Währungen und Genossenschaften mit einer begrenzten Gewinnorientierung spreche, sehen mich meine Kollegen von den Wirtschaftswissenschaften an, als hätte ich vorgeschlagen, auf den Mars zu ziehen (wobei das von Elon Musk vorgeschlagene Weltraumprojekt in ihren Augen vielleicht sogar realistischer erscheint). Es ist paradox, dass die Wachstumsideologie einerseits die Innovation feiert, in der festen Überzeugung, dass durch die Technik alles ständig verbessert werden kann, und dass andererseits, wenn es um das System selbst geht, die im 19. Jahrhundert eingeführte kapitalistische Wirtschaft als starr, unveränderlich und unüberwindbar angesehen wird. Diese unbewegliche Doxa, dieses Thatcher'sche *There is no alternative*, das den heutigen Kapitalismus als das Ende der Geschichte betrachtet, muss zerstört werden. Das ist nicht der Fall. Die Wirtschaft ist, wie jedes soziale Konstrukt, plastisch; und in den menschlichen Angelegenheiten gilt: Wenn man will, kann man.

Bleibt noch, sich auszumalen, welche Wirtschaft wir uns wünschen. Wir brauchen dringend eine *Pädagogik der Wunder*, eine Art umgekehrte Katastrophenpädagogik. Stellen Sie sich vor, wir hätten so viele Filme über das Ende des Kapitalismus wie über das Ende der Welt. Ein *Black Mirror* mit Happy End. *Der Tag danach* in einer Welt, in der Tiere und Menschen in einer Symbiose *à la Disney* leben würden. *Ökotopia*, *Planet der Habenichtse*, *Neues aus Nirgendland*, *La Belle Verte*, *Voyage en misarchie* und *Paresse pour tous* als Fernsehserien adaptiert.

Die Phantasie ist ein Muskel, und unserer ist verkümmert, sehr schlaff durch den Mangel an Visionen einer Generation von Wirtschaftswissenschaftlern, die nicht weiter als bis zum Ende ihrer Excel-Tabellen dachten. Es ist höchste Zeit, die Kontrolle über unsere Zukunft zurückzugewinnen, Schritte zur Seite zu machen, kreativ zu sein und den Horizont der Möglichkeiten zu erweitern. Wir müssen unser Verlangen nach einer anderen Wirtschaft ausbilden, »die Zukunft befreien«[7] von der ewigen Wiederkehr produktivistischer Wirtschaftssysteme, seien sie nun kapitalistisch oder sozialistisch; wir müssen die Wirtschaft *revolutionieren*, das heißt, sie von Zukünften träumen lassen, die sich von der Gegenwart radikal unterscheiden.

»Sie wussten nicht, dass es unmöglich war, also taten sie es«: ein berühmter Satz von Mark Twain, der in allen wirtschaftswissenschaftlichen Fakultäten in Großbuchstaben angebracht werden sollte. Schluss mit den neoklassischen Miesepetern, die mit ihren Taschenrechnern jedes Projekt vom Tisch fegen, das nicht dem Verhältnis von Schulden zu BIP des Maastricht-Vertrags entspricht. Wir brauchen jetzt ein »Denken der Entgleisung«[8] und einen massiven »zivilen Widerstand«*, um unser Wirtschaftsmodell aus der bekannten Routine herauszuholen, die das Lebende und das Zusammenleben zerstört. Wir brauchen keine gefügigen Ökonomen, die als brave Klempner des Kapitalismus agieren, sondern Architekten alternativer Ökonomien. Schluss mit den Reparaturen, vorwärts mit der Konzeption.

Die eigentliche Herausforderung zu Beginn des neuen Jahrhunderts besteht darin, ein Wirtschaftssystem zu erfinden, das »Wohlstand für alle innerhalb der planetarischen Grenzen« gewährleistet,[9] wie es im letzten Bericht des IPCC heißt. Man könnte auch mit Serge Latouche sagen: »frugale Fülle in einer solidarischen Gesellschaft«.[10] Eine fröhliche, nicht gewaltsame, partizipative, resiliente, gerechte und nachhaltige Wirtschaft. Eine Wirtschaft, die sich auf die Qualität und nicht mehr auf die Quantität konzentriert, in der die Konvivialität über die Produktivität siegt. Mäßigung und Sparsamkeit gegen *Hybris* und Maßlosigkeit; Kooperation und Resonanz gegen Wettbewerb und Beschleunigung; Autonomie und Fürsorge gegen Herrschaft und Ausbeutung. Eine Wirtschaft, die ihre Funktion als Wirtschaft (eine sparsame

---

* Es sei der Appell des Kollektivs Dernière Rénovation zitiert: »In diesem Moment der Geschichte, dem unseren, organisiert sich der Widerstand als letztes Mittel gegen den erzwungenen Marsch unserer Gesellschaften in die größte Episode menschlichen Leidens in der Geschichte, überall auf der Welt. Es geht nicht mehr nur darum, ungehorsam zu sein oder einen Schritt zur Seite zu machen, sondern es ist nun ein moralischer Imperativ für alle Bürger und Bürgerinnen, die dazu in der Lage sind, in den Widerstand zu gehen, um unser Schicksal in die Hand zu nehmen und zu retten, was noch zu retten ist«.

Koordination unserer Zufriedenheit) so einfach wie möglich erfüllt, ohne den Rest des sozialen Lebens zu kolonisieren und ohne das Lebende zu zerstören.

Wir sind nicht die Ersten, die diese andere Wirtschaft wollen. Immer mehr Forscher und engagierte Bürger entwerfen und erproben Alternativen. Die Via-Campesina-Bewegung hat eine nachhaltige und souveräne bäuerliche Landwirtschaft neu erfunden. Transition Towns haben dem ökologischen Munizipalismus neuen Aufschwung gegeben, und die Ökodorf-Bewegung erfindet eine neue Art des Zusammenlebens. Neuseeland emanzipiert sich mit seinen Wohlfahrtsbudgets vom BIP, und Länder wie Ecuador und Bolivien ändern ihre Verfassungen, um die Natur als Rechtssubjekt anzuerkennen. Die Franzosen sind ihrerseits gegenüber wirklich innovativen Initiativen nicht so abgeneigt, wie man glaubt: In den letzten Jahren haben sich Genossenschaften mit einer begrenzten Gewinnorientierung, lokale Währungen (über 80), Territorien mit null Langzeitarbeitslosen und eine ganze Reihe anderer äußerst wertvoller Instrumente vervielfacht. Wir fangen nicht bei null an.

Auf der Seite der Konzepte gibt es eine Fülle von Modellen: die *partizipatorische Ökonomie*, die *Wohlfahrtsökonomie*, die *Donut-Ökonomie*, die *Gemeinwohl-Ökonomie*, die *permazirkuläre Ökonomie*, die *Wirtschaftsdemokratie*, den *partizipativen Sozialismus* und den *Ökosozialismus*.[11] Die Baustelle ist groß, doch es fehlt nicht an Ideen: eine *konvivialistische* Wirtschaft aus frugalen Kommunen, dazu *beitragenden permazirkulären Unternehmen* und *Beziehungsgesellschaften*, die von einem *alternativen Hedonismus* und dem Streben nach *Resonanz* angetrieben sind; eine *Low-Tech*-Wirtschaft mit einer Kultur des *Weniger arbeiten, um besser zu leben*, organisiert in *misarchischen Bioregionen* und *soziokratischen Kreisen* nach dem Vorbild des *libertären Munizipalismus*.[12] Es gibt noch viele weitere. Jedes dieser Konzepte ist ein Teil des Puzzles, das uns erlaubt, die Wirtschaft von morgen zu erfinden. Wir müssen sie nur noch miteinander verknüpfen, damit sie ein System bilden.

Denn ja, die Hoffnung reicht nicht, um die Welt zu verändern. Wenn »die Revolution der aktive Übergang vom Traum zur Realität ist« (berühmtes Graffiti vom Mai 1968), dann lasst uns träumen, ja, doch ohne danach aufwachen zu müssen. Lasst uns Pläne für die kühnsten Utopien entwerfen, ohne die Umwälzungen zu fürchten, die sie verlangen. Viele von uns ahnen, dass die ihnen aufgezwungene Realität nur eine von vielen ist: nicht weniger künstlich, nicht weniger fragwürdig als eine gemalte Kulisse, die beunruhigende Räderwerke verdeckt. Während die meisten den Komfort der Ignoranz und das Einlullen durch die Medien bevorzugen, scheuen einige nicht vor den Schwierigkeiten der Selbstreflexion zurück und akzeptieren, dass die Überzeugungen der alten Welt erschüttert werden. Dieses Buch richtet sich an diejenigen, die sich für die rote Pille entscheiden und sich bewusst werden, dass die Matrix des Kapitalismus und des Wachstums uns ausbeutet und zerstört.

Natürlich ist es keine leichte Sache, die Wirtschaft zu transformieren. Die Wirtschaft lässt sich nicht wie ein Möbelstück von der Stange aufbauen, und um es gleich vorwegzunehmen: Jede Antwort auf die Frage nach dem Wie wird immer etwas enttäuschend sein. Wichtig ist, dass wir bereits alle Werkzeuge in der Hand haben. In der Literatur zu Degrowth werden unzählige konkrete politische Maßnahmen vorgeschlagen – in einer kürzlich durchgeführten Studie haben wir 380 spezifische Instrumente aufgelistet: Arbeitszeitverkürzung, Grundeinkommen, Beschäftigungsgarantien, Steuern auf Finanztransaktionen, Verbot bestimmter Werbeformen, Energierationierung, Kohlenstoffkonten und hunderte andere. Der Werkzeugkasten zur Gestaltung des Übergangs ist immer besser ausgestattet und wartet nur darauf, benutzt zu werden.

Und im Übrigen wartet dieser Übergang nicht auf die Politik. Wenn Degrowth ein Systemwechsel, ein Projekt der Gesellschaft ist, wird es die Mobilisierung aller Akteure erfordern. Es gibt keinen magischen Knopf, der ausreichen würde, um die Wirtschaft auf einen Schlag zu transformieren, wie ein Verwandlungskünstler sein Kostüm wechselt. Wir müssen anders produzieren und konsumieren, und dazu müssen wir die Form unserer sozialen Organisation neu erfinden. Die Fahrradveranstaltungen der Bewegung Critical Mass wiederholen oft, dass *sie den Verkehr nicht blockieren, sondern der Verkehr sind*. Für die Wirtschaft gilt das Gleiche: Wir blockieren die Wirtschaft nicht, sondern wir sind die Wirtschaft. Unsere Mission lautet: »*take back the economy*«,[13] die Kontrolle zurückgewinnen, um eine demokratische, konviviale, gerechte und nachhaltige Wirtschaft zu formen.

Denjenigen, die sagen werden, dass wir noch nicht so weit sind, dass wir mehr Daten und bessere Modelle brauchen, sage ich: nein. Wir könnten Jahrhunderte damit verbringen, die Wirtschaft in alle Richtungen zu theoretisieren. Es ist schon fünfzig Jahre her, dass die Meadows ihr Modell entwickelt haben, und ein Großteil der Ökonomen will immer noch nicht zugeben, dass das Wirtschaftswachstum biophysikalische Grenzen hat (sie werden es sicher nie zugeben, oder viel zu spät). Seien wir nicht derjenige, »der seine Beine nicht benutzen will, sondern sitzen bleibt und zugrunde geht, weil er keine Flügel zum Fliegen hat«, wie es in einem Aphorismus von John Locke heißt.

Sicher ist, dass wir die Wirtschaft nicht wieder ankurbeln dürfen. Wir müssen uns »gegen die Welt von gestern sperren«, wie Bruno Latour sagt.[14] Die Wirtschaft wieder anzukurbeln bedeutet, diese monströse Maschine, die langsam die Welt auffrisst, wieder in Gang zu setzen. Das *business as usual* fortzusetzen bedeutet, den Weg in den sicheren Tod zu gehen. Es ist an der Zeit, den Kapitalismus dem Nichts zurückzugeben, das ihn hervorgebracht hat. Sagen wir es klar und deutlich: Er soll sterben,[15] als antiquiertes System, das in den Geschichtsbüchern mit seinem produktivistischen Gegenstück, dem Staatssozialismus der Sowjetunion, gleichziehen wird. »Empört«[16] über die soziale und ökologische Ungerechtigkeit sämtlicher produktiv-extraktivistischen Systeme, streiken wir nunmehr gegen diese Wirtschaft, die das Lebende zerstört.

Desertieren wir wie die couragierten Absolventen der Agro Paris Tech.[17] »Diese Jobs sind zerstörerisch, und sie zu wählen bedeutet, zu schaden, indem man den Interessen einiger weniger dient. Dennoch wurden uns während unseres gesamten Studiums an der Agro Paris Tech genau diese Perspektiven aufgezeigt. Über die Absolventen, die diese Berufe eher als Teil der Probleme denn als Teil der Lösungen betrachten und die sich deshalb entschieden haben, zu desertieren, wurde uns hingegen nie etwas gesagt. Wir wenden uns an diejenigen, die zweifeln. […] Wir wollen Euch sagen, dass Ihr nicht die Einzigen seid, die der Meinung sind, dass etwas nicht stimmt, denn es stimmt wirklich etwas nicht. […] Wir weigern uns, diesem System zu dienen und haben uns entschieden, nach anderen Wegen zu suchen, unseren eigenen Weg zu gehen.«

Die amerikanische Wirtschaft erlebt die »Great Resignation«, junge Chinesen »legen sich auf den Boden«, die »Anti-Produktivitäts«-Bewegung ist auf dem Vormarsch, und französische Hochschulabsolventen werfen alles über den Haufen. Neben Materialmangel und ökosystemischen Kataklysmen fehlt es nun auch an Arbeitskräften. Niemand will mehr für ein System arbeiten, das die Welt zerbröselt, um eine Handvoll »bereits Reicher« noch reicher zu machen. Sie haben recht. Wir werden unsere Zeit, unsere Energie und unsere Fähigkeiten nicht diesem System zur Verfügung stellen. Wir werden nicht kollaborieren.

»Ich zweifle und rücke ab«, wie ein Student der École Centrale de Nantes in einem anderen Aufruf zur Desertion sagt.[18] Wenn bestimmte Unternehmen einen Krieg gegen das Lebende und die Menschheit führen wollen, weigern wir uns, uns daran zu beteiligen, und werden die Natur und diejenigen, die davon abhängen, mit all unserer Kraft schützen. Wagen wir es, »unser Wachstumsmodell zu überdenken« und »Modelle eines maßvollen und prosperierenden Degrowth« zu erforschen,[19] wie eine Studentin der HEC vorschlägt. Hören wir auf die Studenten der École polytechnique und bauen eine »angenehmere, ausgeglichenere Gesellschaft der bewussten Verlangsamung« auf.[20] Desertieren bedeutet nicht, die Gesellschaft insgesamt aufzugeben, sondern nur einen sinnentleerten Kapitalismus, dem die Luft ausgeht.

Ich höre hier auf. Denn es ist Zeit für die Siesta.

# DANK

Wenn es in der Ökonomie eine Wahrheit gibt, dann die, dass nichts jemals ganz alleine vollbracht wird.

Im akademischen Geist der Peer Review wurde dieses Buch von einer Vielzahl von Experten gelesen, denen ich herzlich für ihre kritische Durchsicht danke: Yves-Marie Abraham, Paul Ariès, Fabrice Bonnifet, Benoît Borrits, Louison Cahen-Fourot, Clément Caudron, Mélanie Ciussi, Timothée Duverger, Jean-Marie Harribey, Pierre Kohler, Éloi Laurent, Serge Latouche, Dominique Méda, Antoine Missemer, Gilles Mitteau, Antoine Monserand, Emmanuel Pond, Céline Puff Ardichvili, Cedric Rossi, François Schneider, Luc Semal, Christophe Sempels, Agnès Sinaï, Andrew Sutter und Franck-Dominique Vivien. Besonders zu Dank verpflichtet bin ich Cedric Chevalier für seine zahlreichen Vorschläge. Für jeden Fehler bleibe natürlich ich alleine verantwortlich.

Ich danke auch meinen Kollegen vom Observatoire de la Post-Croissance et la Décroissance (OPCD) dafür, sich die Zeit genommen zu haben, das Manuskript durchzusehen: Armel Brouette, Charlotte Burnod, Marceau Challet, Clément Choisne, Jerome Cuny, Thomas Dauphin, Sylvie Ferrari, Fabrice Flipo, Félix Garnier, Stéphane Hairy, Manon Laveau, Vincent Lavilley, Arnaud Levy, Vincent Liegey, Michel Lepesant, Gabriel Malek, Timothé Miot, Emmanuel Benoit Raufflet, Benoît Rolland de Ravel, Hélène Rollo, Vivien Starosse, Antoine Tiberj und Ariane Tichit.

Meinen Weggefährten im Denken, Freunden und Kollegen bin ich unendlich dankbar für eine hervorragende Lektüre: Yaëlle Amsallem, Anton Beraber, François Briens, Antoine Giraldi, Mathieu Jeanne-Beylot, Quentin Jaud, Céline Marty, Laurent Pagani und Thomas Wagner. Ich danke auch meiner Mutter, Marie-France Parrique, die selbst nach mehr als fünfzehn Jahren an der Universität noch immer meine (zahlreichen) Rechtschreibfehler korrigiert.

Ein großes Dankeschön gilt Salomé Viaud, meiner Lektorin bei Seuil, die mich mit Vertrauen und Entschlossenheit bis zum Ende begleitet hat. Ich danke Louis Jolivet, dem Ökonomen und Hauptlektor dieses Buches, der jeden Absatz gründlich geprüft und jedes Mal mit wertvollen Kommentaren versehen hat.

Und schließlich möchte ich allen danken, die mich beim Schreiben dieses Buches unterstützt haben, dem Club Touchard, der mich zwei Jahre lang liebevoll an den Stränden von Anglet aufgenommen hat, der Universität Lund in Schweden, wo ich das Buch fertiggestellt habe, meinen Eltern, die mich während des ersten Lockdowns liebenswürdigerweise beherbergt haben, und einer ganzen Reihe von unbekannten Unterstützern, die mir jede Woche diese netten Nachrichten schickten, die mir halfen, die Moral aufrechtzuerhalten und weiter so schwierigen Themen auf den Grund zu gehen.

Und zum Schluss *I would like to thank Romy, my first supporter, to whom I dedicate this book.*

# ANMERKUNGEN

**Einleitung: Die Ökonomie, eine Frage von Leben und Tod**

1 David Wallace-Wells, *Die unbewohnbare Erde. Leben nach der Erderwärmung*, übers. v. Elisabeth Schmalen, Ludwig Verlag, 2019.

2 Lucas Chance, »Climate change and the global inequality of carbon emissions 1990–2020«, World Inequality Database, Oktober 2021.

3 Dario Kenner, *Carbon Inequality: The Role of the Richest in Climate Change*, Routledge, 2019.

4 Hervé Kempf, *Que crève le capitalisme*, Seuil, 2020, Kapitel III.

5 Timothée Parrique, »Look Up: Climate change is not a crisis, it's a beating«, *Parole*, 24. März 2022.

6 Rox Nixon, *Slow Violence and the Environmentalism of the Poor*, Harvard University Press, 2011.

7 Jason W. Moore (Hrsg.), *Anthropocene or Capitalocene? Nature, History, and the Crisis of Capitalism*, PM Press, 2016; Richard B. Norgaard, »Economism and the Econocene. A coevolutionary interpretation«, *Real-world Economics Review*, 2019; Éloi Laurent, *Sortir de la croissance: mode d'emploi*, Les Liens qui libèrent, 2021.

8 Serge Latouche, *Justice sans limites. Le défi de l'éthique dans une économie mondialisée*, Fayard, 2003.

9 Joseph Bullington, »GDP. A countdown to doom«, *In These Times*, 4. September 2021.

10 Dominique Méda, *La Mystique de la croissance: comment s'en libérer*, Flammarion, 2013.

11 In *Pourquoi sommes-nous capitalistes malgré nous?* (Payot, 2022, S. 26) entfaltet der Soziologe Denis Colombi eine schöne Definition: »Entnaturalisieren bedeutet, unseren alltäglichsten wirtschaftlichen Verhaltensweisen ihre exotische Komponente zurückzugeben, sie uns als fremd, außerhalb von uns und daher für eine vernünftige Untersuchung geeignet erscheinen zu lassen. […] Es bedeutet auch, zu

akzeptieren, ihre Komponente der Fremdheit in einem deutlich anderen Sinne zu sehen: ihre befremdliche, bizarre und, kurz, oftmals absurde Seite.«

12 Ich übernehme hier die schöne Triade »Verwerfung – Projekt – Weg«, die Michel Lepesant vorschlägt in *Politique(s) de la décroissance – Propositions pour penser et faire la transition*, Éditions Utopia, 2013, S. 23.

**1. Das geheime Leben des BIP**

1 Die Seite »La croissance« auf dem Portal FACILEECO der Website des Ministère de l'Économie, des Finances et de la Relance.

2 Tim Jackson, *Wohlstand ohne Wachstum. Leben und Wirtschaften in einer endlichen Welt*, übers. v. Eva Leipprand, oekom-Verlag, 2013.

3 Manfred Max-Neef, *Human Scale Development: Conception, application and further reflections*, The Apex Press, New York, 1991.

4 Amartya Sen, *Development as Freedom*, Oxford University Press, 1999.

5 https://www.pactedupouvoirdevivre.fr

6 Éloi Laurent, *Sortir de la croissance: Mode d'emploi*, 2021, Les Liens qui libèrent, S. 190.

7 Einige unumgängliche Werke zur Geschichte des BIP: Lorenzo Fioramonti, *Gross Domestic Problem. The Politics Behind the World's Most Powerful Number*, Zed Books, London, 2013; Dirk Philipsen, *The Little Big Number. How GDP Came to Rule the World and what to do about it*, Princeton University Press, 2015; Joseph E. Stiglitz, Amartya Sen u. Jean-Paul Fitoussi, *Mismeasuring our Lives. Why GDP Doesn't Add Up*, The New Press, 2010; Matthias Schmelzer, *The Hegemony of Growth. The OECD and the Making of the Economic Growth Paradigm*, Cambridge University Press, 2016; Rutger Hoekstra, *Replacing GDP by 2030. Towards a Common Language for the Well-being and Sustainability Community*, Cambridge University Press, 2019; Diane Coyle, *GDP. A Brief but Affectionate History*, Princeton University Press, 2014; Philipp H. Lepenies, *Die Macht der einen Zahl. Eine politische Geschichte des Bruttoinlandsprodukts*, Suhrkamp Verlag, 2013; Ehsan Masood, *The Great Invention. The Story of GDP and the Making (and Unmaking) of the Modern World*, Pegasus Books, 2014.

8 »Système de comptabilité nationale«, Nations unies, 2008. Man findet die Definition des BIP auf S. 8, die der Wertschöpfung auf S. 103 und die der Produktion auf S. 97.

9 Um die Berechnung des BIP besser zu verstehen siehe Heu?reka, *Tout sur l'économie, ou presque*, Payot, 2020.
10 France Bénévolat, »L'évolution de l'engagement bénévole associatif en France, de 2010 à 2019«, März 2019.
11 »Système de comptabilité nationale«, Nations unies, 2008.
12 Ebd., Kapitel VI: compte de production, S. 98.
13 Annex I: Glossary, des Berichts AR6 WGIII, S. 23.
14 Éloi Laurent, *Sortir de la croissance…*, a. a. O., S. 16 u. 61.
15 R. M. Solow, »The economics of resources or the resources of economics«, *The American Economic Review*, Bd. 64, Nr. 2, 1974, S. 11.
16 Paul Fauconnet u. Marcel Mauss, *Die Soziologie. Gegenstand und Methode*, 1901, *https://journals.openedition.org/trivium/7501*
17 Milton Friedman, »The Social Responsibility of Business Is to Increase Its Profits«, *The New York Times Magazine*, 13. September 1970.
18 Bei einem Besuch des Universitätsklinikums von Rouen im April 2018 antwortete Präsident Emmanuel Macron einer Pflegerin, die den Mangel an Mitteln im Krankenhaus zum Ausdruck brachte: »Mittel einzusetzen, ohne die Dinge zu tun, um zu modernisieren, zu begleiten, umzuwandeln, manchmal gesunden Menschenverstand zu haben, das bedeutet nicht, den Menschen zu helfen. Denn am Ende sind es die Mittel, die auch von Ihnen bezahlt werden, wissen Sie. Es gibt kein gezaubertes Geld.«
19 Bruno Le Maire, *L'Ange et la Bête. Mémoires provisoires*, Gallimard, 2021, S. 327.
20 Article 1er du décret n° 2022-826 du 1er juin 2022 relatif aux attributions du ministre de l'Économie, des Finances et de la Souveraineté industrielle.
21 https://www.gov.uk/government/publications/growth-duty
22 Daniel A. Hirschman, *Inventing the Economy. Or: How We Learned to Stop Worrying and Love the GDP*, Dissertation in Soziologie, Universität von Michigan, 2016.
23 Matthias Schmelzer, *The Hegemony of Growth…*, a. a. O.
24 Olivier Godechot, *Les Traders. Essai de sociologie des marchés financiers*, La Découverte, 2005.
25 Quelques ennemis du meilleur des mondes (coll.), *Sortir de l'économie*, 2013, S. 5.
26 Frédéric Lordon, *Figures du communisme*, La Fabrique, 2021, S. 87.
27 Stéphane Foucart, *Des marchés et des dieux. Quand l'économie devient religion*, Grasset, 2018.

28 Éloi Laurent, *La Raison économique et ses monstres*, Les Liens qui libèrent, 2022, S. 15.

29 Rowan Williams, »Face it. Marx was partly right about capitalism«, *The Spectator*, 27. September 2008.

30 Dominique Méda, *La Mystique de la croissance…*, a. a. O.

31 So definieren Luc Boltanski und Ève Chiapello den Geist des Kapitalismus in ihrem 1999 erschienenen Buch *Der neue Geist des Kapitalismus* (UVK-Verlags-Gesellschaft, 2003, übers. v. Michael Tillmann, S. 46): »Diese Gesamtheit von Glaubenssätzen, die mit der kapitalistischen Ordnung verbunden sind und zur Rechtfertigung dieser Ordnung, zur Legitimation und mithin zur Förderung der damit zusammenhängenden Handlungsweisen und Dispositionen beitragen.«

32 J. K. Gibson-Graham, *The End of Capitalism (As We Knew It). A Feminist Critique of Political Economy*, University of Minnesota Press, 1996, S. 40.

33 Denis Colombi, *Pourquoi sommes-nous capitalistes malgré nous?*, Payot, 2022, S. 12.

34 Ebd., S. 283–284.

35 H. Welzer, »Mental Infrastructures. How growth entered the world and our souls«, Heinrich-Böll-Stiftung, 2011.

36 Michel Foucault, *Die Geburt der Biopolitik. Vorlesung am Collège de France 1978–1979*, hrsg. v. Michel Sennelart, übers. v. Jürgen Schröder, Suhrkamp Verlag, 2006.

37 Céline Marty, *Travailler moins pour vivre mieux*, Dunod, 2021, S. 27.

38 Walt Whitman Rostow, *The Stages of Economic Growth*, Cambridge University Press, 1990 [1960].

39 Eva Sadoun, *Une économie à nous*, Actes Sud, 2022, S. 37.

40 Yves-Marie Abraham, *Guérir du mal de l'infini*, Écosociété, 2019.

**2. Die unmögliche Entkopplung**

1 Siehe die Seite »Planetary boundaries« auf der Website des Stockholm Resilience Centre.

2 G. Grossman u. A. Krueger. »Environmental Impacts of a NAFTA Agreement«, National Bureau of Economic Research, Working Paper 3914, 1991; G. Grossman u. A. Krueger, »Economic growth and the environment«, *Quaterly Journal of Economics*, 1995; T. Panayotou et al., »Is the Environmental Kuznets Curve Driven by Structural Change? What Extended Time Series May Imply for Developing

Countries«, 2000; N. Shafik u. S. Bandyopadhyay, »Economic growth and environmental quality: time series and cross-country evidence«, The World Bank, 1992.

3 Timothée Parrique et al., »Decoupling debunked: Evidence and arguments against green growth as a sole strategy for sustainability«, European Environmenal Bureau, 2019.

4 H. Haberl et al., »A systematic review of the evidence on decoupling of GDP, resource use and GHG emissions«, *Environmental Research Letters*, Bd. 15, Nr. 6, 2020.

5 WWF, »Living Planet Report 2020«.

6 IPBES ist die Abkürzung für *Intergovernmental Science-Policy Platform on Biodiversity and Ecosystem Services*, Anm. d. Übers.

7 IPCC ist die Abkürzung für *Intergovernmental Panel on Climate Change* und wird oft auch als »Weltklimarat« bezeichnet, Anm. d. Übers.

8 IPBES, »Global assessment report on biodiversity and ecosystem services«, 2019.

9 Nature France, »Comment évoluent les écosystèmes et habitats en France?«

10 F. Krausmann et al., »From resource extraction to outflows of wastes and emissions: The socioeconomic metabolism of the global economy, 1900–2015«, *Global Environmental Change*, 2018.

11 T. O. Wiedmann et al., »The material footprint of nation«, *PNAS*, 2013.

12 K. Bithas u. P. Kalimeris, »Unmasking decoupling: Redefining the Resource Intensity of the Economy«, *Science of The Total Environment*, 2018.

13 Daten der Universität Wien: http://www.materialflows.net/visualisation-centre/country-profiles/

14 Bericht »L'environnement en France – édition 2019«.

15 IEA, »The role of critical minerals in clean energy transition«, Mai 2021.

16 Nate Aden, »Reducing Carbon Emissions While Growing GDP«, *World Resource Institute*, April 2016.

17 A. J. Turner et al., »A large increase in U.S. methane emissions over the past decade inferred from satellite data and surface observations«, *Geophysical Research Letters*, 2016.

18 R. W. Howarth et al., »Methane and the greenhouse-gas footprint of natural gas from shale formations«, *Climatic Change*, 2011.

19 Wiedmann u. Lenzen, »Environmental and social footprints of international trade«, *Nature*, 2018.
20 Wiedmann et al., »The material footprint of nations«, *PNAS*, 2013.
21 *The carbon bankroll: The climate impact of untapped power of corporate cash*, Climate Safe Lending Network, Mai 2022.
22 IPCC AR6 WGIII, »Mitigation of climate change«, Kap. II, S. 39.
23 »Chiffres clés du climat – édition 2021«, Ministère de la Transition écologique, S. 28.
24 Ebd., S. 44.
25 Die Zahlen für diesen Abschnitt stammen aus der Datenbank Materialflows.net, die von der Universität Wien geführt wird.
26 Ministerio de Consumo, *Sostenibilidad del consumo en España*, Mai 2022.
27 Frankreichs wichtigste Export- und Importpartner, Jahresdaten 2020, Insee, Juli 2021.
28 Daten der Weltbank.
29 Online-Daten der International Energy Agency, »Data and statistics«.
30 Haut Conseil pour le climat, »Dépasser les constats. Mettre en oeuvre les solutions«, Juni 2022, S. 33.
31 Anderson et al., »A factor of two: How the mitigation plans of ›climate progressive‹ nations fall far short of Paris-compliant pathways«, *Climate Policy*, 2020. (Das von den Autoren dieser Studie berechnete globale Kohlenstoffbudget beträgt 656 Gt $CO_2$.)
32 Friedlingstein et al., »Global Carbon Budget 2021«, *Earth System Science Data*, 2022.
33 Daten der Universität Wien: http://www.materialflows.net/visualisation-centre/country-profiles/
34 Die 17,1 t stammen aus der Online-Datenbank der Universität Wien und die Grenze von 3–6 t aus Hickel et al., »National responsibility for ecological breakdown: A fair-shares assessment of resource use, 1970–2017«, *The Lancet*, April 2022.
35 Le Quéré et al., »Drivers of declining $CO_2$ emissions in 18 developed economies«, *Nature Climate Change*, 2019.
36 S. Keen et al., »A note on the role of energy in production«, *Ecological Economics*, 2019.
37 J. M. Pearce, »Optimizing greenhouse gas mitigation strategies to suppress energy cannibalism«, 2nd Climate Change Technology Conference, Ontario, Kanada, Mai 2009.

38 C. A. S. Hall et al., »EROI of different fuels and the implications for society«, *Energy Policy*, 2014.
39 Capellán-Pérez et al., »Dynamic Energy Return on Energy Investment (EROI) and material requirements in scenarios of global transition to renewable energies«, *Energy Strategy Review*, 2019.
40 A. Fabre, »Evolution of EROIs of electricity until 2050. Estimation and implications on prices«, *Ecological Economics*, 2019.
41 O. Vidal, *Matières premières et énergie*, ISTE Éditions, 2018, S. 82.
42 M. Fischer-Kowalski et al., »Methodology and indicators of economy-wide material flow accounting«, *Journal of Industrial Ecology*, 2011.
43 C. Benjamin et al., »How do fuel taxes impact rebound effect? Empirial evidence from French households«, *Économie et Prévision*, 2019.
44 S. B. Bruns et al., »Estimating the economy-wide rebound effect using empirically identified structural vector autoregressions«, *Energy Economics*, 2021.
45 A. Berner et al., »Do energy efficiency improvements reduce energy use? Empirical evidence on the economy-wide rebound effect in Europe and the United States«, *Energy Economics*, 2022.
46 »L'environnement en France: rapport sur l'état de l'environnement«, Februar 2021.
47 Zahlen zit. n. Guillaume Pitron, *L'Enfer numérique: voyage au bout d'un like*, Les Liens qui libèrent, 2021, S. 212.
48 C. C. M. Kyba et al., »Artificially lit surface of Earth at night increasing in radiance and extent«, *Science Advances*, 2017.
49 C. L. Magee u. T. C. Devezas, »A simple extension of dematerialization theory: Incorporation of technical progress and the rebound effect«, *Technological Forecasting and Social Change*, 2017.
50 Mireille Campana et al., »Réduire la consommation énergétique du numérique«, Ministère de l'Économie et des Finances, Dezember 2019.
51 »Faut-il vraiment passer à la 5G?«, *Alternatives économiques*, Nr. 404, September 2020.
52 ADEME, »La face cachée du numérique – réduire les impacts du numérique sur l'environnement«, Januar 2021.
53 France Nature Environnement, »L'empreinte cachée des smartphones«, September 2017.
54 Ein Bericht des Haut Conseil pour le climat vom Dezember 2020 schätzt die Kohlenstoffauswirkungen der Einführung von 5G auf 2,7 Mio. t $CO_2$e. bis 6,7 Mio. t $CO_2$e im Jahr 2030, was 18 bis 45 % der $CO_2$-Bilanz im digitalen Bereich darstellt.

55 Mathieu Ecoiffier, »Une analyse de la baisse des émissions de $CO_2$ dues à la combustion d'énergie en France depuis 1990«, Insee, Dezember 2017, S. 50.
56 Haut Conseil pour le climat, »Renforcer l'atténuation, engager l'adaptation«, Juni 2021.
57 Guillaume Pitron, *L'Enfer numérique*, op. cit.
58 A. S. G. Andrae u. T. Edler, »On global electricity usage of communication technology: Trends to 2030«, *Challenges*, 2015.
59 C. Preist et al., »Evaluating sustainable interaction design of digital services: The case of YouTube«, *Proceedings of the 2019 CHI Conference on Human Factors in Computing Systems*, 2019.
60 D. Kamiya, »The carbon footprint of streaming video: Fact-checking the headlines«, IEA, 2020.
61 Guillaume Pitron, *L'Enfer numérique*, op. cit.
62 K. Devine u. M. Brennan, »Music streaming has a far worse carbon footprint than the heyday of records and CDs – new findings«, *The Conversation*, 2019.
63 C. Mora et al., »Bitcoin emissions alone could push global warming above 2 °C«, *Nature Climate Change*, 2018.
64 »Training a single AI model can emit as much carbon as five cars in their lifetimes«, *MIT Technology Review*, 6. Juni 2019.
65 Der $CO_2$-Fußabdruck des Finanzvermögens von Google ist 38-mal größer als der Fußabdruck, der mit seinen Aktivitäten verbunden ist – das ist 55-mal so viel wie bei PayPal, 10-mal so viel wie bei Netflix und 3,3-mal so viel wie bei Microsoft (*The carbon bankroll: The climate impact of untapped power of corporate cash, Climate Safe Lending Network*, Mai 2022).
66 B. Fix, »Dematerialization through services: Evaluating the evidence«, *BioPhysical Economics and Resource Quality*, 2019.
67 »Circularity gap report«, 2022, S. 22.
68 M. Reuter et al., »Limits of the circular economy: Fairphone modular design pushing the limits«, *World of Metallurgy*, 2018.
69 Eurostat Data Browser, »Recycling rate of e-waste«, Februar 2021.
70 Für Weiteres siehe Guillaume Pitron, *L'Enfer numérique*, op. cit.
71 Geyer et al., »Production, use and fate of all plastics ever made«, *Science Advances*, 2017.
72 M. S. Chowdhury et al., »An overview of solar photovoltaic panels' end-of-life material recycling«, *Energy Strategy Reviews*, 2020.
73 Minderoo Foundation, »The plastic waste makers index: Revealing the source of the single-use plastics crisis«, 2021.

74 Flore Berlingen, *Recyclage, le grand enfumage. Comment l'économie circulaire est devenue l'alibi du jetable*, Rue de l'Échiquier, 2020, S. 38.
75 DDRI, »Livre blanc Numérique et Environnement«, 2018.
76 C. Jenik, »Quelle est la durée de vie d'un smartphone?«, *Statista*, März 2017.
77 Federec, »Rapport annuel«, 2019.
78 Baromètre unifié du marché publicitaire, »Les marchés publicitaires en 2019«, 2020.
79 »Circularity gap report«, 2022, S. 22.
80 Ademe/Federec, »Évaluation environnementale du recyclage en France«, April 2017, S. 99.
81 Aghion et al., »Carbon taxes, path dependency, and directed technical change: Evidence from the auto industry«, *Journal of Political Economy*, 2016.
82 J. Halloy u. N. Nova, »Au-delà du low tech: technologies zombies, soutenabilité et inventions«, in *Low Tech: face au tout-numérique, se réapproprier les technologies*, Ritimo, 2020, S. 120–128.
83 Jean-Baptiste Fressoz, »Pour une histoire désorientée de l'énergie«, 25èmes journées scientifiques de l'environnement, Februar 2014.
84 R. York, »Do alternative energy sources displace fossil fuels?«, *Nature Climate Change*, 2012.
85 The Shift Project, »Le plan de transformation de l'économie française«, 2022, S. 50.
86 IRENA, »Global energy transformation: A roadmap to 2050«, 2018.
87 M. Mills, »The ›new energy economy‹: An exercise in magical thinking«, The Manhattan Institute, 2019.
88 »The Fiber Year 2016. World Survey on Textiles and Nonwovens«, *The Fiber Year*, 2016.
89 D. Bugden, »Technology, decoupling, and ecological crisis: Examining ecological modernization theory through patent data«, *Environmental Sociology*, 2022.
90 *Aviation et climat*, ISAE-SUPAERO, September 2021.
91 Tim Jackson, *Wohlstand ohne Wachstum. Leben und Wirtschaften in einer endlichen Welt*, übers. v. Eva Leipprand, oekom-Verlag, 2013, S. 65–68.
92 J. Hickel u. G. Kallis, »Is green growth possible? «, *New Political Economy*, 2019, S. 8–9.
93 D. Strumsky et al., »Complexity and the productivity of innovation«, *Systems Research and Behavioral Science*, 2010.

94 Mauro Bonaiuti, »Are we entering the age of involuntary degrowth? Promethean technologies and declining returns of innovation«, *Journal of Cleaner Production*, 2018.
95 N. Bloom et al., »Are Ideas Getting Harder To Find?«, *American Economic Review*, 2020.
96 Timothée Parrique, »Decoupling in the IPCC AR6 WGIII«, Blog von Timothée Parrique, 8. April 2022.
97 GIEC AR6, »Atténuation du changement climatique«, Kap. II, Sektion »Découplage des émissions de la croissance économique«.

**3. Markt contra Gesellschaft**

1 Katrine Marçal, *Le Dîner d'Adam Smith. Comment le libéralisme a zappé les femmes et pourquoi c'est un gros problème*, Les Arènes, 2019.
2 Zur Einführung in die feministische Ökonomie siehe Hélène Périvier, *L'Économie féministe*, Les Presses de Sciences Po, 2020. Siehe auch Silvia Federici, *Le Capitalisme patriarcal*, La Fabrique, 2019; und Stefania Barca, *Forces of Reproduction: Notes for a Counter-Hegemonic Anthropocene*, Cambridge University Press, 2020.
3 Suzanne de Brunhoff, *État et capital*, FM / Fondations, 1976.
4 Cécile Brousse, »Travail professionnel, tâches domestiques, temps ›libre‹: quelques déterminants sociaux de la vie quotidienne«, *Insee*, 2015.
5 »Le travail domestique: 60 milliards d'heures en 2010«, *Insee*, Nr. 1423, 22. November 2012.
6 Fritjof Capra, *Lebensnetz. Ein neues Verständnis der lebendigen Welt*, übers. v. Michael Schmidt, Scherz Verlag, 1996.
7 Jonathan Crary, *24/7: Late Capitalism and the Ends of Sleep*, Verso, 2014.
8 Christian Arnsperger, *Éthique de l'existence post-capitaliste. Pour un militantisme existentiel*, Cerf, 2009, S. 131.
9 Robert Solow, »A Contribution to the theory of economic growth«, *The Quarterly Journal of Economics*, Februar 1956.
10 Alf Hornborg, *Global Magic. Technologies of Appropriation from Ancient Rome to Wall Street*, Palgrave Macmillan, 2016, S. 15.
11 Siehe für ein besseres Verständnis des Konzepts: Yves Crozet, »Économie de la vitesse: Ivan Illich revisité«, *L'Économie politique*, »Les révolutions de la mobilité«, 2017.

12 J. P. Dupuy, »À la recherche du temps gagné«, 1975, Anhang zu dem Werk von Ivan Illich, *Énergie et équité*, erneut in *Œuvres complètes*, Bd. 1, Fayard, 2003, S. 433–440.

13 Für einen schnellen Überblick über die Ideen von Ivan Illich siehe Thierry Paquot, *Ivan Illich et la société conviviale*, Paris, Le Passager Clandestin, 2020.

14 »Je höher die soziale Stellung ist, desto schneller bewegt man sich, man geht von 40 Kilometern pro Stunde auf 64 Kilometer pro Stunde über« (Tom Dubois et al., *Pour en finir avec la vitesse*, Paris, L'Aube, 2021, S. 62). (Tim Gore, »Combating the $CO_2$ emission inequalities: climate justice at the heart of the post-COVID-19 recovery«, Oxfam, 21. September 2020).

15 Karl Wilhelm Kapp, *Volkswirtschaftliche Kosten der Privatwirtschaft*, übers. v. Bruno Fritsch. Mit e. Vorw. v. Edgar Salin, Mohr u. Polygraph. Verl. 1958 [1950].

16 J. P. Manno. *Privileged Goods. Commoditization and Its Impact on Environment and Society*, CRC Press, 2000.

17 Daten zu den Beschäftigten im Immobiliensektor (https://fr.statista.com/statistiques/485918/emplois-salaries-activites-immobilieres-france/); Daten zur Zahl der Forscher (https://www.enseignementsup-recherche.gouv.fr/fr/grands-chiffres-de-rd-45890).

18 Dirk Jacobs u. Andrea Rea, »Gaspillage de talents. Les écarts de performance dans l'enseignement secondaire entre élèves issus de l'immigration et les autres d'après l'étude PISA 2009«, GERME, 2011.

19 David Harvey, *Der neue Imperialismus*, übers. v. Britta Dutke, VSA-Verlag, 2005.

20 N. Fraser, »Contradictions of capital and care«, *New Left Review*, Nr. 100, Juli-August 2016.

21 David G. Myers, *The American Paradox. Spiritual Hunger in an Age of Plenty*, Yale University Press, 2000.

22 Ezra J. Mishan, *The Costs of Economic Growth*, London, Staples Press, 1967.

23 Herman Daly, *Wirtschaft jenseits von Wachstum. Die Volkswirtschaftslehre nachhaltiger Entwicklung*, Salzburg, Pustet Verlag, 1999 [1996]; J. Drewnowski, »The affluence line«, *Social Indicators Research*, Bd. 5, Nr. 3, 1978, S. 263–278; M. Max-Neef, »Economic growth and quality of life. A threshold hypothesis«, *Ecological economics*, Bd. 15, Nr. 2, 1995, S. 115–118.

24 Guillaume Pitron, *L'Enfer numérique…*, op. cit., S. 124.

25 J. P. Manno, *Privileged Goods*, op. cit., 2000.
26 Michael Sandel, *Was man für Geld nicht kaufen kann. Die moralischen Grenzen des Marktes*, übers. v. Helmut Reuter, Ullstein Verlag, 2012.
27 Ebd.
28 Richard M. Titmuss, *The Gift Relationship*, Allen and Unwin, 1970.
29 U. Gneezy u. A. Rustichini, »A fine is a price«, *Journal of Legal Studies*, Bd. 29, 2000.
30 Jacques Généreux, *La Dissociété: à la recherche du progrès humain*, Paris, Seuil,2011.
31 Karl Polanyi, *The Great Transformation. Politische und ökonomische Ursprünge von Gesellschaften und Wirtschaftssystemen*, übers. v. Heinrich Jelinek, Suhrkamp Verlag, 1978, S. 108.
32 G. Dale, *Karl Polanyi. The Limits of the Market*, Polity Press, 2010, S. 45.
33 David Graeber, *Dette. 5000 ans d'histoire*, Les Liens qui libèrent, 2011.
34 Karl Marx, *Das Kapital, Band I*, Erstes Buch, erstes Kapitel, 1867.
35 Die Rubrik »Warteschlangen« auf der Website TaskRabbit: »Warteschlangen sind nichts für Sie? Engagieren Sie einen Tasker, um im Restaurant, bei einer besonderen Veranstaltung, bei der Post oder sonst wo anzustehen«.
36 Stefano Bartolini, *Pour une société fraternelle. En finir avec l'égoïsme, la compétition et la surconsommation*, Pocket, 2015.

**4. Falsche Versprechen**

1 »La transition environnementale est-elle compatible avec la croissance économique?«, Gespräch mit Bruno Le Maire, Delphine Batho und Antoine Frérot, *Le Monde*, 27. Januar 2021.
2 Jean-Philippe Delsol, »La décroissance ou le chemin de la pauvreté«, *Contrepoints*, 28. Mai 2020.
3 Observatoire des inégalités, *Rapport sur les inégalités en France 2021*, 2021; Observatoire national de la précarité énergétique, »Suivi annuel de la précarité énergétique«, November 2018; Franck Le Morvan u. Thomas Wanecq, »La lutte contre la précarité alimentaire: évolution du soutien public à une politique sociale, agricole et de santé publique«, Inspection générale des affaires sociales, Dezember 2019.
4 »Revenus et patrimoine des ménages – Éditions 2021«, *Insee*, 27. Mai 2021.

5 Observatoire national de la pauvreté et de l'exclusion sociale, »Les budgets de référence: une méthode d'évaluation des besoins pour une participation effective à la vie sociale«, Bericht 2014–2015.
6 Pierre Concialdi, »What does it mean to be rich? Some conceptual and empirical issues«, *European Journal of Social Security*, 2018.
7 Thomas Piketty, »De l'inégalité en France«, Blog von Thomas Piketty, *Le Monde*, 18. April 2017.
8 Observatoire des inégalités, *Rapport sur la pauvreté en France*, 2. Aufl., 2020–2021, S. 12.
9 Drees, »Minima sociaux et prestations sociales: ménages aux revenus modestes et redistribution, édition 2020«, 22. September 2020.
10 https://www.livingwage.org.uk
11 Fondation Copernic, *Vers une société plus juste: manifeste pour un plafonnement des revenus et des patrimoines*, 2019, S. 55.
12 Ebd., S. 42.
13 »Pour une mise en oeuvre du droit à des moyens convenables d'existence«, CNLE, Juni 2012, S. 29.
14 Les économistes atterrés, *De quoi avons-nous vraiment besoin?*, Les Liens qui libèrent, 2021, S. 95.
15 François-Xavier Devetter, »Conditions de travail«, Dares, 2013.
16 Observatoire des inégalités, *Rapport sur les inégalités en France*, op. cit.
17 Sie können online den Test mit Ihrem eigenen Lohn machen: https://www.inegalites.fr/Salaire-etes-vous-riche-ou-pauvre
18 Vom Observatoire des inégalités übermittelte Zahlen.
19 Observatoire des inégalités, *Rapport sur les inégalités en France*, op. cit., S. 49.
20 Thomas Piketty, »De l'inégalité en France«, Blog von Thomas Piketty, *Le Monde*, 18. April 2017.
21 Observatoire des inégalités, *Rapport sur les inégalités en France*, op. cit., S. 10.
22 Kate Pickett u. Richard Wilkinson, *Gleichheit ist Glück. Warum gerechte Gesellschaften für alle besser sind*, übers. v. Edgar Peinelt u. Klaus Binder, Zweitausendeins Verlag, 2009 [die englische Originalausgabe wurde 2009 veröffentlicht].
23 »Le niveau de vie des ménages agricoles est plus faible dans les territoires d'élevage«, *Insee*, Oktober 2021.
24 Observatoire des inégalités, »Un million de travailleurs pauvres en France«, 5. Januar 2021.

25 »France, portrait social – édition 2019«, *Insee*, 2019.

26 Les économistes atterrés, *De quoi avons-nous vraiment besoin?*, op. cit.

27 Gesetzesvorschlag für eine menschenwürdige Begrenzung der Einkommensunterschiede, Nr. 3094, 16. Juni 2020.

28 Les économistes atterrés, op. cit., S. 231.

29 »À quel point la suppression de l'ISF est-elle un échec?«, *Alternatives économiques*, Oktober 2021.

30 »24 % der Haushalte besitzen 68 % der Wohnungen von Privatpersonen«, Insee, November 2021.

31 Attac, *Ce qui dépend de nous: Manifeste pour une relocalisation écologique et solidaire*, 2020, S. 69.

32 Thomas Piketty, *Kapital und Ideologie*, übers. v. André Hansen u. a., München, Verlag C. H. Beck, 2020.

33 Denis Payre, »Coup de griffe contre l'écologie de la décroissance«, *Europe 1*, 2. Oktober 2020.

34 Einige unverzichtbare Bücher, um sich mit diesem Thema zu befassen: André Gorz, *Metamorphoses du travail, quête de sens*, 1988; Juliet Schor, *The Overworked American*, 1992; Dominique Méda, *Le Travail, une valeur en voie de disparition*, 1995; Kathi Weeks, *The Problem With Work*, 2011; David Frayne, *Le Refus du travail*, 2018; David Graeber, *Bullshit Jobs*, 2018; und Céline Marty, *Travailler moins pour vivre mieux*, 2021.

35 David Graeber, *Bullshit Jobs. Vom wahren Sinn der Arbeit*, übers. v. Sebastian Vogel, Klett-Cotta, 2018.

36 Nicolas Kayser-Bril, *Imposture à temps complet: pourquoi les bullshit jobs envahissent le monde*, Éditions du Faubourg, 2022.

37 Diese Zahlen finden Sie in der Gehaltsenzyklopädie des Journal du Net: https://www.journaldunet.com/business/salaire

38 https://globalwomenstrike.net/open-letter-to-governments-a-care-income-now/

39 Sophie Swaton, *Revenu de transition écologique: mode d'emploi*, Paris, PUF, 2020.

40 Der Vorschlag stammt ursprünglich von Bernard Friot (zum Beispiel *L'Enjeu du salaire*, 2012), wurde wieder aufgegriffen von Frédéric Lordon in *Figures du communisme* (2021), und aus der Perspektive des Degrowth von Denis Bayon in *L'Écologie contre le revenu de base. Un salaire universel pour la décroissance* (2021).

41 V. Liegey, S. Madelaine, C. Ondet, A.-I. Veillot, *Un projet de décrois-*

*sance. Manifeste pour une dotation inconditionnelle d'autonomie*, Utopias, 2013.

42 Claire Hédon et al., *Zéro chômeur: l'expérience de 10 territoires*, Paris, Éditions Quart Monde / Éditions de l'Atelier, 2019.

43 Pavlina Tcherneva, *Plädoyer für eine Jobgarantie*, übers. v. Elborg Nopp, Lola Books, 2021.

44 Jean-Marie Harribey, »Dans les services monétaires non marchands, le travail est productif de valeur«, *La Nouvelle Revue du travail*, 2019.

45 Dieser Punkt wird ausführlich dargelegt in der Dissertation von Antoine Monserand: *The Macroeconomics of Degrowth* (2022).

46 Pour un système universel de retraire, préconisations de Jean-Paul Delevoye, Haut-Commissaire à la réforme des retraites, Juli 2019, S. 111.

47 Commission d'enquête sur le coût économique et financier de la pollution de l'air, Sénat, 2015.

48 https://vaincreleburnout.fr/chiffres-cles/

49 Martin Hagve, »The money behind academic publishing«, *Tidsskriftet*, August 2020.

50 Étienne Nouguez, *Des médicaments à tout prix. Sociologie des génériques en France*, Presses de Sciences Po, 2017.

51 Vasilis Kostakis et al., »The convergence of digital commons with local manufacturing from a degrowth perspective: Two illustrative case«, *Journal of Cleaner Production*, Oktober 2018.

52 Éric Berr et al., *La Dette publique. Précis d'économie citoyenne*, 2021, S. 83.

53 Thomas Piketty, *Kapital und Ideologie*, op. cit., S. 697.

54 »Que faire de la dette? Un audit de la dette publique de la France«, CAC, 2014.

55 Anne-Laure Delatte, »La croissance économique est-elle nécessaire au développement? «, France Culture, 22. Juli 2019, 1 Min. 35.

56 R. Easterlin, »Does economic growth improve the human lot? Some empirical evidence«, *Nations and Households in Economic Growth*, 1974.

57 A. L. Fanning et al., »The social shortfall and ecological overshoot of nations«, *Nature Sustainability*, 2021.

58 »World happiness report«, 2021, S. 20. Siehe auch OCDE, »How's life? 2020: Measuring well-being«, und vor allem »Box 1.5. The relationship between GDP growth and well-being«, S. 54.

59 Die Ergebnisse sind in Éloi Laurent, *Sortir de la croissance…*, op. cit., S. 143 detailliert aufgeführt: 26 % für das Pro-Kopf-BIP und 34 % (so-

ziale Bindungen), 21 % (Lebenserwartung bei guter Gesundheit), 11 % (Freiheit, Entscheidungen über das eigene Leben treffen zu können), Großzügigkeit (5 %) und Vertrauen in die Institutionen (3 %).

60 Robert Waldinger, »What makes a good life? Lessons from the longest study on happiness«, Ted.com, November 2015.

61 Bronnie Ware, *The Top Five Regrets of the Dying. A Life Transformed by the Dearly Departing*, Hay House Inc., 2012.

62 S. Preston, The changing relation between mortality and level of economic development«, *Population Studies*, 1975.

63 Jason Hickel, *Weniger ist mehr. Warum der Kapitalismus den Planeten zerstört und wir ohne Wachstum glücklicher sind*, übers. v. Eva Leipprand, oekom Verlag, 2022, S. 203.

64 Éloi Laurent, *Sortir de la croissance…*, op. cit., S. 90.

65 »L'espérance de vie par niveau de vie«, *Insee*, Februar 2018. Es gilt zu beachten, dass diese Diskrepanzen noch größer werden, wenn man die Lebenserwartung bei guter Gesundheit betrachtet (und nicht nur die Lebenserwartung insgesamt): Observatoire des inégalités, »Les inégalités d'espérance de vie entre les catégories sociales se maintiennent«, 14. April 2020.

66 K. Pickett u. R. G. Wilkinson, *Pour vivre heureux, vivons égaux. Comment l'égalité réduit le stress préserve la santé mentale et améliore le bien-être de tous*, Les Liens qui Libèrent, 2020; R. G. Wilkinson, *L'Égalité c'est la santé*, Demopolis, 2020; R. G. Wilkinson, *L'inégalité nuit gravement à la santé*, Cassini, 2002.

67 Zit. n. P. Servigne, »L'inégalité économique, un agent socialement toxique«, *Barricade*, 2010, S. 4.

68 Éloi Laurent, *Sortir de la croissance…*, op. cit., S. 114.

69 https://www.pactedupouvoirdevivre.fr

70 Amartya Sen, *Development as Freedom*, Oxford University Press, 1999.

71 Cécile Brousse, »Travail professionnel, tâches domestiques, temps ›libre‹. Quelques déterminants sociaux de la vie quotidienne«, *Insee*, 2015.

72 James Duesenberry, *Income, Saving, and the Theory of Consumer Behavior*, Harvard University Press, 1949.

73 Robert H. Frank, *La Course au luxe. L'économie de la cupidité et la psychologie du bonheur*, 2010 [der englische Originaltitel lautet: *Luxury Fever. Why Money Fails to Satisfy in an Era of Excess*, von 1999].

74 Robert H. Frank, *Choosing the Right Pond. Human Behaviour and the Quest for Status*, New York, Oxford University Press, 1985.

75 Hervé Kempf, *Que crève le capitalisme*, op. cit., S. 7.

76 Jean Gadrey, »Le théorème du gâteau qui doit grossir et le retour des propibes«, Debout!, Blog von Jean Gadrey, *Alternatives économiques*, 28. September 2009.

## 5. Kleine Geschichte des Degrowth

1 Zu André Gorz siehe: Françoise Gollain, *André Gorz et l'écosocialisme*, Le Passager Clandestin, 2021; André Gorz, *Leur écologie et la nôtre: anthologie d'écologie politique*, Seuil, 2020; Arno Münster, *André Gorz ou le socialisme difficile*, Nouvelles Lignes, 2008; Willy Gianinazzi, *André Gorz, une vie, La Découverte*, 2016; Christophe Fourel et al., *Le Moment Gorz: André Gorz en personne*, Bord de l'eau, 2017 und Christophe Fourel et al., *André Gorz: Un penseur pour le XXI*[e] *siècle*, La Découverte, 2009.

2 A. Sutter, »The birth of ›décroissance‹ and of the degrowth tradition«, 2017.

3 Für mehr zu Nicholas Georgescu-Roegen siehe: J. Grinevald, »La révolution bioéconomique de Nicholas Georgescu-Roegen«, *Revue Stratégies énergétiques*, »Biosphère et société«, 1993; J. Gowdy u. S. Mesner, »The evolution of Georgescu-Roegen's bioeconomics«, *Review of Social Economy*, 1998. Zur Verbindung mit Degrowth siehe: S. Ferrari, »De la bioéconomie à la décroissance: proximités et distances entre Nicholas Georgescu-Roegen et Serge Latouche«, *Revue francophone du développement durable*, 2015, und S. Ferrari, *Nicholas Georgescu-Roegen & la bioéconomie*, in der Reihe »Les précurseurs de la décroissance«, Le Passager Clandestin, 2023. Sowie die eher technischen Werke: Antoine Missemer, *Nicholas Georgescu-Roegen, pour une révolution bioéconomique*, ENS Éditions, 2015, und Kozo Mayumi, *The Origin of Ecological Economics. The Bioeconomics of Georgescu-Roegen*, Routledge, 2001.

4 Für einen Rückblick auf diese Arbeiten siehe die BBC-Dokumentation »The Limits to Growth« (Juni 2022), die Episode des »Podcast Sismique« mit Dennis Meadows (»The end of growth?«, November 2021), ein Gespräch von Dennis Meadows mit Richard Heinberg (»Interview de Dennis Meadows, pour le 50[e] anniversaire des ›Limites à la croissance‹« auf *Anticiper.org*), den Artikel von Jørgen Stig Nørgård et al., »The History of The Limits to Growth«, *Solutions*, 2016, und einen Text von Donella Meadows, der von Dennis Meadows nach ih-

rem Tod herausgegeben wurde, »The history and conclusions of *The Limits to Growth*«, 2007.

5 Zwei Werke von Daniel Cérézuelle, um Bernard Charbonneau kennenzulernen: *Bernard Charbonneau ou la critique du développement exponentiel*, Le Passager Clandestin, 2018; und *Nature et liberté, introduction à la pensée de Bernard Charbonneau*, Éditions de l'Échappée, 2022. Siehe auch die Webside »La Grande Mue« (https://lagrandemue.wordpress.com).

6 Man findet eine Fassung des Texts auf *L'Inactuelle: revue d'un monde qui vient*, »Grand texte: Bernard Charbonneau ›La décroissance fait croître le bonheur‹«, 12. Oktober 2019.

7 Der Artikel ist verfügbar auf der Website von Reporterre: »Le président de la Commission européenne: ›Il faut réduire notre croissance‹«, 21. Oktober 2011.

8 Weiterführende Literatur: Peter A. Victor, *Herman Daly's Economic for a Full World: His Life and Ideas*, Routledge, 2022. Siehe auch eine Episode des Podcasts »Metabolism of Cities« mit Herman Daly (»From Steady State to Ecological Economics«, Oktober 2021).

9 Für einen Einblick in die Geschichte der Ökologischen Ökonomie siehe: Inge Røpke, »The early history of modern ecological economics«, *Ecological Economics*, 2004. Für einen Überblick über ihren aktuellen Stand: *Routledge Handbook of Ecological Economics*, hrsg. v. Clive L. Spash, 2017.

10 Zwei Werke, um die intellektuelle Tradition des Degrowth kennenzulernen: Cédric Biagini, *Aux origines de la décroissance: 50 penseurs*, L'Échappée, 2020; Serge Latouche, *Les Précurseurs de la décroissance, une anthologie*, Le Passager Clandestin, 2016.

11 Timothée Duverger, *La Décroissance, une idée pour demain*, Sang de la Terre, 2011.

12 Yves Cochet, *Pétrole apocalypse*, Fayard, 2005; Matthieu Auzanneau, *Pétrole. Le déclin est proche*, Seuil, 2021.

13 Um Serge Latouches Denken des Degrowth kennenzulernen: *Le Pari de la décroissance* (Fayard, 2006); *Vers une société d'abondance frugale, contresens et controverses sur la décroissance* (Fayard / Mille et une nuits, 2011); *Petit traité de la décroissance sereine* (Mille et une nuits, 2007); *Les Précurseurs de la décroissance, une anthologie* (Le Passager Clandestin, 2016); *La Planète des naufragés, la décroissance avant la décroissance* (Libre et Solidaire, 2016); *L'Occidentalisation du monde* (La Découverte, 2005, dt.: *Die Verwestlichung der Welt*, übers. v. Ilse

Utz, dipa Verlag, 1994); *L'Invention de l'économie* (Albin Michel, 2005); und *Entre mondialisation et décroissance, l'autre Afrique* (Dedalo Bari, 2009).

14 Um das Denken von Pierre Rabhi kennenzulernen, siehe die Autobiographie *Du Sahara aux Cévennes ou la reconquête du songe* (Albin Michel, 1983) und folgende Hauptwerke: *Manifest für Mensch und Erde* (übers. v. Nikolaus de Palézieux, Matthes & Seitz Verlag, 2018), *Glückliche Genügsamkeit* (übers. v. Dirk Höfer, Matthes & Seitz Verlag, 2015), *La Convergence des consciences* (Éditions Le Passeur, 2016), *La Tristesse de Gaïa* (Actes Sud, 2021).

15 Danach veröffentlichte er *La Décroissance: un nouveau projet politique* (2008), *Désobéir et grandir: vers une société de décroissance* (2009), *La Simplicité volontaire contre le mythe de l'abondance* (2010), und *Gratuité vs capitalisme* (2018).

16 Die vollständige Liste ist verfügbar unter: https://timotheeparrique.com/academic-articles/

17 Für einen zusammenfassenden Überblick über diese Literatur siehe Giorgos Kallis et al., »Research on degrowth«, *Annual Review of Environment and Resources*, 2018. Für eine vollständige Übersicht siehe Matthias Schmelzer et al., *The Future is Degrowth*, Verso, 2022.

18 Isabelle Stengers, *Another Science is Possible: A Manifesto for Slow Science*, Wiley, 2018.

19 Es gibt immer mehr davon: einen Kurs an einer Bürgeruniversität in Schottland (»Degrowing the economy, regrowing our lives«), an der Universität Melbourne (»Consumerism and the growth economy«), an der Universität Kopenhagen (»Degrowth in Europe: Foundations in theory and pathways to practice«), an der Universität Oslo (»Debates in post-development & degrowth«), an der Norwegian University of Life Sciences (»Political ecology of scarcity, limits and degrowth«) und am Zentrum für sozioökologische Analysen in Madrid (2021 »Decrecimiento. Introducción desde una perspectiva latinoamericana« und 2022 »Decrecer para vivir bien«).

20 Luc Semal, *Militer à l'ombre des catastrophes. Contribution à une théorie politique environnementale au prisme des mobilisations de la décroissance et de la transition* (2012); *Measuring Progress Towards a Socially Sustainable Steady State Economy* (2012) von Dan O'Neill; *Small Business Transition Towards Degrowth* (2020) von Iana Nesterova; *The Hegemony of Growth* (2013) von Matthias Schmelzer; *From Degrowth Theory to Concrete Actions* (2019) von Inês Cosme; *Macroe-*

*conomics Without Growth* (2016) von Steffen Lange; *La Décroissance au prisme de la modélisation prospective* (2016) von François Briens; *The Macroeconomics of Degrowth* (2022) von Antoine Monserand; *Democracy Without Growth* (2015) von Viviana Asara; *Relationship-to-Profit* (2021) von Jennifer Hinton; *A Piece of Land is a Piece of Gold* (2021) von Aaron Vansintjan; *Alternatives to Money-As-Usual in Ecological Economics* (2014) von Kristofer Dittmer; *Beyond GDP* (2021) von Jonas Van der Slycken; *Property Beyond Growth* (2011) von Samuel Alexander.

21 Sustainable Development Commission, »Prosperity without growth? The transition to a sustainable economy«, 2009.

22 Dominique Méda. *La Mystique de la croissance* …, op. cit., 5. Kap.: »Une croissance sans modération«.

23 Dominique Méda, *La Mystique de la croissance. Comment s'en libérer* (Flammarion, 2013), *Faut-il attendre la croissance?* (La Documentation française 2016, mit Florence Jany-Catrice), *Vers une société post-croissance* (L'Aube, 2017, mit Isabelle Cassiers u. Kevin Maréchal).

24 Anm. d. Übers.

25 Anm. d. Übers.

26 Gepostet auf dem Account von António Guterres am 17. Juni 2022 um 17:48 Uhr.

27 Alberto Garzón, »The limits to growth: Eco-socialism or barbarism«, *LaU Review*, April 2022.

28 Fabrice Bonnifet, »L'équilibre des trois piliers du developpement durable n'existe pas«, *TFI Info*, 23. Mai 2022.

29 Cathérine Lehmann et al., »Green growth, a-growth or degrowth? Investigating the attitudes of environmental protection specialists at the German Environmental Agency«, *Journal of Cleaner Production*, Februar 2022.

30 Timothée Parrique, »Le GIEC enterre la stratégie de la croissance verte«, *Timotheeparrique.com*, 5. Mai 2022. Für eine detailliertere Analyse: Timothée Parrique, »Decoupling in the IPCC AR6 WGIII«, *Timotheeparrique.com*, 8. April 2022.

31 L. T. Keyber u. M. Lenzen, »1.5 °C degrowth scenarios suggest the need for need mitigation pathways«, *Nature Communications*, Mai 2021.

32 Gilles Raveaud, »Crise gigantesque en approche?«, *Thinkerview*, 1. April 2021.

33 Luca Cigna, »Why comparative political economy should take the postgrowth debate seriously«, *LSE*, 19. Februar 2022.

34 Prophil, »Entreprise & post-croissance – réinitialiser nos modèles économiques, comptables et de gouvernance«, 2021.

35 EELV, »Motion pour la création d'une commission EELV sur la société post-croissance«, 14. März 2017.

36 Romain Jeanticou, »La décroissance, une idée en pleine croissance«, *Télérama*, 1. November 2021.

37 Timothée Parrique, »Décroissance, un projet de société? «, *Sismique*, 8. Juli 2021.

38 Mathilde Goupil, »L'article à lire pour tout comprendre à la décroissance, prôtée par certains candidats à la primaire écologiste«, *Franceinfo*, 3. September 2021; Rémi Noyon u. Sébastien Billard, »Faut-il avoir peur de la décroissance?«, *L'Obs*, 17. Mai 2021; Maxime Ferrer, »La décroissance: d'où vient ce concept politique qui fait débat à la primaire écologiste?«, *Le Monde*, 3. September 2021.

39 Einige dieser Artikel sind: *The Guardian* (»In the midst of an economic crisis, can ›degrowth‹ provide an answer?«, April 2020); *Bloomberg* (»These folds think eternal economic growth will lead to unstoppable climate change«, August 2020); *New Yorker* (»Can we have prosperity without growth?«, Februar 2020); *Vice* (»Covid-19 broke the economy. What if we don't fix it?«, Juni 2020); *Rolling Stone* (»Can we learn to live with less? Covid-19 and the debate on ›degrowing the economy‹«, August 2020); *Vox* (»How affluent people can end their mindless overconsumption«, November 2020); *The Washington Post* (»As covid-19 has exposed, our obsession with economic growth is harming people«, November 2020); *BBC* (»How shorter workweeks could save Earth«, August 2019); *New Republic* (»Giving Up on economic growth could make us cooler and happier«, Mai 2021); *CNBC* (»A guide to degrowth: The movement prioritizing wellbeing in a bid to avoid climate cataclysm«, Februar 2021); *The Economist* (»The economics of the climate«, Oktober 2021); *New York Times* (»Do we need to shrink the economy to stop climate change?«, September 2021); *Foreign Policy* (»GDP didn't save countries from Covid-19«, April 2021); *Scientific American* (»The delusion of infinite economic growth«, Juni 2021); *Popular Science* (»What is ›degrowth‹and how can it fight climate change?«, Juli 2021) und viele andere.

40 Rémi Noyon u. Sébastien Billard, »En France, la décroissance est la cible d'un véritable tabassage intellectuel«, *L'Obs*, 21. April 2021.

41 Timothée Parrique, »Degrowth in the IPCC AR6 WGII«, *Timotheeparrique.com*, 5. März 2022; und »Degrowth in the IPCC AR6 WGIII«, *Timotheeparrique.com*, 6. April 2022.
42 GIEC AR6 WGII, 2022, 13. Kap., S. 81–82.
43 Ebd., 1. Kap., S. 41.
44 Ebd., 17. Kap., S. 14.
45 PBES, »Summary for policymakers of the methodological assessment regarding the diverse conceptualization of multiple values of nature and its benefits«, Juli 2022, S. 26.
46 Maison commune de la décroissance, *La Décroissance et ses déclinaisons, pour sortir des clichés et des généralités*, Éditions Utopia, 2022.
47 European Environment Agency, »Growth without economic growth«, 11. Januar 2021.
48 Bruno David, »On est sur la trajectoire d'une 6[e] extinction des espèces«, *France Inter*, 22. Mai 2022.
49 Victoria Masterson, »Degrowth – what's behind the economic theory and why does it matter right now?«, *WEF*, 15 Juni 2022.
50 Michael D. Higgins, »President delivers keynote address at Engineers Ireland conference on climate action«, 21. Oktober 2020.
51 Emmanuel Macron, »Emmanuel Macron défend la 5G contre le ›modèle amish‹«, *France 24*, 19. September 2020; Édouard Philippe, »Séance du mercredi 12 juin 2019«, Assemblée nationale; Jean Castex, »Les propositions de Castex pour ›la croissance écologique, pas décroissance verte‹«, *YouTube – The Huffington Post*, 15. Juli 2020; Élisabeth Borne, Grundsatzrede in der Nationalversammlung, 6. Juli 2022.
52 EELV, »12 mesures concrètes pour une société de décroissance: sélective, solidaire et favorable à l'emploi!«, 21. April 2011.
53 Génération écologique, »La profession de foi de Delphine Batho«, 13. September 2021.
54 Timothée Parrique, »Réponse aux verts qui parlent de décroissance«, *Timothéeparrique.com*, 13. September 2021.
55 *Volem rien foutre al païs* (2006), *Simplicité volontaire et décroissance*, Bd. 1 u. 2 (2007), *C'est par où la décroissance?* (2008), *Life After Growth. Economics for Everyone* (2009), *10 entretiens filmés pour mieux comprendre la décroissance* (2011), *Sacrée croissance!* (2014), *L'Urgence de ralentir* (2014), *Minimalism: A Documentary About the Important Things* (2015), *A Simpler Way: Crisis as Opportunity* (2016), *Decrecimiento: del mito de la abundancia a la simplicidad voluntaria*

(2017), *System Error* (2018), *Prêts pour la décroissance?* (2020), *Fairy Tales of Growth* (2020).

56 Vogue Business Team, »Facing fashion's overproduction issue: Solutions, new models and alternatives«, *Vogue Business*, 30. April 2021; Rachel Cernansky, »Want to be sustainable? Try going small«, *Vogue Business*, 8. April 2021.

57 Nina Siegal, »At museums, maybe it's time for ›de-growth‹ «, *The New York Times*, 11. März 2017.

**6. Ein Weg des Übergangs**

1 Das Loi Évin ist das französische Gesetz zur Alkohol- und Tabakpolitik, das 1991 verabschiedet wurde. Es hat seinen Namen von Claude Évin, dem damaligen Gesundheitsminister (Anm. d. Übers.).

2 WWF, »Le trop-plein de SUV dans la publicité«, März 2021. Erinnern wir uns, dass der durchschnittliche SUV 20 % mehr Energie verbraucht als ein herkömmliches Auto, und SUVs machten 2021 45 % der weltweiten Autoverkäufe aus – wenn SUVs ein Land wären, wäre es der sechstgrößte Umweltverschmutzer der Welt (»Global SUV sales set another record in 2021, setting back efforts to reduce emissions«, IEA, 2021).

3 Nick Fitzpatrick, Timothée Parrique u. Inês Cosme, »Exploring degrowth policy proposals: A systematic mapping with thematic synthesis«, *Journal of Cleaner Production*, 2022.

4 Camille, *Le petit livre noir des grands projets inutiles*, Le passager Clandestin, 2015; Des plumes dans le goudron, *Résister aux grands projets inutiles et imposés*, Textuel, 2018.

5 Andrew L. Fanning et al., »The social shortfall and ecological overshoot of nations«, *Nature Sustainability*, November 2021. Die neuesten Daten für Frankreich (2015) sind verfügbar unter https://goodlife.leeds.ac.uk

6 Carbone 4, »Empreinte carbone française moyenne, comment est-elle calculée?«, 2022. Da es in Frankreich keine Schätzung des Materialfußabdrucks nach Sektoren gibt, habe ich mich auf eine Studie über Finnland gestützt (Michael Lettenmeier, »Eight tons of material footprint – suggestion for a resource cap for household consumption in Finland«, *Resources*, 2014).

7 Jared B. Fitzgerald et al., »Energy consumption and working hours: A longitudinal study of developed and developing nations, 1990–2008«, *Environmental Sociology*, Juni 2015.

8 Ministère de la Transition écologique, »Chiffres clé de l'énergie – édition 2021«.

9 Für eine genauere Beschreibung eines konkreten Vorschlags siehe den parlamentarischen Bericht 2011 von David Fleming und Shaun Chamberlin, »Tradable energy quotas: A policy framework for peak oil and climate change«. In Frankreich siehe die Arbeiten von Mathilde Szuba – ihre Dissertation *Gouverner dans un monde fini* (2014), »Le rationnement, outil convivial« in *Politiques de l'anthropocène* (2021), »Régimes de justice énergétique« in *Penser la décroissance* (2013), sowie ein Gespräch, in dem sie die Idee zusammenfasst (»Carte carbone: plutôt qu'une taxe, un quota pour chaque citoyen?«, *Socialter*, 2019).

10 Alex Chapman et al., »A frequent flyer levy: Sharing aviation's carbon budget in a net-zero world«, *New Economics Foundation*, 10. Juli 2021.

11 CDP, »The Carbon Majors Database – CDP Carbon Majors Report 2017«, Juli 2017.

12 »The Plastic Waste Makers Index: Revealing the source of the single-use plastics crisis«, Minderoo Foundation, 2021.

13 Cédric Rossi, »Carte des émissions françaises de gaz à effet de serre EU-ETS 2019«, data.gouv.fr, 18. Mai 2021.

14 Peter Victor, *Managing Without Growth: Slower by Design, Not Disaster*, Edward Elgar Publishing, 2008.

15 Die Analogie mit dem Hai stammt aus dem Dokumentarfilm *The Great Simplification* (2022). Das ist das, was der deutsche Soziologe Hartmut Rosa als »dynamische Stabilisierung« bezeichnet, zum Beispiel in »Dynamic stabilization, the triple A. Approach to the good life, and the resonance conception«, *Questions de communication*, 2017.

16 ISD, »Rich countries must end oil and gas production by 2034 for a fair 1.5 °C transition«, 22. März 2022.

17 Dan Welsby et al., »Unextractable fossil fuels in a 1.5 °C world«, *Nature*, 8. September 2021.

18 La Poste, »La Banque Postale accélère sa stratégie de décarbonation«, 14. Oktober 2021.

19 Emmanuel Bonnet, Diego Landivar u. Alexandre Monnin, *Héritage et fermeture: une écologie du démantèlement*, Divergences, 2021.

20 Mickaël Correia, *Criminels climatiques: enquête sur les multinationales qui brûlent notre planète*, La Découverte, 2022.

21 Peter Gowan u. Mathew Lawrence, »Democratic ownership funds«, *Common Wealth*, 12. Juni 2019.

22 Kate Raworth, *Die Donut-Ökonomie*, übers. v. Hans Freundl u. Sigrid Schmid, Hanser Verlag, 2023.

23 Lucas Chancel, »Climate change and the global inequality of carbon emissions 1990–2020«, *World Inequality Database*, Oktober 2021.

24 S. Sala et al., »Environmental sustainability of European production and consumption assessed against planetary boundaries«, *Journal of Environmental Management*, 2020.

25 J. Hickel, »Quantifying national responsibility for climate breakdown: An equality-based attribution approach for carbon dioxide emissions in excess of the planetary boundary«, *The Lancet*, 2019.

26 J. Hickel et al., »National responsibility for ecological breakdown: A fair-shares assessment of resource use, 1970–2017«, *The Lancet*, 2022.

27 Lucas Chancel, »Climate change and the global inequality of carbon emissions 1990–2020«, *World Inequality Database*, Oktober 2021.

28 J. Hickel u. A. Slamersak, »Existing climate mitigation scenarios perpetuate colonial inequalities«, *The Lancet*, Juli 2022.

29 Y. Oswald, A. Owen, JK. Steinberger, »Large inequality in international and intranational energy footprints between income groups and across consumption categories«, *Nature Energy*, 2020.

30 »Confronting carbon inequality«, Oxfam Media Briefing, 21. September 2020.

31 »World Inequality Report 2022«, World Inequality Lab, »France«, S. 193.

32 Johanna Barasz u. Hélène Garner (Koord.), »Soutenabilités! Orchestrer et planifier l'action publique«, *France Stratégie*, Mai 2022, S. 53.

33 Observatoire des inégalités, »Rapport sur les riches en France«, 2022, S. 13.

34 Clément Caudron, *Il est urgent de ralentir*, Borrego, 2022, Kap. 17.

35 Audrey Berry u. Éloi Laurent, »Taxe carbone, le retour, à quelles conditions?«, OFCE / SciencesPo, Juni 2019.

36 Thomas Piketty, *Kapital und Ideologie*, op. cit., Kapitel 17, »Zur Frage der progressiven Besteuerung von $CO_2$-Emissionen«.

37 Lucas Chancel, »Climate change and the global inequality of carbon emissions 1990–2020«, Abschnitt »Taxing fossil assets«.

38 Greenpeace / Oxfam, *Les milliardaires français font flamber la planète et l'État regarde ailleurs*, 2022.

39 David Fleming u. Shaun Chamberlin, »Tradable energy quotas: A policy framework for peak oil and climate change«, All-Party Parliamentary Group on Peak Oil and The Lean Economy Connection, 2011.
40 Stefan Gössling u. Andreas Humpe, 2020, »The global scale, distribution and growth of aviation: Implications for climate change«, *Global Environmental Change*.
41 Vereinigte Staaten, China, Vereinigtes Königreich, Japan, Deutschland, Vereinigte Arabische Emirate, Frankreich, Australien und Spanien (Possible, »Elite Status: Global inequalities in flying«, 2021).
42 Diana Ivanova u. Richard Wood, »The unequal distribution of household carbon footprints in Europe and its link to sustainability«, *Global Sustainability*, 2020.
43 David Banister, *Inequality in Transport*, Alexandrine Press, 2018.
44 Tom Dubois et al., *Pour en finir avec la vitesse*, Éditions de L'Aube, 2021, S. 74.
45 Ajay Singh Chaudhary, »The extractive circuit«, *The Baffler*, November 2021.
46 Ulrich Brand u. Markus Wissen, Imperiale Lebensweise: zur Ausbeutung von Mensch und Natur im globalen Kapitalismus, oekom verlag, 2017
47 Yannick Oswald et al., »Large inequality in international and intranational energy footprints between income groups and across consumption categories«, *Nature Energy*, 16. März 2020.
48 Our World in Data, »$CO_2$ country profiles for 2019«.
49 Jefim Vogel et al., »Socio-economic conditions for satisfying human needs at low energy use: An international analysis of social provisioning«, *Global Environmental Change*, 2021.
50 Paul Ariès, *Le Mésusage: essai sur l'hypercapitalisme*, Parangon / Vs, 2007.
51 Pavlina R. Tcherneva, *La Garantie de l'emploi: l'arme sociale du Green New Deal*, La Découverte, 2021.
52 Claire Hédon et al., *Zéro chômeur: dix territoires relèvent le défi*, Éditions Quart Monde, 2019.
53 Rapport final de la Convention Citoyenne pour le Climat, Vorschlag C2. 2 »Réguler la publicité pour limiter fortement les incitations quotidiennes et non-choisies à la consommation«, S. 28.
54 https://konmari.com
55 Céline Marty, *Travailler moins pour vivre mieux: guide pour une philosophie antiproductiviste*, Dunod, 2021.

56 Aurélien Barrau, *Die Erde stirbt*, übers. v. Astrid Bührle-Gallet, Kamphausen Verlag, 2021.

57 Jason Hickel, *Weniger ist mehr: warum der Kapitalismus den Planeten zerstört und wir ohne Wachstum glücklicher sind*, übers. v. Eva Leipprand, oekom verlag, 2022.

**7. Ein Projekt der Gesellschaft**

1 Dieser Begriff wird von vielen verwendet, angefangen bei Jean Gadrey, der in *Adieu à la croissance* (2010) bereits dazu aufrief, eine »Postwachstumsgesellschaft« aufzubauen, ein Begriff, der auch von Dominique Méda (u. a. *Vers une société post-croissance*, 2018) entfaltet wird. Erwähnenswert ist auch Aurore Lalucqs (*Reconquête. Au nom de l'intérêt général*, 2020). Zu nennen ist ferner die englischsprachige Literatur: Tim Jackson betitelt sein neuestes Buch mit *Post Growth: Life After Capitalism* (2021, dt.: *Wie wollen wir leben? Wege aus dem Wachstumswahn*, 2021), und Kate Soper nennt das ihre *Post-Growth Living* (2020). Erwähnenswert sind auch das mit der Universität Clermont-Auvergne verbundene Observatoire de la post-croissance et de la décroissance, das Post Growth Institute in den USA, das internationale Netzwerk Postgrowth Economics Network und die Konferenzreihe im Europäischen Parlament zum Thema Postwachstum.

2 Herman Daly, *Steady-State Economics: The Economics of Biophysical Equilibrium and Moral Growth*, W. H. Freeman, 1977.

3 Herman Daly, »This pioneering economist says our obsession with growth must end«, *The New York Times*, Juli 2022.

4 *Our Common Future* [oder *Brundtland-Bericht*], 1987.

5 Hans Jonas, *Das Prinzip Verantwortung. Versuch einer Ethik für die technologische Zivilisation*, Suhrkamp Verlag, 1979, S. 36.

6 Michel Serres, *Der Naturvertrag*, übers. v. Hans-Horst Henschen, Suhrkamp Verlag, 1994.

7 Isabelle Delannoy, »De quels humains la nature a-t-elle besoin?«, *Time for the Planet*, 19. April 2021.

8 Aldo Leopold, *Am Anfang war die Erde. Plädoyer zur Umwelt-Ethik*, übers. v. Elisabeth M. Walther, Knesebeck Verlag, 1992.

9 Alberto Acosta, *Buen vivir. Vom Recht auf ein gutes Leben*, oekom verlag, 2015.

10 Lars Gertenbach et al., »Eating ourselves out of industrial excess? De-

growth, multi-species conviviality and the micro-politics of cultured meat«, *Anthropological Theory*, 2021.

11 »Une proposition de définition universelle du crime d'écocide«, *Actu Environnement*, 23. Juni 2021.

12 Murray Bookchin, *Pour un municipalisme libertaire*, Atelier de création libertaire, 2018; Abdullah Öcalan, *The Political Thought of Abdullah Öcalan. Kurdistan, Women's Revolution, and Democratic Confederalism*, Pluto Press, 2017; Joseph C. Kumarappa, *Economy of Permanence: A quest for a social order based on non-violence*, Sarva Seva Sangh Prekashan, 1945.

13 Joseph Sournac, Lucas Deutsch u. Yoan Brazy, »Pour sauver la planète, faut-il abolir la liberté d'entreprendre«, *Maddyness*, 27. Dezember 2021.

14 https://lowtechlab.org/fr

15 Ivan Illich, *Tools for Conviviality*, Harper & Row, 1973.

16 Édouard Jourdain, *Les Communs*, »Que sais-je?«, 2021, S. 13.

17 Benoît Borrits, *Virer les actionnaires: pourquoi et comment s'en passer?*, 2020, S. 113; *Coopératives contre capitalisme*, S. 133; *Au-delà de la propriété*, S. 148; Bernard Friot, *L'Enjeu du salaire*, La Dispute, 2012. Der Unterschied zwischen den beiden Systemen besteht darin, dass bei Borrits »wirtschaftlicher Sicherheit« nur ein Teil des Mehrwerts vergemeinschaftet wird, während bei Friots »lebenslangem Lohn« der gesamte Mehrwert vergemeinschaftet wird.

18 Der Begriff »wirtschaftliche Sicherheit« stammt von der Initiative https://securiteeconomique.org

19 Thomas Piketty, *Kapital und Ideologie*, op. cit., Kap. 17.

20 Mathias André et al., »24 % des ménages détiennent 68 % des logements possédés par des particuliers«, Insee, 25. November 2021.

21 Frédéric Lordon, *Figures du communisme*, La Fabrique, 2021.

22 Vincent Liegey, Stéphane Madelaine, Christophe Ondet, Anne-Isabelle Veillot, *Un projet de décroissance. Manifeste pour une dotation inconditionnelle d'autonomie*, Utopias, 2013.

23 Tim Jackson, *Wie wollen wir leben? Wege aus dem Wachstumswahn*, übers. v. Eva Leipprand, oekom verlag, 2021; Jean Gadrey, *Adieu à la croissance*, Les Petits Matins, 2010; Matthias Schmelzer, Andrea Vetter u. Aaron Vansintjan, *The Future is Degrowth*, Verso, 2022, Kap. IV; European Environmental Agency, »Growth without Economic Growth«, 11. Januar 2021.

24 Dominique Méda, »Promouvoir de nouveaux indicateurs de richesse:

histoire d'une ›cause‹ inaboutie«, Working Paper Nr .145, *Fondation maison des sciences de l'homme*, Juni 2020.

25 Service d'information du Gouvernement, »Les nouveaux indicateurs de richesse 2017«, S. 3.

26 Ähnliche Initiativen gibt es in Island *(Indicators for Well-being)*, Wales *(Wellbeing of Future Generations Act)*, Bhutan *(Bruttonationalglück)*, der kanadischen Provinz Nova Scotia *(Quality of Life)*, den US-Bundesstaaten Vermont und Maryland *(Genuine Progress Index)* und in der Region Nord-Pas-de-Calais (Indicateurs 21).

27 Éloi Laurent, »Inscrire les indicateurs de bien-être et de soutenabilité au cœur du débat budgétaire«, *OFCE*, 2017.

28 Erich Fromm, *Haben oder Sein*, Deutscher Taschenbuch Verlag, 1982.

29 *Konviviale Genügsamkeit* (C. Arnsperger, *Éthique de l'existence post-capitaliste*, 2009); *glückliche Genügsamkeit* (P. Rabhi, *Glückliche Genügsamkeit*, 2015 [2010]); *frugaler Überfluss* (S. Latouche, *L'Abondance frugale comme art de vivre*, 2020); *alternativer Hedonismus* (K. Soper, *Post-Growth Living*, 2020); *frugaler Hedonismus* (A. Grubb u. A. Raser-Rowland, *The Art of Frugal Hedonism*, 2017).

30 Hartmut Rosa, *Resonanz. Eine Soziologie der Weltbeziehung*, Suhrkamp Verlag, 2016.

31 Julie A. Nelson, »The relational economy: A buddhist and feminist analysis«, *Global Development and Environment Institute Working paper*, 2010.

### 8. Kontroversen

1 »Angesichts dessen [der Dringlichkeit des Klimawandels] gibt es ein sehr schnelles Modell: alles zu stoppen. Das ist das schnellste Modell. Ich glaube nicht daran. Ich würde sogar sagen, ich bin strikt dagegen. Weshalb? Weil all das, was wir gerade gesagt haben und was sehr wichtig ist, bei Degrowth nicht existiert. Denn wir produzieren, um ein Sozialmodell und einen Vorsorgestaat zu finanzieren. Und all diejenigen, die sagen: ›Es gibt eine Klimadringlichkeit, und deshalb müssen wir alles, was die Umwelt verschmutzt, stoppen, unser altes Modell von heute auf morgen für das Klima stoppen‹, denen sage ich: Sehr gut, wie sieht Ihr Sozialschema aus? Wer finanziert Ihnen das hohe Alter? Wer finanziert Ihnen die Krankheit? Wer finanziert Ihnen die Bildung?«, Emmanuel Macron vor den Lesern der Gruppe *Sud Ouest* in Pau, März 2022.

2 Rede von Jean-Baptiste Djebbari, »Lancement de la feuille de route nationale pour le développement des biocarburants aéronautiques durables dans le transport aérien français«, 27. Januar 2020; Bertrand Piccard, »Entre la décroissance qui aboutirait au chaos social et la croissance illimitée qui mène au désastre environnemental, il y a une troisième voie«, *La Libre*, 12. April 2021; Brune Poirson in einer Rede vor der Nationalversammlung im Dezember 2019; Michel Rocard, »La décroissance nous conduirait tout droit à la guerre civile«, *La Tribune*, 29. Mai 2015.

3 Clément Viktorovitch, »La décroissance, un mot mal choisi«, *France Info*, 6. September 2021.

4 Bruno Latour, »L'écologie nécessite de bien définir qui sont les amis et les ennemis«, *Ouest-France*, 23. Januar 2022.

5 Jean Gadrey, *Adieu à la croissance*, Les Petits matins, 2010, S. 121.

6 Paul Ariès, *Décroissance ou barbarie*, Golias, 2005.

7 Vincent Cheynet, *Décroissance ou décadence*, Le Pas de Côté, 2014, S. 45.

8 Bertrand Piccard, »Ne tombons pas dans le panneau de la décroissance«, *Paris Match*, 24. April 2021.

9 Ferghane Azihari, *Les Écologistes contre la modernité: le procès de Prométhée*, La Cité, 2021, S. 15–16.

10 Clément Viktorovitch, »La décroissance, un mot mal choisi«, *France Info*, 6. September 2021.

11 Observatoire des inégalités, *Rapport sur les riches en France 2022*, Juni 2022, S. 37.

12 Philippe Charlez, »Covid-19 et décroissance: un plaidoyer pour le ›monde d'avant‹«, *Contrepoints*, 10. Februar 2021.

13 Jason Hickel, *Weniger ist mehr …*, op. cit., S. 203.

14 Zwei Bücher, die sich mit der Genügsamkeit als politischer Herausforderung befassen: Bruno Villalba u. Luc Semal (Hrsg.), *Sobriété énergétique. Contraintes matérielles, équité sociale et perspectives institutionnelles*, Quae, 2018; und Barbara Nicoloso, *Petit Traité de sobriété énergétique*, Charles Leopold Mayer, 2021.

15 Rémi Godeau, »Pour l'écologie, sortir de la dictature de la décroissance«, *L'Opinion*, 2. Juni 2021.

16 Michael Liebreich, »Climate action – It's the trade, stupid«, *Bloomberg NEF*, 25. Juni 2021.

17 Robert Pollin, »Degrowth policies cannot avert climate crisis. We need a Green New Deal«, *Truthout*, 3. Juli 2021.

18 Noah Smith, »People are realizing that degrowth is bad«, *Noahpinion*, 6. September 2021.

19 R. B. Jackson et al., »Global fossil carbon emissions rebound near pre-COVID-19 levels«, *Environmental Research Letters*, 7. März 2022.

20 Olivier Pastré, »La décroissance n'est pas forcément un choix«, *Constructif*, Januar 2012.

21 Dominique Seux, »Faut-il déployer la 5G en France? Le débat Éco«, *France Inter*, 25. September 2020.

22 Beth Stratford, »Green growth vs degrowth: Are we missing the point?«, *Open Democracy*, 4. Dezember 2020.

23 Bruno Le Maire, »La transition environnementale est-elle compatible avec la croissance économique?«, *Le Monde*, 27. Januar 2022, 01:14:48.

24 Robin Rivaton, »Comment peut-on matérialiser la ›décroissance‹ prônée par Delphine Batho«, BFM Business, 13. September 2021; Arnaud Montebourg, »Dimanche en politique – Bourgogne, avec Arnaud Montebourg«, 26. September 2021; Jacques Attali, *L'économie de la vie*, Pluriel, 2022, S. 153.

25 Denis Olivennes, »Décroissance: la seule solution à la crise écologique?«, *Public Sénat*, 21. September 2021, 00:17:00.

26 In der ersten Schätzung (»What does it mean to be rich? Some conceptual and empirical issues«, *European Journal of Social Security*, 2018) schätzte Pierre Concialdi, dass 2013 40 % des verfügbaren Nationaleinkommens über dem Nationaleinkommen lagen, das zur Befriedigung der Bedürfnisse der gesamten französischen Bevölkerung erforderlich war. Ich habe den Autor der Studie kontaktiert, der mir die Ergebnisse seiner jüngsten Schätzung zur Verfügung gestellt hat: Der nationale Überschuss von 2021 beträgt 44 %.

27 Max Roser, »The economies that are home to the poorest billions of people need to grow if we want global poverty to decline substantially«.

28 Denis Olivennes, »Décroissance: la seule solution à la crise écologique?«, *Public Sénat*, 21. September 2021, 00:17:40.

29 Christine Kerdellant, »La décroissance ou le découplage?«, *L'Usine Nouvelle*, 14. Oktober 2021, 00:01:55.

30 Andrew Simms u. David Woodward, »Growth isn't working: The unbalanced distribution of benefits and costs from economic growth«, *New Economic Foundation*, 23. Januar 2006.

31 David Woodward, »*Incrementum ad absurdum*: Global growth, in-

equality and poverty eradication in a carbon-constrained world«, *World Economic Review*, 2015.

32 Jason Hickel, *Weniger ist mehr …*, op. cit., S. 221.

33 Éric Toussaint u. Damien Millet, *La Dette ou la vie*, Aden, 2011, S. 326.

34 Jason Hickel et al., »Imperialist appropriation in the world economy: Drain from the global South through unequal exchange, 1990–2015«, *Global Environmental Change*, März 2022.

35 David Harvey, »The ›new‹ imperialism: Accumulation by dispossession«, *Socialist Register*, 2004.

36 Colin Chambers, »Degrowth: An environmental ideology with good intentions, bad politics«, *Liberation School*, 20. Juli 2021.

37 Daniel Ben-Ami, »The ›reset‹ we really need«, *Spiked*, 16. Dezember 2020.

38 Leigh Phillips, »Mirages de la décroissance«, *Le Monde*, Februar 2021.

39 Matthew T. Huber, *Climate Change as Class War: Building Socialism on a Warming Planet*, Verso, 2022, S. 148.

40 »Wir brauchen kein aggregiertes Wachstum, um Innovationen zu generieren. Wenn es das Ziel ist, spezielle Formen von Innovation zu erreichen, ist es erheblich sinnvoller, unmittelbar dort zu investieren oder Investitionen mit gezielten politischen Maßnahmen anzuregen, als die gesamte Wirtschaft wahllos wachsen zu lassen und dabei zu hoffen, sie werde die Innovation liefern, die wir brauchen. Ist es wirklich vernünftig, die Plastikindustrie, die Holzindustrie und die Werbeindustrie wachsen zu lassen, damit wir effizientere Züge bekommen? Macht es wirklich Sinn, Schmutziges wachsen zu lassen, um Sauberes zu bekommen? Hier müssen wir noch ein ganzes Stück klüger werden.« Jason Hickel, *Weniger ist mehr …*, op. cit., S. 228–229.

41 Thomas Piketty, *Kapital und Ideologie*, op. cit., Kapitel 17, »Grundeinkommen und gerechter Lohn: die Rolle der progressiven Einkommensteuer«.

42 Jean-Marie Harribey, *Le Trou noir du capitalisme*, 2020, S. 71.

43 Frédéric Lordon, *Figures du communisme*, 2021, S. 139 (erstes Zitat), S. 103–104 (zweites Zitat).

44 Daniel Tanuro, *Trop tard pour être pessimistes! Écosocialisme ou effondrement*, Textuel, 2020, S. 223.

45 Diese Argumentation wird von Louison Cahen-Fourrot in ihrer Dissertation »La soutenabilité de l'accumulation du capital et de ses régimes«, Sorbonne Paris-Cité, 2017, ausführlich dargelegt.

46 John Molyneux, »Growth & degrowth: What should ecosocialist say? – Part one«, *Rebel News*, 1. März 2021.

47 Dt.: »Für ein ökosozialistisches Degrowth«. Michael Löwy et al., »For an ecosocialist degrowth«, *Monthly Review*, 1. April 2022.

48 Giorgios Kallis, »Socialism without growth«, *Capitalism Nature Socialism*, 17. Oktober 2022.

49 Paul Ariès, *Décroissance ou barbarie*, 2005, S. 27.

50 Aaron Bastani, *Communisme de luxe: un monde d'abondance grâce aux nouvelles technologies*, Diateino, 2021.

51 Projet de décroissance, »Les idées de la décroissance infusent la société en silence«, *Mediapart*, 26. Januar 2017.

52 »Ich bin kein Verfechter des Degrowth. Ich glaube an die Wissenschaft. Ich möchte, dass sie in der öffentlichen Debatte mehr Raum einnimmt und dass unsere Entscheidungen stärker von ihr geprägt sind. Ich weiß, was unser Land seiner Landwirtschaft verdankt und welches Glück es hat, auf anspruchsvolle und leidenschaftliche Landwirte zählen zu können. Ich liebe die Industrie und stehe dazu: Ich bewundere ihre Beschäftigten, Arbeiter, Techniker und Ingenieure, die produzieren. Ich glaube an die von der Politik regulierte Marktwirtschaft, an Innovation und an die Kraft des Wachstums« (Édouard Philippe, Rede in der Nationalversammlung, 12. Juni 2019).

53 Guillaume Duval, »Décroissance ou développement durable?«, *Alternatives économiques*, Nr. 221, Januar 2004.

54 Marc Simard, »Climat: qui voudra retourner à l'ère préindustrielle?«, *La Presse*, 2. Mai 2019.

55 Emmanuel Bonnet, Diego Landivar u. Alexandre Monnin, »Crise climatique: ›Nous devons apprendre à désinnover‹«, *Le Monde*, 3. September 2021.

56 Für Pascal Perri, Autor von *Le Péril vert*, ist Degrowth eine Sackgasse: »Angesichts der Geographie der Welt und ihrer politischen Organisation haben wir keine andere Wahl, als den Marsch des Fortschritts fortzusetzen, der allein den Erhalt der sozialen Errungenschaften unserer Länder und ein umweltfreundliches Wachstum garantieren wird. Wir müssen dem menschlichen Genie vertrauen« (Pascal Perri, »La décroissance, cette écologie triste qui ne résout rien«, *Atlantico*, 9. Mai 2021).

57 Florent Mengaux, »Un nouveau paradigme de la croissance«, Rencontres économiques d'Aix-en-Provence, 3. Juli 2021, 00:14:55.

58 Bertrand Piccard, »Bâtir une société durable et désirable«, 6. Juli 2021.

59 »[…] Wenn ich mir eine Welt ohne Wachstum nicht vorstellen kann, [ist das ein Beweis dafür,] dass es uns an Vorstellungsvermögen mangelt? Ich frage mich, ob es uns nicht an Vorstellungsvermögen mangelt. Für diejenigen, die Degrowth predigen, habe ich ein gutes Beispiel. Sie sollen in ein Unternehmen kommen, das auf eine sechshundertjährige Geschichte zurückblicken kann und in dem einer seiner Bereiche schrumpft. 18 Milliarden Briefe 2008, 3 Milliarden 2030. Das ist Degrowth. Nun, wenn man die Komplexität, die Spannungen, die Infragestellung der Identität von Tausenden von Personen über eine menschliche Gemeinschaft von 250 000 Personen hinaus auf ein Land von 70 Millionen oder einen Planeten von 9 Milliarden ausdehnt, sehe ich nicht, dass ich mich für Degrowth entscheide. Also denke ich, dass es uns nicht an Vorstellungsvermögen fehlt, wenn wir denken, dass das Wachstum die Lösung für uns Postbeamtinnen und Postbeamten ist; das Wachstum ist die Lösung« (Philippe Wahl, »Un nouveau paradigme de la croissance«, Les rencontres économiques d'Aix-en-Provence, 3. Juli 2021, 00:30:00).

60 Bertrand Piccard, »Rencontre avec des passeurs«, *Canopée*, Sondernummer, 2015.

61 Xavier Timbeau, »A-t-on encore besoin de croissance économique?«, *Mediapart*, 29. März 2019, 00:10:45.

62 Angus Maddison, *The World Economy: A Millennial Perspective*, Paris, OECD, 2001.

63 John Molyneux, »In response to Louis N. Proyect on degrowth«, *Global Ecosocialist Network*, 23. Dezember 2020.

64 Luc Ferry, »Décroissance? Ni possible, ni souhaitable!«, *Le Figaro*, 2. Dezember 2020.

65 »14e baromètre de la consommation responsable 2021«, GreenFlex & ADEME.

66 Odoxa für den Medef, Dezember 2019 und Mai 2020. – Medef ist die Abkürzung für *Mouvement des entreprises de France*, die größte Arbeitgebervereinigung von Frankreich, Anm. d. Übers.

67 »Les Français, plus ›écolos‹ que jamais«, Odoxa für Aviva, Challenges und BFM Business, Oktober 2019.

68 Terra Nova, »Les femmes et le changement climatique«, 29. Juni 2021.

69 Global Commons Alliance, »The global commons survey«, August 2021.

70 Medef, »Le rapport au progrès: regard des Français et comparatif européen«, September 2020.

71 Timothée Parrique, *The Political Economy of Degrowth*, 2019, S. 500–501.
72 Géraldine Woessner, »Convention citoyenne: le choix de la décroissance«, *Le Point*, 20. Juni 2020.
73 Éloi Laurent, *Sortir de la croissance*, op. cit., S. 15.
74 Hervé Kempf, *Que crève le capitalisme*, op. cit., S. 92.
75 Philippe Charlez, »Décroissance: la pauvreté comme seul menu«, *Valeurs actuelles*, 18. Juli 2021.
76 Rémi Godeau, »Pour l'écologie, sortir de la dictature de la décroissance«, *L'Opinion*, 2. Juni 2021; Bruno Le Maire, *L'Ange et la Bête*, op. cit., S. 328.
77 World Inequality Report, 2022, »France«, S. 193.
78 Julia Cagé, *Le Prix de la démocratie*, Fayard, 2018.
79 Jacques Ellul, *Le Bluff technologique*, Hachette, 1988, S. 412.
80 François Perroux, *Le Capitalisme*, »Que sais-je«, 1948.

**9. Den Kapitalismus aufgeben**

1 Corey J. A. Bradshaw et al., »Underestimating the challenges of avoiding a ghastly future«, *Frontiers in Conservation Science*, 13. Januar 2021.
2 »Policy-makers are often mesmerized by the quantity of growth. They need to be more concerned with its structure and quality. Unless governments take timely corrective action, economic growth can become lopsided and flawed. Determined efforts are needed to avoid growth that is *jobless*, *ruthless*, *voiceless*, *rootless*, and *futureless*« (UNDP, Human Development Report, 1996, S. 2–4).
3 Jean Gadrey, *Adieu à la croissance: bien vivre dans un monde solidaire*, Les Petits Matins, 2010.
4 Éloi Laurent, *Sortir de la croissance*, op. cit.
5 Romano Onofrio, *Towards a Society of Degrowth*, Routledge, 2019.
6 Dominique Méda, *La Mystique de la croissance …*, op. cit.
7 Ivan Illich, *Libérer l'avenir*, Seuil, 1971.
8 Aurélien Barrau, »Que faire? Pour une pensée du déraillement«, *Diacritik*, 1. April 2022.
9 Timothée Parrique, »Sufficiency means degrowth«, *Timotheeparrique.com*, 24. April 2022.
10 Serge Latouche, *L'Abondance frugale comme art de vivre: bonheur, gastronomie et décroissance*, Payot & Rivages, 2020.

11 Michael Albert, *Parecon: Life After Capitalism*, 2003; https://weall.org; Kate Raworth, *Die Donut-Ökonomie: Endlich ein Wirtschaftsmodell, das den Planeten nicht zerstört*, übers. v. Hans Freundl u. Sigrid Schmid, Hanser Verlag, 2023; Christian Felber, *Die Gemeinwohl-Ökonomie: eine demokratische Alternative wächst*, Deuticke Verlag, 2012; Christian Arnsperger u. Dominique Bourg, *Écologie intégrale. Pourune société permacirculaire*, PUF, 2017; David Schweickart, *After Capitalism*, Rowman & Littlefield, 2002; Thomas Piketty, *Kapital und Ideologie*, op. cit.; Daniel Tanuro, *Trop tard pour être pessimistes! Éco-socialisme ou effondrement*, Textuel, 2020.

12 Internationale convivialiste, *Second manifeste convivialiste: pour un monde post-néolibéral*, Actes Sud, 2020; Sylvain Breuzard, *La permaentreprise. Un modèle viable pour un futur vivable, inspiré de la permaculture*, Eyrolles, 2021; Mouvement pour une frugalité heureuse et créative, *Commune frugale*, Actes Sud, 2022; Fabrice Bonnifet u. Céline Puff Ardichvili, *L'Entreprise contributive: concilier monde des affaires et limites planétaires*, Dunod, 2021; Stefano Bartolini, *Pour une société fraternelle: En finir avec l'égoïsme, la compétition et la surconsommation*, Pocket, 2015; Kate Soper, *Post-Growth Living: For an Alternative Hedonism*, Verso, 2020; Harmut Rosa, *Resonanz: Eine Soziologie der Weltbeziehung*, Suhrkamp Verlag, 2019; Philippe Bihouix, *L'Âge des low tech. Vers une civilisation techniquement soutenable*, Seuil, 2014; Céline Marty, *Travailler moins pour vivre mieux. Guide pour une philosophie antiproductiviste*, Dunod, 2021; Mathias Rollot u. Martin Schaffner, *Qu'est-ce qu'une biorégion?*, Wild Project, 2021; Emmanuel Dockès, *Voyage en misarchie: essai pour tout reconstruire*, Detour, 2019; Gerard Endenburg, *Soziokratie: Kreisstrukturen als Organisationsprinzip zur Stärkung der Mitverantwortung des Einzelnen in Unternehmen, Politik und Gesellschaft*, Vahlen Verlag, 2022; Murray Bookchin, *Pour un municipalisme libertaire*, Atelier de la création libertaire, 2018.

13 J. K. Gibson-Graham et al., *Take Back the Economy: An Ethical Guide for Transforming Our Communities*, Upress, 2013.

14 Bruno Latour, *Imaginer les gestes barrières contre le retour à la production d'avant-crise*, AOC, 2020.

15 Hervé Kempf, *Que crève le capitalisme*, op. cit.

16 Stéphane Hessel, *Empört Euch!*, übers. v. Michael Kogon, Ullstein Verlag, 2010.

17 Des agros qui bifurquent, »Appel à déserter la remise des diplômes AgroParisTech 2022«, *YouTube*, 10. Mai 2022.

18 Clément Choisne, »Discours remise des diplômes 2018 Centrale Nantes«, *YouTube*, 2018.

19 Anne-Fleur Goll, »HEC Graduation – Quel rouage serez-vous?«, *YouTube*, 11. Juni 2022.

20 Célia, »Le discours de révolte des jeunes diplômés de Polytechnique«, *Brut*, 25. Juni 2022.